财务管理研究与内部控制管理

成昊 李乐 王黎莉 著

吉林科学技术出版社

图书在版编目（CIP）数据

财务管理研究与内部控制管理 / 成昊，李乐，王黎莉著 . -- 长春 : 吉林科学技术出版社，2023.7

ISBN 978-7-5744-0810-4

Ⅰ．①财… Ⅱ．①成… ②李… ③王… Ⅲ．①企业管理－财务管理－研究②企业内部管理－研究 Ⅳ.

① F275 ② F272.3

中国国家版本馆 CIP 数据核字（2023）第 177120 号

财务管理研究与内部控制管理

著	成 昊 李 乐 王黎莉	
出 版 人	宛 霞	
责任编辑	周振新	
封面设计	树人教育	
制 版	树人教育	
幅面尺寸	185mm×260mm	
开 本	16	
字 数	285 千字	
印 张	13.75	
印 数	1–1500 册	
版 次	2023年7月第1版	
印 次	2024年2月第1次印刷	

出 版	吉林科学技术出版社
发 行	吉林科学技术出版社
地 址	长春市福祉大路5788号
邮 编	130118
发行部电话/传真	0431-81629529 81629530 81629531
	81629532 81629533 81629534
储运部电话	0431-86059116
编辑部电话	0431-81629518
印 刷	三河市嵩川印刷有限公司

书 号	ISBN 978-7-5744-0810-4
定 价	85.00元

前　言

　　以网络为基础的电子商务和电子政务的极大发展改变着全球的经济模式、企业的经营管理模式以及人们的工作、生活、消费模式。财务管理作为企业经营管理的核心部分，无论在管理环境、技术方法运用，还是在职能执行以及管理观念等方面都受到网络的强烈冲击，因而应更新财务管理观念以适应新的经济模式。

　　企业将智能化技术应用于财务管理中，从而解决一系列目前的财务活动无法解决的问题，如跨地区财务数据传递、会计报表合并、动态分析财务及资源状况等，便形成了一种全新的财务管理体系。智能财务管理依靠网络财务软件来执行完成，网络财务软件将完成财务与业务的协同管理、在线管理和对电子商务的管理。通过网络财务软件可以实现事中动态会计核算与在线经济资源管理，实现企业对分支机构的远程财务管理、物资管理及诸如远程报表、报账、查账、审计等远程控制行为。智能财务管理将现代网络技术与财务管理技术有机结合，代表了 21 世纪财务管理的方式，标志着一个饱含高科技的新的财务管理时代的到来。智能财务管理的核心是财务管理的数字化与远程化，其技术支撑主要是企业财务管理软件以及保证网络安全的其他硬件及软件系统，从而可以保证物流—付款—结算的顺利进行。

　　由于笔者水平有限，加上时间仓促，书中难免有不足之处，希望大家批评指正。

目 录

第一章　财务管理总论

案例引入

天桥商场停业风波

2019年11月18日下午，北京某商场里面闹哄哄的，商场大门也挂上了"停止营业"的牌子。11月19日，很多顾客惊讶地发现，天桥商场在大周末居然没开门。据一位售货员模样的人说：商场管理层年底要和我们终止合同，我们就不给他们干活了。员工不仅不让商场开门营业，还把商场变成了群情激愤的论坛。

2019年11月18日至12月2日，对北京天桥北大青鸟科技股份有限公司管理层和广大员工来说，是黑色的15天。在这15天里，商场经历了46年来第一次大规模裁员，在这15天里，283名员工采取了静坐等非常手段；在这15天里，商场破天荒被迫停业8天之久；在这15天里，公司管理层经受了职业道德与人道主义的考验，做出了在改革的道路上是前进还是后退的抉择。

经过有关部门的努力，对面临失业职工的安抚有了最为实际的举措，公司董事会开会决定，同意给予终止合同职工适当的经济补助，并同意参照解除劳动合同的相关规定，对283名终止合同的职工给予人均1万元、共计300万元的一次性经济补助。这场风波引起了市场各方面的高度关注，折射了中国经济社会新旧体制交替过程中不可避免的大冲撞。

结合案例，请思考：（1）财务管理的目标有哪几种典型代表？（2）该案例对公司制定财务目标有什么启示？

第一节　财务管理概述

一、财务管理的概念和特点

（一）财务管理的概念

　　财务管理是在一定的整体目标下，关于资产的购置（投资）、资本的融通（筹资）和经营中现金流量（营运资金）以及利润分配的管理。财务管理是企业管理的一个组成部分；是根据财经法规制度，按照财务管理的原则，组织企业财务活动，处理财务关系的一项经济管理工作。所谓企业的财务活动，就是企业再生产过程中的资金运动。所谓企业的财务关系，就是由企业的资金运动形成的企业与其他各个经济主体的经济利益关系。

（二）财务管理的特点

1. 涉及面广

　　首先，就企业内部而言，财务管理活动涉及企业生产、供应、销售等环节，企业内部各个部门与资金不发生联系的现象是不存在的。每个部门都在合理使用资金、节约资金支出、提高资金使用率上接受财务人员的指导，受到财务管理部门的监督和约束。同时，财务管理部门本身为企业生产管理、营销管理、质量管理、人力物资管理等活动提供及时、准确、完整、连续的基础资料。其次，现代企业的财务管理也涉及企业外部的各种关系。在市场经济条件下，企业在市场上融资、投资以及收益分配的过程中与各种利益主体发生着千丝万缕的联系，主要包括企业与其股东之间、企业与其债权人之间、企业与政府之间、企业与金融机构之间、企业与其供应商之间、企业与其客户之间及企业与其内部职工之间等。

2. 综合性强

　　现代企业制度下的企业管理是一个由生产管理、营销管理、质量管理、技术管理、设备管理、人事管理、财务管理、物资管理等子系统构成的复杂系统。诚然，其他管理都是从某一个方面并大多采用实物计量的方法，对企业在生产经营活动中的某一个部分实施组织、协调、控制，所产生的管理效果只能对企业生产经营的局部起到制约作用，不可能对整个企业的营运实施管理。财务管理则不同，作为一种价值管理，它包括筹资管理、投资管理、权益分配管理、成本管理等，是一项综合性强的经济管理活动。正因为是价值管理，所以财务管理可以通过资金的收付及流动的价值形态，及时、全面地反映商品物资运行状况，并可以通过价值管理形态进行商品管理。也就是说，财务管理渗透在全部经营活动中，涉及生产、供应、销售每个环节和人、财、物各个要素。所以，抓企业内部管理一般以财务管理为突破口，通过价值管理来协调、促进、控制企业的生产经营活动。

3. 灵敏度高

在现代企业制度下，企业成为面向市场的独立法人实体和市场竞争主体。企业经营管理目标为经济效益最大化，这是由现代企业制度要求投入资本实现保值增值决定的，也是由社会主义现代化建设的根本要求决定的。因为，企业要生存，必须能以收抵支、到期偿债；企业要发展，必须扩大收入。收入增加意味着人、财、物相应增加，都将以资金流动的形式在企业财务上得到全面的反映，并对财务指标的完成产生重大影响。因此，财务管理是一切管理的基础，是管理的中心。抓好财务管理就是抓住了企业管理的"牛鼻子"，管理也就落到了实处。

二、财务管理的内容

公司的基本活动可以分为投资、筹资、营运和利润分配四个方面，对于生产企业而言，还需进行有关生产成本的管理与控制。从财务管理角度看，投资可以分为长期投资和短期投资，筹资也可以分为长期筹资和短期筹资。由于短期投资、短期筹资和营业现金流管理有着密切关系，故通常合并在一起讨论，称为营运资金管理。因此，本书把财务管理的内容分为投资管理、筹资管理、营运资金管理和利润分配管理四个部分。

（一）投资管理

投资是企业生存、发展及进一步获取利润的基本前提。企业筹集到资金后，必须将其投入使用，以谋求良好的经济效益。在进行投资管理活动时，企业必须考虑投资规模，同时必须通过投资方向和投资方式的选择来确定合适的投资结构，提高投资效益，降低投资风险。不同的投资项目，对企业价值和财务风险的影响程度不同。企业的投资，有对内投资和对外投资之分。对内投资是指企业把筹集到的资金用于本企业的资产上，如购置固定资产、无形资产等；对外投资是指企业把筹集到的资金用于购买股票、债券和出资新组建公司或与其他企业联营等项目，以期在未来获得投资收益的经济行为。如果投资决策不科学、投资结构不合理，那么投资项目往往不能达到预期效益，进而影响企业盈利水平和偿债能力。投资决策的正确与否，直接关系着企业的兴衰成败，因此，要做好科学投资管理。

（二）筹资管理

企业要根据其生产经营、发展战略、投资和资本结构等的需要，通过筹资渠道和资本市场，运用筹资方式，依法、经济有效地筹集企业所需资金，进行筹资管理。无论是建立新企业，还是经营现有企业，都需要筹措一定数量的资金。在进行筹资活动时，一方面，企业要科学预测筹资的总规模，以保证所需资金；另一方面，要通过筹资渠道和筹资方式的选择，确定合理的筹资结构，以降低资金成本、增加公司的利益、控制相关的风险。筹资管理是企业财务管理的一项重要内容。

（三）营运资金管理

企业在日常的生产经营活动中，会发生一系列流动资产和流动负债资金的收付。企业的营运资金在全部资金中占有较大的比重，是企业财务管理工作的一项重要内容。其主要涉及现金持有计划的确定，应收账款的信用标准、信用条件和收款政策的确定，存货周期、存货数量、订货计划的确定，短期借款计划、商业信用筹资计划的确定等。如何节约资金成本，提高资金使用效率，进行流动资产的投融资，以及如何管理流动负债都需要企业提前做好规划。

（四）利润分配管理

利润分配管理是对企业利润分配活动及其形成的财务关系的组织与调节，是企业进行销售预测和定价管理，并将一定时期内所创造的经营成果合理地在企业内、外部各利益相关者之间进行有效分配的过程。利润反映的是企业经济利益的来源，而分配反映的是企业经济利益的去向，二者共同构成企业经济利益流动的完整链条。收入的初次分配是对成本费用的弥补，这一过程随着再生产的进行而自然完成，利润分配则是对收入初次分配的结果进行再分配。根据投资者的意愿和企业生产经营的需要，企业实现的净利润既可以作为投资收益分配给投资者，也可以暂时留存企业形成未分配利润，或者作为投资者的追加投资。企业的财务人员要合理确定分配的规模和结构，以确保企业取得最大的长期利益。

企业财务管理的上述四部分内容是相互联系、相互制约的。筹资是基础，离开企业生产经营所需的筹措资金，企业就不能生存与发展，而且公司筹资数量制约着公司投资的规模。企业所筹措的资金只有有效地投放出去，才能实现筹资的目的，并不断增值与发展，而且投资反过来又决定了企业需要筹资的规模和时间。投资和筹资的成果都需要依赖资金的营运实现，投资和筹资在一定程度上决定了公司日常经营活动的特点和方式，但企业日常活动还需要对营运资金进行合理的管理与控制，以努力提高营运资金的使用效率与效果。利润分配影响着投资、筹资和营运资金的各个方面，利润分配的来源是企业上述各方面共同作用的结果，同时会对上述各方面产生反作用。因此，投资管理、筹资管理、营运资金管理和利润分配管理都是企业价值创造的必要环节，是保障企业健康发展、实现可持续增长的重要内容。

三、企业财务关系

企业财务关系是指企业在组织财务活动过程中与各有关方面发生的经济利益关系。企业的投资、筹资、营运、利润分配等管理活动与企业内部和外部的方方面面都有着广泛的联系。企业的财务关系可有以下几个方面。

（一）企业与投资者之间的财务关系

企业与投资者之间的财务关系主要是指企业的投资者向企业投入资金，企业向其投资者支付投资报酬所形成的经济关系，是最根本的财务关系。企业的投资者主要有国家、法人、个人和境外投资者。企业的投资者按照投资合同、协议、章程的约定履行出资义务；而企业利用投资者出资经营并实现利润后，按照出资比例、合同、章程的约定向投资者分配利润。企业同其所有者之间的财务关系体现着所有权的性质，反映着经营权和所有权的关系。

（二）企业与债权人之间的财务关系

企业与债权人之间的财务关系主要是指企业向债权人借入资金，并按借款合同的规定按时支付利息和归还本金所形成的经济关系。企业除利用自有资本进行经营活动外，还要借入一定数量的资金，以降低企业资金成本，扩大企业经营规模。企业的债权人主要有债券持有人、贷款机构、商业信用提供者、其他出借资金给企业的单位和个人。企业占用债权人资金后，要按约定的利息率及时间向债权人支付利息。债务到期时，要按时向债权人归还本金。企业与债权人之间的财务关系是体现债权性质的债务与债权关系。

（三）企业与被投资单位之间的财务关系

企业与被投资单位之间的财务关系主要是指在企业经营规模和经营范围不断扩大后，企业以购买股票或直接投资的形式向其他企业投资所形成的经济关系。企业向其他单位投资，应按照约定履行出资义务，参与被投资单位的利润分配。企业与被投资单位之间的关系体现的是所有权性质的投资与受资关系。

（四）企业与债务人之间的财务关系

企业与债务人之间的财务关系是指企业将其资金以购买债券、提供借款或商业信用等形式出借给其他单位所形成的经济关系。企业将资金借出后，有权要求其债务人按约定的条件支付利息和归还本金。企业与债务人之间的关系体现的是债权债务关系。

（五）企业与往来单位之间的财务关系

企业与往来单位之间的财务关系主要体现在企业与供应商、客户由于购买商品、销售产品、提供劳务等而发生的经济交往所形成的经济关系。该类经济关系主要涉及业务往来中的收支结算，要及时收付款项，以免相互占用资金。企业与往来单位之间的财务关系体现的是购销合同义务关系，在性质上属于债权债务关系。

（六）企业内部各单位之间的财务关系

企业内部各单位之间的财务关系主要是指企业内部各单位之间在生产经营各环节相互提供产品或劳务所形成的经济关系。在实行内部责任核算制度的条件下，企业供、产、销各部门以及各生产经营单位之间，相互提供产品和劳务要确定内部转移价格，进行计价结算，因而形成了企业内部的资金结算关系。

（七）企业与员工之间的财务关系

企业与员工之间的财务关系主要指企业在向职工支付劳动报酬的过程中形成的经济关系。企业要用自身的产品销售收入，向职工支付工资、津贴、奖金等，按照提供的劳务数量和质量支付职工的劳动报酬。这种企业与职工之间的财务关系，体现了职工和企业在劳动成果上的分配关系。

（八）企业与政府之间的财务关系

企业与政府之间的财务关系主要体现为税收法律关系。政府作为社会的管理者，需要相当的财政收入作为保障。因此，企业应根据《中华人民共和国税法》（以下简称《税法》）的规定，向中央和地方政府交纳各种税款。同时，政府有义务为企业提供必要的社会服务和良好的经营环境。企业与政府之间的财务关系是一种依法纳税和提供基础服务的关系。

第二节　财务管理的目标与相关者利益协调

一、财务管理的目标

财务管理的目标又称理财目标，是指企业进行财务活动所要达到的最终目的。一般而言，企业的目标就是创造财富（或价值），企业财务管理的目标就是为实现企业创造财富（或价值）这一目标服务。鉴于财务活动直接从价值方面反映企业的商品或者服务提供过程，因而财务管理可为企业的价值创造发挥重要作用。企业财务管理目标有以下几种具有代表性的理论。

（一）利润最大化

利润最大化就是假定企业财务管理以实现利润最大化为目标。以利润最大化作为财务管理目标，主要原因有三：一是人类从事生产经营活动的目的是创造更多的剩余产品，在市场经济条件下，剩余产品的多少可以用利润这个指标来衡量；二是在自由竞争的资本市场中，资本的使用权最终属于获利最多的企业；三是只有每个企业都最大限度地创造利润，整个社会的财富才可能实现最大化，从而带来社会的进步和发展。

这种观点认为，利润是衡量企业经营成果的标志，代表了企业新创造的财富。利润越多说明企业的财富增加得越多，越接近企业的目标。

利润最大化目标的主要优点是，企业追求利润最大化，就必须进行经济核算、加强管理、改进技术、提高劳动生产率、降低产品成本。这些措施都有利于企业资源的合理配置，有利于企业整体经济效益的提高。

但是，以利润最大化作为财务管理目标存在以下缺陷：

1. 没有考虑利润实现时间和资金时间价值。例如，今年100万元的利润和10年以后同等数量的利润的实际价值是不一样的，10年间还会有时间价值的增加，而且这一数值会随着贴现率的不同而有所不同。

2. 没有考虑风险问题。不同行业具有不同的风险，同等利润值在不同行业中的意义也不相同。例如，同样投入500万元，本年获利100万元，一家公司的获利全部转化为现金，另一家公司的获利则全为应收账款，并可能发生坏账损失。如果盲目追求利润最大化则可能导致企业规模的无限扩张，进而带来更大的财务风险。

3. 没有反映创造的利润与投入资本之间的关系。例如，项目A和项目B为企业带来的利润都是100万元，但是项目A需要投入1000万元，项目B需要投入1500万元。如果不考虑投入资本，企业就无法做出正确判断。因而，利润最大化的观点不能科学地说明企业经济效益水平的高低，不便于不同资本规模的企业之间或同一企业不同时期之间的比较。

4. 可能导致企业短期财务决策倾向，进而影响企业长远发展。由于利润指标通常按年计算，因此企业决策往往会服务于年度指标的完成或实现，而忽视产品开发、人才开发、生产安全等方面的发展，结果可能使企业后力枯竭，最终走向"死亡"。

利润最大化的另一种表现方式是每股收益最大化。每股收益是指企业净利润与普通股股数的比率。每股收益最大化的观点认为，应当把企业的利润和股东投入的资本联系起来考察，用每股收益来反映企业的财务目标。

这种观点把企业实现的利润额同投入的资本进行对比，能够说明企业的盈利水平，可在不同资本规模的企业或同一企业的不同时期之间进行比较，揭示其盈利水平的差异。因此，可以克服"利润最大化"目标的局限性。

除了反映所创造利润与投入资本之间的关系外，每股收益最大化与利润最大化目标的缺陷基本相同。其仍然没有考虑每股收益取得的时间，也没有考虑每股收益的风险，难以避免企业的短期行为。

但如果假设风险相同、每股收益时间相同，那么每股收益的最大化也是衡量公司业绩的一个重要指标。事实上，许多投资人都把每股收益作为评价公司业绩的重要标准之一。

（二）股东财富最大化

这种观点认为，股东创办企业、有效经营的目的就是获得更多的财富，因此财务管理的基本目标是增加股东财富。

其理论依据是股东创办公司的目的是增加财富。如果企业不能为股东创造价值，股东就不会为企业提供资本。没有了权益资本，企业也就不复存在了。

对于上市公司，股东财富可以用股东权益的市场价值来衡量。股东财富的增加可以用股东权益的市场价值与股东投资资本的差额来衡量，它被称为"股东权益的市场增加值"。此观点所指的股东财富最大化就是指股东权益的市场增加值而非股东权益的市场价值，因为权益的增加值才是企业为股东创造的价值。

与利润最大化相比，股东财富最大化的主要优点是：

1. 考虑了货币时间价值和风险因素。股价反映投资者对公司未来经营成果和经营状况的预期，股价高低体现了投资者对公司价值的客观评价。股价受企业利润水平、经营风险、未来发展前景等因素的影响。如果股东对企业未来的经营状况和经营成果抱有良好的预期，则股价会上涨；反之，则股价会下跌。

2. 在一定程度上能避免企业短期行为，因为不仅目前的利润会影响股价，预期未来的利润同样会对股价产生重要影响。

3. 对于上市公司而言，股东财富最大化目标比较容易量化，便于考核和奖惩。

以股东财富最大化为财务管理目标也存在以下缺点：

1. 通常只适用于上市公司，非上市公司难以应用，因为非上市公司无法像上市公司一样随时准确获得公司股价。

2. 股价受众多因素的影响，特别是企业外部的因素，有些还可能是非正常因素。股价不能完全准确反映企业财务管理状况。如有的上市公司处于破产的边缘，但由于可能存在某些机会，其股票市价可能还在走高。

（三）企业价值最大化

企业价值最大化是指企业财务管理行为以实现企业的价值最大为目标。企业价值可以理解为企业所有者权益和债权人权益的市场价值，或者是企业所能创造的预计未来现金流量的现值。未来现金流量这一概念，包含了资金的时间价值和风险价值两个方面的因素，因为未来现金流量的预测包含了不确定性和风险因素，而现金流量的现值是以资金的时间价值为基础对现金流量进行折现计算得出的。

企业价值最大化目标要求企业通过采用最优的财务政策，充分考虑资金的时间价值和风险与报酬的关系，在保证企业长期稳定发展的基础上使企业总价值达到最大。

以企业价值最大化为财务管理目标，具有以下优点：

1. 考虑了时间价值和风险因素。投资者在评价企业价值时，计算的是未来自由现金流量的现值之和，考虑了资金的时间价值。同时，自由现金流量的估算是按可能实现的概率进行计算，考虑了风险因素。该目标有利于统筹安排长短规划、合理选择投资方案、有效筹措资金、合理制定股利政策等。

2. 兼顾了股东以外的其他利益相关者的利益。企业价值最大化不仅考虑了股东的利益，还考虑了债权人、经理层、一线职工的利益。

3. 企业价值最大化目标能克服企业在追求利润上的短期行为。将企业长期、稳定的发展和持续的获利能力放在首位，因为不仅过去和目前的利润会影响企业的价值，而且预期未来利润的多少对企业价值的影响更大。

4. 有利于社会资源的合理配置。社会资金通常流向企业价值最大化的企业或行业，淘汰经营不善的企业。因此，有利于实现社会效益最大化。

但是，以企业价值最大化为财务管理目标过于理论化，不易操作。如自由现金流量和折现率的预计很难，预计的时间越长，误差就越大，很难准确估算出企业的价值。对于非上市公司，只有对企业进行专门的评估才能确定其价值，而在评估企业的资产时，由于受评估标准和评估方式的影响，很难做到客观和准确。

（四）相关者利益最大化

在现代企业是多边契约关系的总和的前提下，要确立科学的财务管理目标，需要考虑哪些利益关系会对企业发展产生影响。在市场经济中，企业的理财主体更加细化和多元化。股东作为企业所有者，在企业中拥有最高的权利，并承担着最大的义务和风险，但是债权人、员工、企业经营者、客户、供应商和政府也为企业承担着风险。因此，企业的利益相关者不仅包括股东，还包括债权人、企业经营者、客户、供应商、员工、政府等。在确定企业财务管理目标时，不能忽视这些相关利益群体的利益。

相关者利益最大化目标的具体内容包括以下几个方面：

1. 强调风险与报酬的均衡，将风险限制在企业可以承受的范围内。

2. 强调股东的首要地位，并强调企业与股东之间的协调关系。

3. 强调对代理人（企业经营者）的监督和控制，建立有效的激励机制以便企业战略目标的顺利实施。

4. 关心本企业普通职工的利益，创造优美和谐的工作环境并提供合理恰当的福利待遇，培养职工长期努力为企业工作。

5. 不断加强与债权人的关系，培养可靠的资金供应者。

6. 关心客户的长期利益，以便保持销售收入的长期稳定增长。

7. 加强与供应商的协作，共同面对市场竞争，并注重企业形象的宣传，遵守承诺，讲究信誉。

8. 保持与政府部门的良好关系。

以相关者利益最大化为财务管理目标，具有以下优点：

1. 有利于企业长期稳定发展。这一目标注重企业在发展过程中考虑并满足各利益相关者的利益关系。在追求长期稳定发展的过程中，站在企业的角度上进行投资研究，避免了只站在股东的角度进行投资可能导致的一系列问题。

2. 体现了合作共赢的价值理念，有利于实现企业经济效益和社会效益的统一。由于兼顾了企业、股东、政府、客户等的利益，因此企业不仅是一个单纯谋利的组织，还承担了一定的社会责任。

3. 这一目标本身是一个多元化、多层次的目标体系，较好地兼顾了各利益主体的利益。这一目标可使企业各利益主体相互作用、相互协调，并在使企业利益、股东利益达到最大化的同时，使其他利益相关者利益达到最大化。

4. 体现了前瞻性和现实性的统一。不同的利益相关者有各自的指标，只要合理合法、互利互惠、相互协调，就可以实现所有相关者利益最大化。

（五）各种财务管理目标之间的关系

上述各种财务管理目标，都以股东财富最大化为基础。因为，企业是市场经济的主要参与者，企业的创立和发展都必须以股东的投入为基础，离开了股东的投入，企业就不复存在；并且，在企业的日常经营过程中，作为所有者的股东在企业中承担着最大的义务和风险，相应也需享有最高的报酬，即股东财富最大化，否则就难以为市场经济的持续发展提供动力。

当然，以股东财富最大化为核心和基础，还应该考虑利益相关者的利益。各国公司法都规定，股东权益是剩余权益，只有满足了其他方面的利益之后才会有股东的利益。企业必须缴税、给职工发工资、给顾客提供他们满意的产品和服务，然后才能获得税后收益。可见，其他利益相关者的要求先于股东被满足，因此这种满足必须是有限度的。如果对其他利益相关者的要求不加限制，股东就不会有"剩余"了。除非股东确信投资会带来满意的回报，否则股东不会出资。没有股东财富最大化的目标，利润最大化、企业价值最大化以及相关者利益最大化的目标也就无法实现。因此，在强调公司承担应尽的社会责任的前提下，应当允许企业以股东财富最大化为目标。

二、相关者利益冲突与协调

与企业相关的主要利益相关者有股东、债权人、供应商、客户、员工、政府等，各利益相关者与公司之间既存在共同利益关系，也有冲突。而协调相关者的利益冲突，要把握的原则是：尽可能地使企业相关者的利益分配在数量上和时间上达到动态的协调平衡。而在所有的利益冲突协调中，所有者与经营者、股东与债权人的利益冲突与协调至关重要。

（一）所有者和经营者的利益冲突与协调

在现代企业中，经营者一般不拥有占支配地位的股权，他们只是所有者的代理人。所有者期望经营者代表他们的利益工作，实现所有者财富最大化；经营者则希望在创造财富的同时，能够获取更多的报酬、更多的享受，并且尽可能地避免风险。二者的目标经常会不一致。

因此，经营者有可能为了自身的利益而背离股东的利益，这种背离主要表现在两个方面。

1. 道德风险

道德风险指的是经营者为了自己的目标，而不尽最大努力去实现企业财务管理的目标，因为股价上涨的好处将归于股东。但是，若失败，他们的"身份"将下跌。他们不做错事，只是不十分卖力，以增加自己的闲暇时间。这种行为只是道德问题，不构成法律问题，股东很难追究他们的责任。

2. 逆向选择

逆向选择是指经营者为了自己的目标而背离股东的目标。例如，装修豪华的办公室、购置高档汽车、过高的在职消费等，这些行为都损害了股东的利益。

为了协调这两个方面的利益冲突，防止经营者背离自身的目标，股东通常采取以下方式解决。

1. 解聘

这是一种通过所有者来约束经营者的办法。所有者对经营者予以监督，如果经营者绩效不佳，就解聘经营者；经营者为了不被解聘就需要努力工作，为实现财务管理目标服务。

2. 接收

这是一种通过市场来约束经营者的办法。如果经营者决策失效、经营不力、绩效不佳，该企业就可能被其他企业强行接收或吞并，相应经营者也会被解聘。经营者为了避免这种接收，就必须努力实现财务管理目标。

3. 激励

激励就是将经营者的报酬与其绩效直接挂钩，以使经营者自觉采取能提高所有者财富的措施。激励通常有两种方式：

（1）股票期权。它是允许经营者以预先确定的条件来购买本企业一定数量股份的权利，当股票的市场价格高于约定价格时，经营者就会因此获取收益。经营者为了获得更大的股票涨价收益，就必然主动采取能够提高股价的行动，从而增加所有者财富。

（2）绩效股。它是企业运用每股收益、资产收益率等指标来评价经营者绩效，并视其绩效大小给予经营者数量不等的股票来作为报酬。如果经营者绩效未能达到规定目标，经营者将丧失原先持有的部分绩效股。这种方式不仅会使经营者为了多得绩效股而不断采取措施来提高经营绩效，也会使经营者采取各种措施来使股票市价稳定上升，从而使每股市价最大化，增加所有者财富。即使由于客观原因股价并未提高，经营者也会因为获取绩效股而获利。

（二）股东和债权人的利益冲突与协调

股东的目标可能与债权人期望实现的目标相矛盾。股东与债权人利益冲突的表现有：一是股东未经债权人同意，要求经营者投资于比债权人预计风险高的项目。这会增大偿债风险，债权人的负债价值也必然会降低，进而造成债权人风险与收益的不对等。因为高风险的项目一旦成功，额外的利润就会被所有者独享；若失败，债权人却要与所有者共同负担由此造成的损失。二是未经现有债权人同意，举借新债，致使原有债权的价值降低。原有债权价值下降的原因是发行新债后公司负债比率加大，公司破产的可能性增加。如果公司破产，那么原债权人和新债权人要共同分配破产后的财产，使原有债权的风险增加，价值下降。

为了防止利益被股东损害，债权人可以通过以下方式解决。

1. 限制性借债

债权人通过事先规定借债用途限制、借债担保条款和借债信用条件，使所有者不能通过以上两种方式来削弱债权人的债权价值。

2. 收回借款或停止借款

当债权人发现企业有侵蚀其债权价值的意图时，采取收回债权或不再给予新的借款的措施，从而保护自身权益。

三、企业的社会责任

企业的社会责任是指企业在谋求所有者或股东权益最大化之外所负有的维护和增进社会利益的义务。具体来说，企业社会责任主要包括以下内容。

（一）对员工的责任

企业除了向员工支付报酬的法律责任外，还负有为员工提供安全工作环境、职业教育等保障员工利益的责任。按《中华人民共和国公司法》（以下简称《公司法》）的规定，企业对员工承担的社会责任有：按时足额发放劳动报酬，并根据社会发展逐步提高工资水平；提供安全健康的工作环境，加强劳动保护，实现安全生产，积极预防职业病；建立公司职工的职业教育和岗位培训制度，不断提高职工的素质和能力；完善工会、职工董事和职工监事制度，培育良好的企业文化。

（二）对债权人的责任

债权人是企业的重要利益相关者，企业应依据合同的约定以及法律的规定对债权人承担相应的义务，保障债权人合法权益。这种义务既是公司的民事义务，也可视为公司应承担的社会责任。公司对债权人承担的社会责任主要有：按照法律、法规和公司章程的规定，真实、准确、完整、及时地披露公司信息；诚实守信，不滥用公司人格；主动偿债，不无故拖欠；确保交易安全，切实履行合法订立的合同。

（三）对消费者的责任

公司的价值实现，很大程度上取决于消费者的选择，企业理应重视对消费者承担的社会责任。企业对消费者承担的社会责任主要有：确保产品质量，保障消费安全；诚实守信，确保消费者的知情权；提供完善的售后服务，及时为消费者排忧解难。

（四）对社会公益的责任

企业对社会公益的责任主要涉及慈善、社区等。企业对慈善事业的社会责任是指承担扶贫济困和发展慈善事业的责任，表现为企业对不确定的社会群体（尤其指弱势群体）进行帮助。捐赠是其最主要的表现形式，受捐赠的对象主要有社会福利院、医疗服务机构、教育事业、贫困地区、特殊困难人群等。此外，还包括招聘残疾人、生活困难的人、缺乏就业竞争力的人到企业工作，以及举办与公司营业范围有关的各种公益性的社会教育宣传活动等。

（五）对环境和资源的责任

企业对环境和资源的社会责任可以概括为两大方面：一是承担可持续发展与节约资源的责任；二是承担保护环境和维护自然和谐的责任。

此外，企业还有义务和责任遵从政府的管理、接受政府的监督。企业要在政府的指引下合法经营、自觉履行法律规定的义务，同时尽可能地为政府献计献策、分担社会压力、支持政府的各项事业。

一般而言，对一个利润或投资报酬率处于较低水平的公司，在激烈竞争环境下，是难以承担额外增加其成本的社会责任的。而对于那些利润超常的公司，它们可以适当地承担且有的也确已承担一定的社会责任。因为对利润超常的公司来说，适当地从事一些社会公益活动，有助于提高其知名度，促进其业务活动的开展，进而使股价升高。但不管怎样，任何企业都无法长期单独地负担因承担社会责任而增加的成本。过分地强调社会责任而使企业价值减少，就可能导致整个社会资金运用的次优化，从而使社会经济发展步伐减缓。事实上，大多数社会责任都必须通过立法以强制的方式让每一个企业平均负担。然而，企业是社会的经济细胞，理应关注并自觉改善自身的生态环境，重视履行对员工、消费者、环境、社区等利益相关方的责任，重视其生产行为可能对未来环境的影响，特别是在员工健康与安全、废弃物处理、污染等方面应尽早采取相应的措施，以减少企业在这些方面可能会遭遇的各种困扰，从而有助于企业的可持续发展。

第三节　财务管理环节与原则

财务管理环节是企业财务管理的工作步骤与一般工作程序。一般而言，企业的财务管理包括以下内容。

一、财务管理环节

（一）计划与预算

1. 财务预测

财务预测是根据企业财务活动的历史资料，考虑现实的要求和条件，对企业未来的财务活动做出较为具体的预计和测算的过程。财务预测可以测算各项生产经营方案的经济效益，为决策提供可靠的依据；可以预计财务收支的发展变化情况，以确定经营目标；可以测算各项定额和标准，为编制计划、分解计划指标服务。

财务预测的方法主要有定性预测和定量预测两类。定性预测法，主要是利用直观材料，依靠个人的主观判断和综合分析能力，对事物未来的状况和趋势做出预测；定量预测法，主要是根据变量之间存在的数量关系建立数学模型来进行预测。

2. 财务计划

财务计划是根据企业整体战略目标和规划，结合财务预测的结果，对财务活动进行规划，并以指标形式落实到每一计划期间的过程。财务计划主要通过指标和表格，以货币形式反映在一定的计划期内企业生产经营活动所需要的资金及其来源、财务收入和支出、财务成果及其分配的情况。

确定财务计划指标的方法一般有平衡法、因素法、比例法和定额法等。

3. 财务预算

财务预算是根据财务战略、财务计划和各种预测信息，确定预算期内各种预算指标的过程。它是财务战略的具体化，是财务计划的分解和落实。

财务预算的编制方法通常包括固定预算与弹性预算、增量预算与零基预算及定期预算与滚动预算等。

（二）决策与控制

1. 财务决策

财务决策是指按照财务战略目标的总体要求，利用专门的方法对各种备选方案进行比较和分析，从中选出最佳方案的过程。财务决策是财务管理的核心，决策的成功与否直接关系着企业的兴衰成败。

财务决策的方法主要有两类：一类是经验判断法，是根据决策者的经验来判断选择，常用的方法有淘汰法、排队法和归类法等；另一类是定量分析方法，常用的方法有优选对比法、数学微分法、线性规划法和概率决策法等。

2. 财务控制

财务控制是指利用有关信息和特定手段，对企业的财务活动施加影响或调节，以便实现计划所规定的财务目标的过程。

财务控制的方法通常有前馈控制、过程控制和反馈控制。财务控制措施一般包括预算控制、运营分析控制和绩效考评控制等。

（三）分析与考核

1. 财务分析

财务分析是指根据企业财务报表等信息资料，采用专门方法，系统分析和评价企业财务状况、经营成果以及未来趋势的过程。

财务分析的方法通常有比较分析法、比率分析法和因素分析法等。

2. 财务考核

财务考核是指将报告期实际完成数与规定的考核指标进行对比，确定有关责任单位和个人完成任务的过程。财务考核与奖惩紧密联系，既是贯彻责任制原则的要求，也是构建激励与约束机制的关键环节。

财务考核的形式多种多样，既可以用绝对指标、相对指标、完成百分比考核，也可采用多种财务指标进行综合评价考核。

二、财务管理的原则

（一）风险与收益权衡原则

风险与收益权衡原则是指风险和收益之间存在一个权衡关系。投资人必须对收益和风险做出权衡，为追求较高的收益而承担较大风险，或者为减少风险而接受较低的报酬。所谓"权衡"，是指高收益的投资机会必然伴随巨大的风险，风险小的投资机会必然只有较低的收益。

人们普遍倾向于高报酬低风险，但现实中人们通常不可能在低风险的同时获取高报酬，因为这是每个人都想得到的。即使有人最先发现了这样的机会并率先行动，别人也会迅速跟进，竞争会使报酬率降低至与风险相当的水平。因此，现实的市场中只有高风险同时高报酬和低风险同时低报酬的投资机会。市场上虽然有偏好高风险、高收益的投资者，也有偏好低风险、低收益的投资者，但他们都要求风险与报酬对等，不会去冒没有价值的风险。

（二）资本市场有效原则

资本市场是指证券买卖的市场。资本市场有效原则是指在资本市场上频繁交易的金融资产的市场价格反映了所有可获得的信息，而且面对新信息完全能迅速做出调整。

资本市场有效原则要求企业管理人重视市场对企业的股价。资本市场既是企业的一面镜子，又是企业行为的矫正器。股价可以综合反映公司的业绩，弄虚作假、人为改变会计方法对企业价值的提高毫无用处。一些公司把不少精力和智慧放在报告信息的粉饰上，通过"寻机会计处理"来提高报告利润，企图用财务报表给使用人制造假象，这在有效市场中是无济于事的。当市场对公司的评价降低时，应分析公司的行为是否出了偏差并设法改进，而不应设法欺骗市场。妄图欺骗市场的人，终将被市场抛弃。

市场有效性原则要求企业管理人慎重使用金融工具投资。实业公司的管理者责任应是管理好自己的公司，利用竞争优势在产品或服务市场上赚取净利润。因此，实业公司管理者只有很少的时间和精力研究金融市场，属于金融产品的"业余投资者"。他们不太可能拥有关于股价的特别信息，仅靠公开信息很难从金融投机中获得超额收益。此外，实业公司在资本市场上的角色主要是筹资者，而非投资者，即使从事利率、外汇等期货交易，目的也应当是套期保值、锁定其价格、降低金融风险，而非指望通过金融投机获利。

（三）净增收益原则

净增收益原则是指财务决策建立在净增效益的基础上，一项决策的价值取决于它和替代方案相比所增加的净收益。

一项决策的优劣，是与其他可替代方案（包括维持现状而不采取行动）相比较而言的。如果一个方案的净收益大于替代方案，那么它是一个比替代方案更好的决策，其价值是增加的净收益。在财务决策中，净收益通常用现金流量计量，一个方案的净收益是指该方案现金流入减去现金流出的差额，也称为现金流量净额。

净增收益原则的应用之一是差额分析法，也就是在分析投资方案时只分析它们有区别的部分，而省略其相同的部分。

净增收益原则的另一个应用是沉没成本概念。沉没成本是指已经发生、不会被以后的决策改变的成本，沉没成本与将要采纳的决策无关。因此，在分析决策方案时应将其排除。

（四）资金的时间价值原则

货币的时间价值是指货币在经过一定时间的投资和再投资后增加的价值。货币投入市场后其数额会随时间的延续而不断增加，这是一种普遍的客观经济现象。因此，在进行财务计量时要考虑货币时间价值因素。货币的时间价值主要有两方面的应用。

第一，现值概念。由于现在的 1 元钱比将来的 1 元钱经济价值大，因此不同时间的货币价值不能直接相加，而是需要"折现"，即把不同时间的货币价值折算到同一时点，再进行比较运算。在财务估值中，广泛应用现值的概念。

第二，"早收晚付"观念。对于不附带利息的货币收支，与其晚收不如早收，与其早付不如晚付。货币在自己手里可以立即用于投资、消费、支付而不用等待。因此，早收晚付在经济上是有利的。

第四节　财务管理环境

财务管理环境是指对企业财务活动和财务管理产生影响的企业内外各种条件的统称。环境构成了企业财务活动的客观条件，企业财务活动是在一定的环境下进行的，必然受到环境的影响。而财务管理的环境涉及的范围很广，如国家的政治、经济形势，国家经济法规的完善程度，企业面临的市场状况，企业的生产条件等。本节主要讨论企业的几种重要环境，包括社会文化环境、技术环境、经济环境、金融环境和法律环境等。

一、社会文化环境

社会文化环境是指人们在特定的社会环境中形成的习俗观念、价值观念、行为准则和教育程度以及人们对经济、财务的传统看法等。

社会文化环境包括教育、科学、文学、艺术、新闻出版、广播电视、卫生体育、世界观、习俗，以及同社会制度相适应的权利义务观念、道德观念、组织纪律观念、价值观念和劳动态度等。与人类社会生产活动不同，社会文化构成人类的精神活动。作为人类的一项社会活动，社会文化的各个方面必然会对企业的财务活动产生影响。

二、技术环境

技术环境是指财务管理得以实现的技术手段和技术条件，决定着财务管理的效率和效果。目前，我国进行财务管理所依据的会计信息是通过会计系统提供的，占企业经济信息总量的 60% ~ 70%。在企业内部，会计信息主要是提供给管理层决策使用；而在企业外部，会计信息主要是为企业的投资者、债权人等提供服务。

目前，我国正全面推进会计信息化工作。全力打造会计信息化人才队伍，基本实现大型企事业单位会计信息化与经营管理信息化的融合，进一步提升企事业单位的管理水平和风险防范能力，做到资源共享，便于不同信息使用者获取、分析和利用，进行投资和相关决策；基本实现大型会计师事务所采用信息化手段对客户的财务报告和内部控制进行审计，进一步提升社会审计质量和效率；基本实现政府会计管理和会计监督的信息化，进一步提升会计管理水平和监管效能。全面推进会计信息化工作使我国的会计信息化达到或接近世界先进水平。我国企业会计信息化的全面推进，必将促使企业财务管理的技术环境进一步完善和优化。

三、经济环境

在影响财务管理的各种外部环境中，经济环境是最为重要的。

经济环境内容十分广泛，包括经济体制、经济周期、经济发展水平、宏观经济政策及通货膨胀水平等。

（一）经济体制

在计划经济体制下，国家统筹企业资本、统一投资、统负盈亏，企业利润统一上缴、亏损全部由国家补贴，企业虽然是一个独立的核算单位，但无独立的理财权利。财务管理活动的内容比较单一，财务管理方法比较简单。在市场经济体制下，企业成为"自主经营、自负盈亏"的经济实体，有独立的经营权，同时有独立的理财权。企业可以从自身需要出发，合理确定资本需要量，然后到市场上筹集资本，再把筹集到的资本投放到高效益的项目上以获取更大的收益，最后将收益根据需要和可能进行分配，保证企业财务活动自始至终根据自身条件和外部环境做出各种财务管理决策并组织实施。因此，财务管理活动的内容比较丰富，方法也复杂多样。

（二）经济周期

市场经济条件下，经济发展与运行带有一定的波动性。大体上经历复苏、繁荣、衰退和萧条几个阶段的循环，这种循环叫作经济周期。在经济周期的不同阶段，企业应采用不同的财务管理战略。西方财务学者探讨了经济周期中不同阶段的财务管理战略，现择其要点归纳，如表 1-1 所示。

表 1-1　经济周期中不同阶段的财务管理战略

复苏	繁荣	衰退	萧条
1.增加厂房设备	1.扩充厂房设备	1.停止扩张	1.建立投资标准
2.实行长期租赁	2.继续建立存货	2.出售多余设备	2.保持市场份额
3.建立存货储备	3.提高产品价格	3.停产不利产品	3.压缩管理费用
4.开发新产品	4.开展营销规划	4.停止长期采购	4.放弃次要利益
5.增加劳动力	5.增加劳动力	5.削减存货	5.削减存货
		6.停止扩招雇员	6.裁减雇员

（三）经济发展水平

财务管理的发展水平是和经济发展水平密切相关的，经济发展水平越高，财务管理水平也越高。财务管理水平的提高，将推动企业降低成本、改进效率、提高效益，从而促进经济发展水平的提高；而经济发展水平的提高，将改变企业的财务战略、财务理念、财务管理模式和财务管理的方法手段，从而促进企业财务管理水平的提高。财务管理应当以经济发展水平为基础，以宏观经济发展目标为导向，从业务工作角度来保证企业经营目标和经营战略的实现。

（四）宏观经济政策

不同的宏观经济政策，对企业财务管理的影响不同。金融政策中的货币发行量、信贷规模会影响企业投资的资金来源和投资的预期收益；财税政策会影响企业的资金结构和投资项目的选择等；价格政策会影响资金的投向和投资的回收期及预期收益；会计制度的改革会影响会计要素的确认和计量，进而对企业财务活动的事前预测、决策及事后评价产生影响等。

（五）通货膨胀水平

通货膨胀对企业财务活动的影响是多方面的，主要表现在：

1.使资金占用大量增加，从而增加了企业的资金需求。

2.使企业利润虚增，造成企业资金由于利润分配而流失。

3.使利率上升，加大了企业筹资成本。

4.使有价证券价格下降，增加了企业的筹资难度。

5.使资金供应紧张，增加了企业的筹资难度。

为了减轻通货膨胀对企业造成的不利影响，企业应当采取措施予以防范。在通货膨胀初期，货币面临着贬值的风险，这时企业进行投资可以避免风险，实现资本保值；与客户应签订长期购货合同，以减少物价上涨造成的损失；取得长期负债，保持资本成本的稳定。在通货膨胀持续期，企业可以采用比较严格的信用条件，减少企业债权；调整财务政策，防止和减少企业资本流失等。

四、金融环境

（一）金融市场的含义与构成要素

金融市场是指资金融通的场所，它有广义和狭义之分。广义的金融市场泛指一切金融性交易，包括货币借贷、票据承兑和贴现、有价证券的买卖、黄金和外汇的买卖等。狭义的金融市场一般指有价证券的买卖市场。企业资金的取得与投资都与金融市场密不可分，金融市场发挥着金融中介、调节资金余缺的功能。熟悉金融市场的各种类型以及管理规则，可以让企业财务人员有效地组织资金的筹措和资本投资活动。

1.金融市场与企业财务管理

金融市场是与企业财务管理最具有密切关系的环境，主要表现在以下几个方面：

（1）金融市场是企业筹资和投资的场所。金融市场上存在多种多样方便灵活的筹资方式，企业需要资金时，可以到金融市场上选择合适的筹资方式来筹集资金，以保证生产经营的顺利进行；而当公司有闲置资金时，又可以到金融市场选择灵活多样的投资方式，为资金的使用寻找出路，如银行存款、投资债券或购买股票等。

（2）企业可以通过金融市场实现资本的灵活转换。通过金融市场中复杂多样的筹资活动，企业可以实现资本在时间长短、空间区域和资本数量大小等不同形式上的转换。例如，企业持有的可上市流通债券可以随时转手变现，成为短期资金；远期票据可以通过贴现变为现金；大额可转让定期存单，也可以在金融市场卖出，成为短期资金。

（3）金融市场可以为企业财务管理提供有价值的信息。金融市场的利率变动反映了资金的供求状况，有价证券的市价波动反映了投资者对企业的经营状况和盈利水平的客观评价。因此，它们是企业经营和投资、筹资的重要依据。

2.金融市场的构成要素

金融市场的构成要素主要有以下几个：

（1）金融市场主体

金融市场主体是指金融交易活动的参与者，一般有个人、企业法人、金融机构及政府等。

金融中介机构有银行和非银行金融机构，是连接筹资者和投资者的纽带。我国的银行体系包括中国人民银行、政策性银行和商业银行。中国人民银行是我国的中央银行，主要负责货币政策的制定、经营国库业务及相关职能。政策性银行是由政府设立，以贯彻国家产业政策、区域发展政策为目的，而不以盈利为目的的金融机构。商业银行是以经营存款、贷款、办理转账结算为主要业务，以盈利为主要经营目标的金融企业。非银行金融机构包括保险公司、信托投资公司、证券机构、财务公司和金融租赁公司等。

（2）金融市场客体

金融市场客体即金融工具，金融工具是金融市场的交易对象。金融工具按发行和流通场所，划分为货币市场证券和资本市场证券。

①货币市场证券。货币市场证券属于短期债务，到期日通常为一年或更短的时间，主要是政府、银行及工商业企业发行的短期信用工具，具有期限短、流动性强和风险小的特点。货币市场证券包括商业本票、银行承兑汇票和短期债券等。

②资本市场证券。资本市场证券是公司或政府发行的长期证券。其到期期限超过1年，实质上是1年期以上的中长期资本市场证券。资本市场证券包括普通股、优先股、长期公司债券、国债和衍生金融工具等。

（3）金融市场的组织形式和管理方式

金融市场的组织形式主要有交易所交易和场外交易两种。交易的方式主要是现货交易、期货交易、期权交易和信用交易，其主要由上述管理机构和国家法律来管理和规范。

（4）金融市场的利息率机制

利息率简称利率，是衡量资金增值量的基本单位，即资金的增值同投入资金的价值之比。从资金流通的借贷关系来看，利率是特定时期运用资金这一资源的交易价格。即资金作为一种特殊商品，在资金市场上的买卖，是以利率为价格标准的，资金的融通实质上是资金资源通过利率这个价格体系在市场机制作用下进行再分配。因此，利率在资金的分配及个人和企业做出财务决策的过程中起着重要作用。但应该怎么测算特定条件下未来的利率水平呢？这就需要分析利率的构成。一般而言，利率由纯利率、通货膨胀溢价和风险溢价三部分构成。其中，风险溢价又分为违约风险溢价、流动性风险溢价和期限风险溢价三种。利率可以用以下公式表示，即

$$K=K_0+IP+DP+LP+MP$$

式中，K表示利率（名义利率），K0表示纯利率，IP表示通货膨胀溢价，DP表示违约风险溢价，LP表示流动性风险溢价，MP表示期限风险溢价。

①纯利率。纯利率是指无通货膨胀和无风险情况下的社会平均利润率。影响纯利

率的主要因素有资金的供求关系、社会的平均利润率和国家的货币政策。通常，假设在没有通货膨胀时，将短期国库券利率视作纯利率。

②通货膨胀溢价。通货膨胀溢价又称通货膨胀补偿，是由于持续的通货膨胀会不断降低货币的实际购买力，为补偿其购买力损失而要求提高的溢价或补偿。所以，无风险证券的利率，除纯利率之外还应加上通货膨胀因素，以补偿通货膨胀所遭受的损失。一般认为，政府发行的短期国库券利率是由纯利率和通货膨胀溢价两部分组成的，其表达式为：

RF=K0+IP

短期无风险证券利率 = 纯利率 + 通货膨胀溢价

式中，计入利率的通货膨胀溢价不是过去实际达到的通货膨胀水平，而是对未来通货膨胀的预期。

③违约风险溢价。违约风险是指借款人无法按时支付利息或偿还本金而给投资人带来的风险。违约风险反映了借款人按期支付本金、利息的信用程度。借款人如经常不能按期支付本息，则说明该借款人的违约风险高。为了弥补违约风险，必须提高利率；否则，借款人就无法借到资金，投资人也不会进行投资。国库券由政府发行，可以视为没有违约风险，其利率一般较低。企业债券的违约风险则要根据企业的信用程度来定，企业的信用程度可分为若干等级。企业的信用等级越高，信用越好，违约风险越小，利率水平越低；信用较差，则违约风险大，利率水平高。一般将国库券与拥有相同到期日、变现力和其他特性的公司债券二者之间的利率差距作为违约风险溢价。

④流动性风险溢价。流动性是指某项资产迅速转化为现金的可能性。如果一项资产能迅速转化为现金，则说明其变现能力强、流动性好、流动性风险小；反之，则说明其变现能力弱、流动性不好、流动性风险大。政府债券、知名上市公司的股票与债券由于信用好、变现能力强，因此流动性风险小；而一些不知名的中小企业发行的证券，则流动性风险较大。一般而言，在其他因素均相同的情况下，流动性风险小和流动性风险大的证券利率差距介于 1% ~ 2%，这就是流动性风险溢价。

⑤期限风险溢价。一项负债到期日越长，债权人承受的不确定因素就越多，承担的风险也越大。为弥补这种风险而增加的利率水平叫作期限风险溢价。例如，同时发行的国库券，5 年期的利率比 3 年期的利率高，银行存贷款利率原理相同。因此，长期利率一般要高于短期利率，这就是期限风险溢价。当然，在利率剧烈波动的情况下，也会出现短期利率高于长期利率的情况，但这种偶然情况并不影响上述结论。

【例 1】 已知短期国库券利率为 5%，纯利率为 4%，市场利率为 8%，则通货膨胀溢价为多少？风险溢价为多少？

短期国库券利率 = 纯利率 + 通货膨胀溢价

通货膨胀溢价 =5% — 4%=1%

市场利率 = 纯利率 + 通货膨胀溢价 + 风险溢价

风险溢价 =8% — 5%=3%

（二）金融市场的分类

金融市场可以按照不同的标准进行分类。

1. 货币市场和资本市场

以期限为标准，金融市场可分为货币市场和资本市场。货币市场又称短期金融市场，是指以期限在 1 年以内的金融工具为媒介，进行短期资金融通的市场，包括同业拆借市场、票据市场、大额定期存单市场和短期债券市场等；资本市场又称长期金融市场，是指以期限在 1 年以上的金融工具为媒介，进行长期资金交易活动的市场，包括股票市场、债券市场和融资租赁市场等。

2. 发行市场和流通市场

以功能为标准，金融市场可分为发行市场和流通市场。发行市场又称为一级市场，它主要处理金融工具的发行与最初购买者之间的交易，是证券和票据等金融工具的买卖市场；流通市场又称为二级市场，是各种证券发行后在不同投资者之间买卖流通所形成的市场，也称为次级市场。

发行市场和流通市场有密切关系。发行市场是流通市场的基础，没有发行市场就不会有流通市场。流通市场是发行市场存在和发展的重要条件之一。某公司证券在流通市场上的价格，决定了该公司在发行市场上新发行证券的价格。因为在发行市场的购买者只愿意向发行公司支付其认为流通市场可接受的价格。因此，与企业理财关系更紧密的是流通市场。本书所述及的证券价格，除特别指明外，均指流通市场价格。

3. 资本市场、外汇市场和黄金市场

以融资对象为标准，金融市场可分为资本市场、外汇市场和黄金市场。资本市场以货币和资本为交易对象，如同业拆借市场、国债市场、企业债券市场和股票市场等；外汇市场以各种外汇金融工具为交易对象；黄金市场则是集中进行黄金买卖和金币兑换的交易市场。

4. 基础性金融市场和金融衍生品市场

按所交易金融工具的属性，金融市场可分为基础性金融市场与金融衍生品市场。基础性金融市场是指以基础性金融产品为交易对象的金融市场，如商业票据、企业债券和企业股票的交易市场；金融衍生品交易市场是指以金融衍生产品为交易对象的金融市场，如远期、期货、掉期（互换）、期权的交易市场，以及具有远期、期货、掉期（互换）、期权中一种或多种特征的结构化金融工具的交易市场。

5. 地方性金融市场、全国性金融市场和国际性金融市场以地理范围为标准，金融市场可分为地方性金融市场、全国性金融市场和国际性金融市场。

五、法律环境

（一）法律环境的范畴

法律环境是指企业与外部发生经济关系时应遵守的有关法律、法规和规章（简称法规），主要包括《公司法》《中华人民共和国证券法》（以下简称《证券法》）、《中华人民共和国金融法》（以下简称《金融法》）、《中华人民共和国证券交易法》（以下简称《证券交易法》）、《中华人民共和国经济合同法》（以下简称《经济合同法》）、《税法》、《企业财务通则》、《企业内部控制基本规范》等。市场经济是法制经济，企业的经济活动总是在一定法律规范内进行的。法律既约束企业的非法经济行为，也为企业从事各种合法经济活动提供保护。

国家相关法律、法规按照对财务管理内容的影响情况可以分为以下几类：

1. 影响企业筹资的各种法规，主要有《公司法》《证券法》《金融法》《证券交易法》和《合同法》等。这些法规可以从不同方面规范或制约企业的筹资活动。

2. 影响企业投资的各种法规，主要有《证券交易法》《公司法》《企业财务通则》等。这些法规可以从不同角度规范企业的投资活动。

3. 影响企业收益分配的各种法规，主要有《税法》《公司法》《企业财务通则》等。这些法规从不同方面对企业收益分配进行规范。

（二）企业组织形式

企业组织必须依法设立。企业设立的组织形式不同，其依照的法律规范也不同。一般来说，企业可分为独资企业、合伙企业和公司制企业，不同的企业组织形式对财务管理有不同的影响。

1. 独资企业。个人独资企业是由一个自然人投资，全部资产为投资人个人所有，全部债务由投资者个人承担的经营实体。个人独资企业具有创立容易、经营管理灵活自由、不需要交纳企业所得税等优点。

但对于个人独资企业业主而言，需要业主对企业债务承担无限责任，当企业的损失超过业主最初对企业的投资时，需要用业主个人的其他财产偿债；难以从外部获得大量资金用于经营；个人独资企业所有权的转移比较困难；企业的生命有限，将随着业主的死亡而自动消亡。

2. 合伙企业。合伙企业通常是由两个或两个以上的自然人（有时也包括法人或其他组织）合伙经营的企业。合伙企业是由各合伙人遵循自愿、平等、公平、诚实信用原则订立合伙协议，共同出资、合伙经营、共享收益、共担风险的营利性组织。合伙企业分为普通合伙企业和有限合伙企业。

普通合伙企业由普通合伙人组成，合伙人对合伙企业债务承担无限连带责任。依照《中华人民共和国合伙企业法》（以下简称《合伙企业法》）的规定，国有独资公司、国有企业、上市公司以及公益性的事业单位、社会团体不得成为普通合伙人。以专业知识和专门技能为客户提供有偿服务的专业服务机构，可以设立为特殊的普通合伙企业。一个合伙人或者数个合伙人在执业活动中因故意或者重大过失造成合伙企业债务的，应当承担无限责任或者无限连带责任，其他合伙人以其在合伙企业中的财产份额为有限承担责任。合伙人在执业活动中非因故意或者重大过失造成的合伙企业债务以及合伙企业的其他债务，由全体合伙人承担无限连带责任。合伙人执业活动中因故意或者重大过失造成的合伙企业债务，以合伙企业财产对外承担责任后，该合伙人应当按照合伙协议的约定对给合伙企业造成的损失承担赔偿责任。

有限合伙企业由普通合伙人和有限合伙人组成，普通合伙人对合伙企业债务承担无限连带责任，有限合伙人以其认缴的出资额为限对合伙企业债务承担责任。有限合伙企业至少应当有一个普通合伙人，由普通合伙人执行合伙事务。有限合伙人不执行合伙事务，不得对外代表有限合伙企业。有限合伙人的下列行为，不视为执行合伙事务：参与决定普通合伙人入伙、退伙；对企业的经营管理提出建议；参与选择承办有限合伙企业审计业务的会计师事务所；获取经审计的有限合伙企业财务会计报告；对涉及自身利益的情况，查阅有限合伙企业财务会计账簿等财务资料；在有限合伙企业中的利益受到侵害时，向有责任的合伙人主张权利或者提起诉讼；执行事务合伙人怠于行使权利时，督促其行使权利或者为了本企业的利益以自己的名义提起诉讼；依法为本企业提供担保。有限合伙人转变为普通合伙人的，对其作为有限合伙人期间有限合伙企业发生的债务承担无限连带责任。普通合伙人转变为有限合伙人的，对其作为普通合伙人期间合伙企业发生的债务承担无限连带责任。

由于合伙企业与个人独资企业存在着共同缺陷，因此一些企业尽管在刚成立时以独资或合伙的形式出现，但是在发展到某一阶段后都将转换成公司的形式。

3.公司制企业。公司制企业（以下简称公司）是由两个以上的股东共同出资，每个股东以其认缴的出资额或认购的股份对公司承担有限责任，公司以其全部资产对公司债务承担有限责任的法人企业。公司包括有限责任公司和股份有限公司两种形式。

有限责任公司简称有限公司，是指股东以其认缴的出资额为限对公司承担责任，公司以其全部财产为限对公司的债务承担责任的企业法人。根据《公司法》的规定，必须在公司名称中标明"有限责任公司"或者"有限公司"字样。

股份有限公司简称股份公司，是指其全部资本分为等额股份，股东以其所持股份为限对公司承担责任，公司以其全部财产对公司的债务承担责任的企业法人。

公司制企业的优点：容易转让所有权，公司的所有者权益被划分为若干股权份额，每个份额可以单独转让；有限债务责任，公司债务是法人的债务，不是所有者的债务。所有者对公司承担的责任以其出资额为限。当公司资产不足以偿还其所欠债务时，股东无须承担连带清偿责任；公司制企业可以无限存续，一个公司在最初的所有者和经营者退出后可以继续存在；公司制企业的融资渠道较多，更容易筹集所需资金。

公司制企业的缺点：（1）组建公司的成本高。公司法对于设立公司的要求比设立独资或合伙企业复杂，并且需要提交一系列法律文件，花费的时间较长。公司成立后，政府对其监管比较严格，需要定期提交各种报告。（2）存在代理问题。所有者和经营者分开以后，所有者成为委托人，经营者成为代理人，代理人可能为了自身利益而损害委托人利益。

（3）双重课税。公司作为独立的法人，其利润需交纳企业所得税，企业利润分配给股东后，股东还需交纳个人所得税。

在以上三种形式的企业组织中，个人独资企业占企业总数的比重很大，但是绝大部分的商业资金是由公司控制的。因此，财务管理通常把公司理财作为讨论的重点。

（三）法律环境对企业财务管理的影响

法律环境对企业财务活动的影响主要体现在国家制定的各项法规上。法律环境对企业的影响是多方面的，影响范围包括企业组织形式、公司治理结构、投融资活动、日常经营和收益分配等。例如，《公司法》规定，企业可以采用独资、合伙和公司制等企业组织形式。企业组织形式不同，业主（股东）权利责任、企业投融资、收益分配、纳税和信息披露等不同，公司治理结构也不同。例如，税收法律、法规对企业财务活动的影响主要表现为影响企业的投融资决策、现金流、利润和利润的分配。因此，企业的财务决策应适应税收政策的导向。企业应合理安排资本的投放以追求更大的经济效益。再如，财务法规。财务法规是规范企业财务活动、协调企业财务关系的行为准则。目前，我国的企业财务法规主要由《企业财务通则》、行业财务制度及企业内部财务制度构成。《企业财务通则》是财务法规体系的基础，规范了在我国境内设立的各类企业进行财务活动必须遵循的基本原则和规范；行业财务制度则是对各类行业进行财务活动所必须遵循的原则和一般要求所做的规范；企业内部财务制度是企业自身用来规范其内部财务活动行为、处理内部财务关系的具体规范。

第二章　企业财务管理的基本组成

第一节　精细化财务管理

世界经济的发展为各国之间的消息交流架起了一座桥梁。随着该交流的日渐深入，跨国公司、外贸交流油然而生。在我国企业与国外企业合作的过程中，我国企业一直保持着大国的风范。该风范主要包括和平相处、不窃取他国的机密等。同时我国也面临一项巨大的挑战，那就是科技的创新。该挑战对于我国企业来说是一个转变的机会，也是我国企业内部管理制度逐渐加强的见证者。本节主要讲的是企业如何细化内部的管理制度，核心要求是提高我国企业在国际上的影响力。

一、企业精细化财务管理的基本内涵

从世界财务发展的经验来看，企业将财务管理计划落实到各个角落是必要的。那么何为落实到各个角落？具体是指既和财务有关的人员，又和财务有关的制度。那么该怎样落实到各个角落呢？对财务相关人员要进行积极的培训，要保证财务人员熟练地掌握财务法律。对于财务相关制度的建立，企业要保证其内容符合如今不断更新的思想要求。那么落实的意义体现在哪里呢？该计划的落实有利于提高企业的财务管理能力，有利于提高企业财务水平的国际影响力，有利于促进企业内部人员对财务的归属感与认同感。

二、当前企业精细化财务管理工作中存在的问题分析

在如今的社会上，我国的许多企业内部的财务制度都存在瑕疵。该瑕疵的产生有很多种原因，具体内容如下：

（一）精细化财务管理意识十分淡薄

在世界发展的进程中，发展的基础是意识的自主性。同时意识的产生是世界变革

的必然结果。如果一个人没有强烈的成功意识，那么他一辈子都不会成功。企业的经营管理也是如此道理。所以对于企业来说既要提高自身的社会地位，又要提高自身的内部管理思想。综上所述，该思想的有效落实可以延长企业的存续年限。

（二）精细化财务管理相关资料及数据真实度较差

从国家财务发展的基础来看，科学的数据与真实的信息是不容忽视的条件。企业如果想要有成为其他公司财务管理制度的榜样，那么就要从以上两个方面提升公司的财务能力。同时财务活动进行的基础是财务预算，因此企业就需要从以上两个方面提高自身的预算能力。综上所述，企业财务管理进步的基础是有可靠的信息来源以及真实的数据支持，同时这些都是企业同行业中独特发展的基础。

（三）未构建完善和健全的财务预算管理体系

从各个国家财务监视发展的角度来看，规整有序的财务系统需要具有完整的监视机制。该机制不止体现在国家财务上，也体现在企业的财务上。因此，我们可以看出对于该制度建立的重要性。同时，财务预算的准确性高低影响企业对未来投资的方向。该制度的建立有利于提高预算的准确性，也就在间接上提高了企业财务体系的发展。综上所述，企业引进与建立的监视制度是财务能力发展的里程碑。

（四）财务管理监督机制严重匮乏

从企业财务监管的角度来看，我国企业在这方面的意识略为浅薄。我国企业该如何建立财务监管制度？企业要建立独特的监管制度，只有这样才能成为发展的"领头羊"。首先，要从自身的内部出发，企业要寻找到自身存在的缺点从根部解决问题。其次，要发挥集体的作用，企业要发挥各个部门员工的作用监管财务人员的行为准则并且建立相应的奖惩制度。最后，要发挥国家监管的作用，企业要有谦虚意识，正确地看待国家的相关法律制度，并为内部的财务人员进行法律监管培训。

（五）财务管理在企业各项管理中的平衡地位被完全打破

从企业各个部门的角度出发，企业逐步认识到了财务部门的重要性。从之前许多年的企业管理案例来看，企业失败的原因大多在于没有理解财务的基本内涵。他们都只看到了最浅显的财务意义，也都是着力于建设最浅显的发展计划。但是，随着社会的发展，企业的财务弊端都显露了出来，并且给企业带来了致命的打击。综上所述，深入了解财务管理的具体内涵是企业管理制度发展的前提条件。

企业要在如今的发展中正确思考如何才能让企业长存于世。那么该问题的解决方案是什么呢？从近年来可以看出解决最有效的方法是建立完整的财务管理体系。综上所述，该体系的建立是企业屹立于世界同行业中不倒的标志。

三、精细化财务管理的特色

企业发展的灵魂在于财务。财务管理制度的完善或散乱都决定了企业的发展前景。针对该现象，对于企业管理者来说他们需要聆听各种不同的声音，并且将这些声音进行整合提炼珍贵信息，从而完善财务管理制度。该制度建立的特点是精细化。企业经营者对企业相关的财务制度要面面俱到，并将它作为终身的工作目标。

（一）制度精细化

从财务管理的整体结构来说，财务管理制度的精细化是企业发展的必然要求。同时，精细化具体指的是企业经营者所制定的财务策略。从工资的角度出发，企业来制定完善的底薪与奖惩制度，从而为工资的核算提供条件。从财务人员管理的角度出发，企业要加强对相关财务人员的技能培训。从公司现金支出的角度出发，企业要建立相应的制度严格控制现金的支出。综上所述，企业内部财务管理制度的精细化在于对任何与财务有关的人和事，该精细化的发展有利于提高企业的社会影响力。

（二）流程精细化

从企业财务发展的一般程序来看，企业要根据自身的实际情况对每一场程序都做出相应的要求与规划。该要求和规划的产生与发展有利于提高员工对财务数据的重视。企业的财务发展程序有哪些？首先，企业要进行发展预测，企业要为自己的发展从财务的角度制定相应的策略。其次，企业要进行财务预算，企业要明确自身的经济实力，要知道自身能否做下一个项目，要具有居安思危的意识。最后，企业要加强人员对财务数据的分析能力。因为该资料对于企业来说是无可替代的，它决定了企业的生存与灭亡。综上所述，财务流程的精细化对企业的后续发展起到了决定性的作用。

（三）质量精细化

从企业管理的角度出发，企业要结合不同企业的管理制度来完善自身的管理结构。企业分成两种形式：成功的企业和失败的企业。对于成功的企业来说它自身的内部财务制度是有参考价值的，对企业来说有激励的作用。对于失败的企业它失败的原因对企业来说具有警示的作用。对于他们来说，他们都落实过财务质量精细化的管理制度。综上所述，企业内部综合管理能力的提升有赖于正确的财务管理制度。

（四）服务精细化

从企业产生的角度出发，企业的产生与发展都离不开内部财务人员的支持。企业内部像一张巨大的蜘蛛网，各个部门都是该网上的节点，蜘蛛是企业的管理者。针对该比喻我们可以看出来企业内部人员的思想建设是非常重要的。综上所述，服务精细化的贯彻与落实与人员的可持续发展有关。

四、精细化财务管理的实施方法

（一）企业内部实施成本预算管理

该预算管理的准确实施具有以下几种意义。首先在成本上。企业通过对该预算的合理利用从而能够减低企业的各项成本。其次在发展地位上。企业内部建立完整的该预算管理是企业成功的标志，也是企业提高社会地位的关键因素。最后在财务数据的记录上。企业要善于利用该核算的方式，从而提高企业财务数据的科学性。综上所述，该预算的合理建设与发展可以在整体上降低企业财务的错误率。

（二）精细化管理认真落实

从企业长远发展的目标来看，精细化的落实符合企业的终身发展要求，也是企业适应国家政策的必然要求。如果该计划没有得到落实，那么对于企业来说会造成什么影响？其一，在财产保密性上。人员可能会泄露公司的财产机密，从而使企业丧失竞争优势，也有可能会造成企业破产清算的现象。其二，在公司内部的管理上。该计划的缺失会导致企业内部的管理紊乱，人员之间相处环境不友好，可能会造成员工大部分离职的现象。其三，在公司利润方面。该计划的缺失会造成公司净利润的亏损，导致公司因为无法盈利而灭亡的现象。其四，在薪酬核算上。该计划的缺失会造成员工薪酬核算不正确的现象，从而对公司的名声与信誉造成不可挽回的影响。其五，在企业的资金分配上。该计划的缺失可能会造成企业资金分配不合理的现象，该现象的产生可能会对高新科技的产品造成无法估计的影响。其六，在企业成本控制上。该计划的缺失会增加企业的成本，成本的上升代表了收益的减少，不利于企业的经济化进步。其七，在企业的投资风险上。该计划的缺失会加大企业的投资风险，造成收不回本金从而亏损的现象。其八，在企业的制度建立上。该计划的缺失会影响人们的判断思维，进而无法使企业建立完整的财务制度。

从上述的论述中我们可以看出来，精细化制度的落实与发展对企业变革与革命的重要性。该计划的意义让其他计划的意义望而却步。同时该计划是企业提高工作效率、提高收益、人员可持续发展的重要手段。

第二节　财务管理中的内控管理

一个企业成功的秘诀在于它具有良好的内部环境。内部环境具体是指分工明确、人员关系和谐、企业发展目标明确。但是该环境并不是每个企业都能拥有的，拥有它的基础条件是该企业需要具备完整的内部管理体系。综上所述，完整的管理体系有利于公司内部的和谐发展。

一、内控管理对财务管理的作用

公司的发展受两方面的影响，一方面是外部的市场环境，另一方面是内部的管理制度。对于公司来说外部的市场环境是不能控制的，但是内部的政策是可以调整和改变的。我们可以试想一下如果公司内部没有完整的管理方法，那么它将会面对什么样的现象。该现象肯定会围绕着混乱的、消极的、沮丧的气氛。在该种气氛下生存的公司其根部会是腐烂的、散发恶臭气味的。由此可见，完整的内部管理制度对公司发展的重要作用。

（一）有利于保护公司资产

从公司员工的角度出发，内部管理制度的建立提升了员工的职业素质。该职业素质的内容具体是指哪些？首先在道德上。它能够规范员工的道德感，帮助员工树立正确的三观。其次在技能上。它能为员工提供学习的理论基础，帮助员工提高技能水平。最后在保守秘密上。它能增强员工对公司的归属感，从而增强员工对于公司秘密的保守意识。综上所述，内部制度的建立有利于提升员工的对公司财产的认同感。

（二）提高财务信息真实性

从企业财务信息的角度出发，内部管理制度的产生与发展为财务信息的科学性提供了强大制度支持。如果企业内部财务数据的科学性是有待考量的，那么对于企业来说这将是一个致命的打击。同时对于企业来说财务数据是命脉，也是一切活动进行的根基。由此可见，内部管理制度的重要性。综上所述，企业要发展就要具有科学的财务数据，科学财务数据的来源是完善的内部管理制度。

（三）公司经济效益得以提高

从公司收入的角度来看，内控管理制度的建立是必不可少的要素。成功的企业的内部管理一定会是最先进的同时也是符合国家发展要求的。因此，各个想要成功的企业就需要学习它们内部的管理制度，从而不断加快自己资金回流的速度。综上所述，该制度的建立有利于企业成本的降低，净收入的增加。

我国很早就已经实行了内部管理控制制度，并且它已经渗透到了我国各个中小企业中。从我国企业取得的成果来看内部管理制度的意义主要体现在哪里？首先，在收入上。它可以从根本上提高企业对资金的利用效率。其次，在管理上。它完善了企业原本的管理制度，提高了企业财务管理效率。最后，在损失上。它减少了企业不必要的费用支出，为企业省下了一大笔的发展资金。综上所述，国家贯彻的内部管理制度全面提高了企业的能力。企业在发展期间建立内部控制制度的必要性主要体现在国家层面和企业层面，首先国家对内部控制实行了相关规定，企业发展期间也需要内部控制制度的规范，企业不断完善自身内部控制可以在较大程度上提高企业的效益和工作效率，能够有效避免企业在经营期间出现管理风险以及舞弊行为等。同时企业的经营者要根据企业发展的历史全面贯彻和落实国家的内部管理制度，从而改变企业原有的制度，最终提升企业的社会影响力。

二、内部控制在财务管理当中的范围

从企业内层发展的角度来看，何为财务管理的内部控制制度？该制度的核心思想在于联系，即加强各部门之间的联系同时，也加强各部门工作人员之间的联系，从而共同促进财务体系的完善。从一些企业经营失败的原因来看，它们在日常经营活动中大部分都没有该控制的建立。如果没有建立该控制，那么它们会面临什么样的结果？首先，在工作效率上。财务资金分配的效率会下降，从而降低企业的发展效率。其次，在竞争力上。企业将丧失财务管理创新竞争力，从而降低企业在社会中的地位。最后，在经营成本上。企业会增加经营成本减少净收入，长此以往企业的资金会断流，不利于企业的后续发展。综上所述，该制度的建立对企业的发展产生不可抗力的作用。

（一）内部控制是控制机制的重要组成部分

从企业内层结构管理的角度出发，内部控制是必不可缺的要素。那么如果企业没有建立内部控制体系，那么该企业会面临哪些问题？首先，在内部资金的结构上。资金的支出与收回没有明确的记录和完善的保障，会造成企业经营者与投资者之间的矛盾。其次，在企业信誉度上。在社会中该企业的工作者代表的是企业的形象，然而企业内部工作者的人文素质没有得到培养与发展，因此这就可能会给企业造成名誉的损失。最后，在公司的财务制度上。会给财务工作造成很大的困难，因为财务工作者没有可以依据的政策，无法判断自身行为的利与弊，最终造成财务工作效率低下的现象。

（二）内部控制保障资金安全

从企业财产的角度出发，内部控制为财产的存续与升值提供了天然的屏障。那么该屏障主要体现在哪些方面？其一，主要体现在财产流方面。企业内部控制的建立可以减少企业财产不必要的支出，从而促进企业财产的再利用增加企业的财产流。其二，主要体现在对未来财务规划的方面。每个企业都会根据自身以往的财务数据对企业未来财务状况的发展做出详细的规划，因此内部控制的建立为该规划提供了真实有效的数据。综上所述，内部控制有利于企业资产的升值。

（三）内部控制降低企业经营风险

从企业经营的角度来说，企业损失的高低是企业发展速度快慢的基础条件。从历年来存续的企业来看，它们发展速度迅速是因为它们没有增加不必要的损失支出。同时企业这种情况的产生有赖于内部控制的建立。该制度的建立可以为企业提供有效的财务发展数据，从根本上减少企业的财务损失，从而加快企业的发展速度。

（四）内部控制是企业发展的必然要求

从市场环境多变的角度出发，企业只有建立完整的内控制度才能在该环境中发展，否则可能会被市场"淘汰"。那么内部控制的建立对市场环境的适应性主要体现在哪里？其一，发展数据上。市场变幻莫测的环境可以为建立内部控制的企业提供真实的数据。其二，自身水平上。企业在市场经济的竞争中可以正确地认识到自身的实际发展情况。综上所述，内部控制的建立为企业的发展提供了良好的平台。

（五）提升企业财政管理的水平，适应财政改革的发展

从国家发展的角度来讲，国家对于企业的财政改革政策越来越完善。但是正所谓"物极必反"，那么国家财政政策的"反"体现在哪里？首先，企业政策调整不及时。企业没有跟上国家的财政步伐，从而导致内部政策落实的不扎实，不利于未来的发展。其次，在财政政策本身上。一些财政政策缺乏实践的检验，它们可能没有经历过具体的落实，可能会出现企业政策与国家财政政策不适应的情况。最后，在企业与国家政策融合的过程中。该融合过程可能进行得不是很顺利，因为每个政策都会有它的适应性，每个企业的经营性质都不同。同时过多的财政政策可能会给企业造成"眼花缭乱"的现象，从而不利于企业自身的财政发展。综合所述，国家对该政策的建立要符合实际的要求，同时政策的具体内容与作用要经历实践的检验才可以落实到不同的企业中。

三、财务管理过程中内控管理的措施

在自然发展的过程中，树木的腐败往往来自其根部。同理，从我国企业发展的角度来说，企业根基的稳固与不稳固是非常重要的。同时企业稳固的根基需要具有严格的内层管理制度，该管理制度的建设与发展可以滋养企业这棵发展大树的根须。

（一）建立完善的财务管理内控制度

从企业内层发展的角度来看，财务管理完整的内控制度是企业财务发展必不可少的条件。那么该如何建设该制度？首先，在监管上。企业在建立人人监管制度的基础上要辅以严明的奖惩制度，从而提高人们的参与度。其次，在制衡上。企业要建立相互制衡的部门，以确保不能出现一家独大的现象。同时要充分发挥每个部门的作用，共同促进企业内层的发展。

（二）提高公司财务人员的职业规范，完善内控管理

对于企业内层的发展除了相应的制度之外，还要对其相关的工作者进行约束。该约束主要体现在思想上、技能上、行为上。在思想上，相关的工作者要具有保守企业秘密的意识，要尊重企业的发展成果。在技能上，相关的工作者要通过不同的手段提高自身的能力，例如，考取证书。在行为上，相关的工作者要按照国家的法律规范约束自己，从而提升自己的人格魅力。

（三）加强内部审计监督

内部审计监督是公司财务管理控制的重要组成部分，有着不可动摇的地位，是内部监督的主要监管方法，尤其是在当代公司管理中，内部审计人员将面临新的职责。公司应建立完善的审计机构，充分发挥审计人员的作用，为公司内控管理营造一个良好的环境。

（四）加强社会舆论的监督

如今经济发展速度非常迅猛，人们已经实现了随时随地交流与沟通的梦想。同时该梦想的实现也为人们带来了许多的益处，人们可以对任何事发挥自己的看法。所以这为财务管理政策的加强提供了优良的条件。综上所述，汇集大多数意见的财务管理政策最有利于企业发展的政策，它也可以推进企业内部政策的调整与完善。

（五）重视内控管理流程

资金管理是公司财务管理中最重要的内容，财务管理人员需对资金使用情况进行严格审批管理，使资金管理更具有合法性。例如固定资产管理，财务部门可派专门人员对其进行单独的管理，对某一项目资产管理时，公司应对其预算有严格的审批，只有标准的额定费用使用机制，公司资金才能发挥最大的作用，才能保障周转速度等一切正常。

由此可以看出，企业发展的基础是对财务资产有效利用政策的制定。该政策的制定可以加大企业对资产的掌控力度，从而在激烈的市场环境中脱颖而出。同时该政策也可以通过财务资产的增值提高企业的竞争力与社会地位，从而增强企业财务的国际影响力。

第三节　PPP 项目的财务管理

社会各项因素的发展对国家的建设提出了更高的要求。该要求预示着公私合营模式的产生与发展。该模式符合国家基本设施的建设，也符合国家对未来发展模式的盼

望。不过目前由于应用时间不长，所以它目前并没有完整的实施措施与实施策略。这就需要国家发挥其对企业的领导职能，加快该模式相关策略的建设。

一、PPP 模式的定义

公私合营模式的产生与发展打破了我们原有的发展观念。我们原有的发展观念在于独立发展，但是由于独立发展的资金、设施、科技等因素有限，所以很难建设大项目。同时国家的发展都是从大项目开始的，独立的主体不能完成这件事，所以就产生了该模式。综上所述，该模式的内涵主要在于因为国家建设的需要所以产生的类似于"共生"的一种模式。

二、PPP 项目的特点

公私合营模式的发展是社会发展的必然要求，该模式的主体由政府和企业组成。该模式的核心发展要求是加强各个主体之间的联系，拉近主体之间的距离。因为只有将发展放在同等地位进行才可能有效地发挥该模式的作用。同时该模式的特点是时代性、公平性、进步性。从时代性的角度出发，二者之间的合作是时代发展的产物，也是随着时代的变迁而改变。从公平性的角度出发，二者之间在合作的时候资源是共享的，不存在你多我少的不公平现象。同时国家也会建立相应的保护措施，增强企业与政府之间的信任感。从进步性的角度出发，政府的进步性体现在相关社会资源的进步，而企业的进步主要体现在制度上，它的制度会经过国家制度的洗礼而提升。由此可以看出，该模式的特点主要是由它们彼此之间融合而产生的。综上所述，国家对大项目的建设离不开该模式的发展，因此国家要提倡该模式的建立，要增强社会企业对国有企业的归属感和认同感，要形成政府与企业共同发展与共同更新的现象。

三、PPP 项目中财务管理问题

（一）项目中的资金管理问题

在社会发展的进程中，公司合营模式主要面对的问题是对于日常经营活动资金的有效利用与合理分配没有完整的体系。这就要求企业按照国家的标准改善自身存在的问题，从而促进该模式的对资金体系的完善。

（二）财务预算过程中执行不到位

公私合营模式要求企业根据国家的预算模式标准进行预算体系更新。该体系的更新有利于充分发挥企业与国家相结合的作用。同时对于企业来说该预算体系的更新可以提高企业各部门对资金的使用效率，从而提高企业经济活动的质量。由于国家处于不断发展的过程中，因此对于预算的体系也是不断更新的。所以对于企业来说它们要时刻保持清醒的状态，及时跟上国家预算的脚步。

（三）财务内部控制缺失的问题

公私合营模式并不是完美的模式，它也会存在一些问题。该问题主要表现在国家对公司发展的规划问题。因为在该模式中国家始终处于主导地位，企业受到国家的引领从而得到发展。因此，国家充分发挥该模式作用的基础在于对企业的监管制度的建立。监管制度主要体现在企业内部财务人员、企业相关财务政策、企业财务成本等。项目公司在正常管理中方式较为粗放，内部控制制度没有受到足够的重视，这些也是较为普遍的问题。企业发展的基础是内部监管制度的建立与发展。但是有些企业将监管部制度的内涵进行了曲解，以致约束了企业财务体系完善的速度，这种做法是不可取的。因此这就需要企业充分认识到监管制度的含义，建立正确的监管制度。

（四）融资投资管理问题

公私合营模式的产生是在国家集资办大事的背景下。在该背景下国家的财政投入会比较少，因为国家的资金可能在其他的大项目上。因此这就需要企业具有"国家强，企业强"的意识，充分发挥其促进国家建设的作用，并为此投入更多的可使用资金。这也就间接地要求国家要建立相应的对企业资金保护的政策，为企业资金的收回提供政策支持。

（五）风险管理问题

在市场经济中，企业会存在为了追求眼前的利益而损害长远利益的做法。同时这也是市场经济发展下的特点。因此公私合营模式对于企业的该做法是不适应的。因为公私合营模式追求的是长远发展的利益，也追求的是合作共赢的目标。综上所述，该模式应该避免企业不正确的发展目标。

四、PPP 模式下的项目管理财务管理策略

（一）建立完善的风险识别与控制体系

随着社会的发展与进步，公私合营模式已经成了发展的必然要求。该要求需要企业与政府之间相互作用共同促进社会的发展。同时该模式的核心思想是合作共赢。那么这两个主体在发展中该如何体现这一核心思想呢？双方对同一项目的发展要制定多种不同的战略。不同战略建立的原因是在市场的环境中可能存在许多我们未知的因素与挑战，因此双方都需要做好万全的准备以便应对突如其来的状况。综上所述，公私

合营模式顺利开展的原因在于双方的责任要对等，双方的发展意识要具有新意。

（二）努力加强预算管理与资金控制

公私合营模式要求双方具有先进的资金配置思想。首先，在日常经营活动之前。双方要估计该活动所需的资金，从而做好资金的统筹规划与收集。其次，在日常经营活动中。双方要根据活动的实际情况对资金进行分配，例如科技投入高的企业要多分配一些资金。最后，在日常活动结束之后。双方要积极总结资金分配的经验，要知道哪些资金可以省下来，哪些资金需要多投入一些。

（三）加强成本控制

公私合营模式具体是指企业与国家合作共赢的一种新型发展模式，并且该模式的充分利用可以加快我国基础设施的建设速度。那么该如何充分发挥这个模式的作用呢？首先，要控制双方的财务支出。双方对财务支出的有效控制在很大程度上为基础设施的建设节约了资金。其次，要建立正确的设备折损措施。设备折损现象是发展过程中必须会经历的，因此这就需要双方建立正确的应对措施。最后，要正确理解财务指标代表的含义。因为财务指标的变动是财务信息的传递过程，因此双方要抓住这个机会尽最大的可能掌握财务信息。

（四）加强财务分析，完善定价制度

公私合营模式有效开展的关键是双方发展的目标要具有一致性。该目标的一致性主要体现在资金投入目标的一致性、相关战略目标的一致性等。同时该目标一致性的建立有利于将公私合营模式的作用发挥到最大，也有利于提高双方财务分析的水平。对于定价制度的产生与发展，双方要分别根据自身的财务经验展开交流与讨论，最终确定有利于双方共同发展的定价制度。综上所述，该模式的发展与完善对国家的基础建设具有促进作用，它从根本上改变了有些企业独立国家发展的状况，同时也拉近了企业与国家之间财务发展的距离。

公司合营模式是企业与国家合作的里程碑。在该模式下，企业的财务管理结构受到了国家的积极影响。这些能够提高项目财务管理效率，同时让企业的决策更加科学。该模式的产生与发展在一定程度上提高了国家对企业的认可度，并且为企业的发展提供了精神支持与法律依据。同时这种模式也是国家未来建设发展的必然要求。

第四节　跨境电商的财务管理

伴随着互联网技术的飞速发展和经济发展的深度全球化，我国的跨境电商产业迅

速崛起，截至 2016 年年底，中国跨境电商产业规模已经超过 6 万亿元，年均复合增长率超过 30%。跨境电商产业在传统外贸整体不景气的经济环境下依旧强势增长，本节在此背景下，阐述财务管理对跨境电商运营的重要意义，并分析跨境电商企业在财务管理方面面临的问题，如会计核算工作不规范、缺少成熟的跨境电商财务 ERP 系统以及跨境电商税务问题等，针对跨境电商财务管理面临的问题提出相应的财务管理提升方案，从而促进跨境电商企业财务管理的不断完善。

一、财务管理对跨境电商运营的重要意义

从国家在世界上的影响力角度出发，我国的财务制度发展速度是非常快的。这种高速度的发展让我们产生了新的行业，即跨境电商。如果一个企业已经是跨境的电商了，但是它没有完整的财务管理体制，那么它将面临哪些困难呢？首先，将会是人员不足的问题。人员是一个企业发展的根基，如果企业缺乏对应的人员，那么这个企业将不复存在。其次，企业发展规模问题。企业发展规模将不会扩大，同时企业进步的脚步也会停滞不前。最后，在解决问题能力上。企业将不会拥有克服问题的能力，它们会变得"胆小"，并且遇事便会退缩。综上所述，完整的财务管理体系对跨境电商的发展具有不可替代的促进作用。

二、跨境电商在财务管理上存在的问题

（一）会计核算工作缺乏规范性

从各类行业发展的经验来看，企业在进行一项财务活动后需要进行经验的总结。无论是失败的经验，还是成功的经验。同时，企业要明白财务发展的基础是有价值的财务核算。但是有一些跨国电商的企业并没有意识到问题的严重性。那么对于跨境电商来说会计核算的合理运用有哪些意义呢？首先，在管理模式上。跨境电商对于我国的企业来说它的根基不是很深，我国企业对它的经验摸索只是停留在浅层上。但是跨境电商对会计核算的正确运用可以提高管理模式的创新，稳固该电商的社会地位。其次，在跨境电商的账务管理上。会计核算的充分落实与运用可以提高企业账务的精细度。具体体现在每一笔支出与收入上。最后，在社会责任感上。会计核算的制定可以提高企业的承受能力，推动跨境企业的财务管理从稚嫩走向成熟。综上所述，跨境电商由于产生较晚，它的财务管理状况相对于其他的行业是较差的。但是这只是暂时的，它们需要时间的磨炼与经验的积累，而会计核算为它们的财务进步提供了很好的交流平台。

如今国家对综合人才的培养是极为重视的。为什么如此重视该人才的培养？因为

未来国际的竞争是人才能力的竞争，这就间接向我们证明了跨国电商的财务发展关键在于人才的培养。那么综合人才分为哪些？综合人才代表的是除了要拥有强大的财务理论知识还要拥有高尚的人格与正确的道德观，同时该人才也不能触犯国家财务的法律法规。综上所述，国家要加大对各行各业人才的培养力度，要充分发挥他们的作用，为电商内部财务管理体系的完善奠定基础。

（二）缺乏成熟的跨境电商财务 ERP 系统

国家要针对跨境电商行业的发展制定相应的财务软件。从财务发展的角度来看，财务软件的产生大大提高了企业财务记录的效率，也大大减少了企业出现账务错误的结果。由此可见财务软件的建立对企业内部账务的重要性。如果跨境电商没有相关财务软件的支持，那么它将会面临许多难题，会让它本就不完善的财务体系雪上加霜。那么常见的财务软件有哪些？例如，金蝶、用友等。在我国的企业中用量最大的是用友。因此，国家要发挥其职能为电商配备此财务软件。

（三）跨境电商税务问题

从科技发展的角度来看，跨境电子商务的特点是创新性、流动性、宽松性。创新性主要体现在以前的企业发展没有出现过这种形式的商务模式。流动性体现在该电子商务的企业与企业内部的人员流动性比较强，缺乏员工对企业的归属感。宽松性具体是指电子商务的经营环境是比较宽松的，环境包括国家法律环境与社会发展环境。但是，对于国家来说该商务的税务征收问题比其他的企业要多，主要的原因在于商务本身是科技发展下的产物。因此国家要加强相关的税务征收法律，同时国家要严格规范商务发展过程中日常业务的手续，要为国家的税务征收提供证据。综上所述，该商务的发展既为国家带来积极的意义，也为国家的税务征收带来了问题。但是它总体发展对国家的促进作用是极大的。

三、基于跨境电商下网络财务管理发展建议

（一）风险意识的树立是网络财务管理优化的重要前提

从国家发展环境的角度出发，跨境电子商务要树立对财务发展的忧患意识。该意识的树立有利于跨境电子商务减少不必要的人力与物力的损失。那么对于跨境电子商务来说要如何树立风险意识呢？这就要求商务建立完整的应对突然风险的解决措施，同时在日常的经营活动中商务也要建立两种发展措施，一种是主要的措施，另一种是应对突发事件的措施。综上所述，正确的忧患意识能够提升跨境电子商务的发展地位。

（二）政府扶持力度的提升是网络财务管理优化的手段

从国家的角度来说，如果国家没有大力推广与发展跨境电商，那么它的发展将会是落后的。这因为从财务整体的发展角度来说该电商的发展是必要的，它有利于促进财务体系的完善。因此，国家要提高重视力度，并且要制定相应的发展政策。但是该政策也要遵循财务发展的规律，还要符合现实生活的需要。综上所述，电商的产生与发展，在一定程度上提高了企业财务的社会影响力，也为企业财务的后续发展奠定了基础。

（三）网络财务管理系统的构建是财务管理优化的根本

从企业发展失败的例子来看，它们都没有充分发挥网络对财务管理的升级作用。企业财务制度的完整度与清晰度都来自强大的互联网体系，同时也为企业的后续发展埋下了隐患。因此在如今的社会发展中，企业要善于利于互联网技术，将企业内部的财务事项通过表格的形式进行记录，如此一来可以减少企业财务数据丢失的现象，也可以减少错误的发生。

（四）高素质专业化人才的培养是财务管理优化的必需

从成功企业发展的角度来看，它们成功的因素既不是高端的科技，也不是雄厚的资金支持，而是拥有一批高素质的工作人员。企业内部的工作人员是企业进步与发展的基础。那么要如何培养对企业发展有促进作用的高素质人员呢？从国家的角度出发，国家要加强对财务教育政策的建立与落实，要为人员的培养提供理论支持。从企业的角度出发，企业要定期组织相关财务人员的培训，提高人员的财务素质。从人员自身的角度出发，他们要建立正确的财务发展意识，要树立正确的道德观与人生观，要以企业与国家的发展为己任。综上所述，企业与国家的财务发展需要具有道德高尚、技能超群的工作人员。

随着社会科技的不断发展，网络已经成为人们进行商品交易和知识交易的平台。这个交易平台被人们称为跨境电子交易。该交易的产生与发展预示着它们的发展道路不会一帆风顺，它们即将会面临一场"风雨"的洗礼。为什么会面临一场"暴风雨"呢？因为对于该交易来说，它既没有传统交易模式的完整体系，也没有传统交易模式的发展资源。所以它需要经历各种财务风险的挑战才能成长与完善。综上所述，该交易的发展需要得到世界各方的帮助，同时也需要高素质人才的推进。

第五节　资本运作中的财务管理

在如今社会发展的大背景下，我国对企业的财务发展提出了更高的要求。该要求具体指的是什么呢？在企业的结构上，它主要指的是企业内部的资金运作结构。在企业内部的管理上，它主要指的是对相关财务工作者的道德素质管理。在企业的发展上，它主要是指企业对未来财务的规划以及企业对未来投资的计划。那么该要求具有哪些意义呢？它可以提高企业内部对资金的使用效率，同时也有利于资金运作体系的完善。资金运作体系是在如今企业发展条件下的必然产物，它与企业的财务管理目标是相互作用的，二者既相互联系，又相互区别。综上所述，无论企业的规模如何，它们都应该在财务管理的过程中进行资金运作，从而提高企业资产的升级。

一、企业资本运营的特点分析

（一）价值性

资金运作的核心体现是对资金的再升值。资金的再升值主要体现的不是"钱生钱"而是它们其中蕴含的做事能力。资金是日常活动的基础，因此资金的充足与缺乏决定了企业活动的规模，也就决定了在该规模下产生的社会效益。所以企业要充分认知到资金升值的内涵从而提升企业的社会责任感，最终提升企业的社会价值。综上所述，企业的社会性发展需要充分发挥资金运作的作用。

（二）市场性

从古至今，市场一直是人们进行交易的活动场所。它能准确无误地反映出人们的需要情况，也能为企业提供真实可靠的商业信息。在如今的社会中，资金运作的发展基础是稳定的市场环境。同时稳定的市场环境可以给资金运作带来准确的数据，以便于提高资金运作的准确性。综上所述，资金运作的市场性主要在于能够通过市场的活动带来有效的信息，最终提高该运作的科学性。

（三）流动性

资金运作的流动性对企业的主要意义体现在哪里？首先，可以加快企业资金的回流速度。其次，可以提高企业资金运用的价值，促进更多的社会效益。最后，可以提高企业的净收益，提高企业在资金运作中的社会地位。综上所述，流动性是企业资金运作发挥到一定程度而产生的特点。同时该特点的产生也预示了资金运作在管理中的崇高地位。

二、强化财务管理，优化资本运作

从企业历史发展的角度来看，资金运作是企业实现最终目的的主要方式。同时在企业的各项政策中各类管理政策处于核心地位。因此，我们必须充分发挥财务 管理的积极作用，推动企业资本运作的优化、升级，从而推动企业健康发展。

（一）强化会计核算工作，完善财务管理

从微宏观角度分析，企业财务管理是企业资本运作中的重要组成部分，因此，实现资 本运作会计核算，就是将企业资本投入生产经营活动中，从而形成在生产经营中实现会计核算，加强生产的成本的控制。同时资本的运作也给企业的发展方式提出了新的要求。该要求主要是指企业要重视自身对资金的运用，不能出现"乱用""混用"的现象。还要求企业的经营者在进行合并、融资的过程中时刻保持警惕，不能将自身的资产与其他尚未入账的资产混淆。如果企业没有按照资本运作的新要求去发展企业，那么企业会面临许多关于资金的问题，从而大大降低企业的生产效率，也会给企业内部的工作人员带来压抑的情绪。综上所述，建立正确的资本运作方式可以降低企业的破产率。

（二）完善企业财务管理

在如今各项经济因素都得到发展的前提下，企业要如何提高自身的财务管理能力？首先，在思想意识上。企业要时刻保持自身的警惕性，因为处在社会中的各类企业之间的竞争是非常激烈的，稍有不顺就会被"吞没"。其次，在行为能力上。企业要说到做到。对于相应的财务发展策略要真正落实，同时在落实的过程中要时刻关注反映出的情况，以便及时调整。最后，在资本运作上。企业要把握住资本运作的特点。综上所述，企业要将资本运作的特点与财务管理的作用相结合，最终推进企业向世界产业的发展之林前进。

（三）完善资本运作中财务管理制度

资本运作良好效果最关键的因素是财务数据的真实性。而财务数据真实性的来源需要企业建立完整的管理制度。企业该如何建立完整的管理制度呢？从整体上出发要明确自身的实际发展状况，同时要求企业管理者明白自身与其他同行业企业之间存在的差距以及产生该差距的原因。从部分的角度出发，企业要明确分配好各部分的职责。例如：财务部门要及时对财务数据进行盘点；财务人员要不断地学习国家新制定的财务规则；其他人员要协助财务人员办事，未经允许不得私自翻找财务档案。综上所述，良好的企业管理会给资本运作带来完美的效果。因此，企业要在复杂的环境中取得一

席之地，就需要付出相应的"代价"。该代价具体指的是企业要脚踏实地地研究管理制度的知识。

企业多年以来的发展规律可以证明资本运作的有效利用是企业制度发展的里程碑。资本运作在企业彼此之间进行的社会地位比拼上发挥独特的作用。同时拥有强大资本运作体系的企业是该比拼中最浓烈的色彩，也为该企业的未来发展提供了基础性的条件。

第六节　国有投资公司财务管理

在我国市场中，投资公司处于发展阶段，然而，因为投资公司能够在降低投资风险的 基础上，推动其他相关行业的发展，所以这一行业的出现也标志着我国金融服务行业的快 速发展。那么投资公司该如何提高自身的能力从而生存在该环境中？其一，投资公司需要在该环境中正确认识自身的发展地位。其二，投资公司要明确自身的优势与弊端。其三，投资公司要时刻做好应急措施。

一、国有投资公司财务管理基本内容概述

无论是哪种性质的企业他们发展的基础都需要完整的财务管理体制。那么对于国有投资公司来说，如果它没有建立完该体制的话会出现哪些问题？首先在企业经营者的判断上。不完整的财务管理体制会给企业造成误判的现象。因为财务体系的不完整所以其带来的数据也是不准确的，这给企业的经营者对未来的发展判断造成了很大的误区。其次，在资金的二次利用上。不完整的财务管理体制无法对企业的资金进行二次利用，因为在该体制下企业内部的资金管理是混乱的毫无规律可言的。因此企业无法识别出哪些是可用资金，哪些是不可用资金。最后，在企业的发展意识上。在不完整的财务管理体制下生存的企业不会具有具体的发展意识。他们对企业的发展认识主要停留在经济的层面上，而非社会的层面上。综上所述我们可以看出来，如果一个企业不具有完整的财务管理体制，那么它将不会得到永恒的发展。

二、国有投资公司的性质与目的

从历史发展的角度来看，国有投资企业发展的时间较为充足。从字面的意思我们可以看出它是由国家主导的企业，该企业的特点是国有性。同时从国家人民群众的角度来说，它是实现人们资产升值的保障。它建立的核心要求是一切为了人民的利益。

因此对于国有投资公司来说，它的出现就决定了它为人们服务的终极性质。但是它的作用不只体现在这里，还体现在保障人民利益的基础上促进国家公共设施的建立。综上所述，国有投资公司是国家间接促进人民经济水平提升的一种手段，也是调整国家基础经济结构的重要方式。

三、国有投资公司的财务管理模式

（一）集权制管理模式

集权制度管理模式的建立既可以促进企业的发展，也可以阻碍企业的发展。因为该模式的建立在一定程度上体现了集权的思想，集权思想具有双面的影响。集权思想的意义在于可以集中力量办一件单独无法完成的项目，但是它的不利之处在于高度的集权会导致企业之间发展的不平衡以及内部人员对公司归属感的崩塌。因此在企业发展的过程中，该模式的建立与发展要根据企业自身的实际情况做出底线控制，而不是盲目地效仿其他公司的集权模式。综上所述，该模式整体上的作用是有利的，但是也要根据自身企业的实践状况进行有针对性的选择。只有这样做企业的管理者才能做出正确的企业规划，从而推进企业迈向新的征程。

（二）集权与分权结合的财务管理模式

企业过多的集权会导致企业内部力量的失衡，但是企业分权会导致内部力量的不集中。因此，这就需要企业经营者发挥其作用将二者进行有机的结合。这种有机结合并不是意味着你抄袭我，我抄袭你，而是二者相互补充而产生的新思想。同时该思想对于企业的各项发展来说都是极为有利的。综上所述，二者之间的结合发展可以提高企业内部管理质量，也可以促进企业内部和谐氛围的形成。

对于企业经营者来说过度的集权是企业分崩离析的导火索，过度的分权是企业散漫发展的根本原因。因此这需要公司经营者准确把握二者发展的度，在保证公司整体利益的基础上进行二者的结合实验，只有经历过真正实践的制度，才会对真实的企业具有促进作用。该实验的成功也证明了一个企业的综合发展能力。综上所述，企业成功的原因在于对不同道路的探索以及建立的集权与分权二者相结合的发展战略。

四、国有投资公司财务管理模式的优化策略

（一）加强国有控股企业的财务管理

在企业发展的过程中，失败是很常见的结果。但是只要充分了解失败的原因就可以减少失败，企业经营失败的大部分原因在于财务管理制度的不完善。因此这就需要

加强国有控股企业的财务管理，从根本上减少失败的发生次数。

（1）实行全面预算的管理。该管理的核心在于对财务数据的及时把握。因此这就需要企业建立完整的财务数据审核体系，并将该体系真正运用到企业的日常经营会计核算中。对于在企业会计预算中产生的各类财务数据要通过该体系进行严格的审查。要确定传输到国家的财务数据是准确的、真实的、科学的。因为只有高质量财务数据的产生与提供，才能为我国的企业发展提供可靠的依据。

（2）建立"松紧"相结合的管理体系。该管理体系的建立是企业财务发展的里程碑。何为松紧相结合的体系？该体系是在公司经营者意识活动的基础上产生的，并且该体系的核心思想在于管理的底线与原则。因此企业财务管理的有效发展得益于在企业内该体系的建设。

（3）加快企业内部咨询制度的建立。该制度的建立在一定程度上反映了企业的内部综合实力。同时，该制度的建立也可以提高国有投资企业的社会地位与国际影响力。因为咨询制度的建立需要企业具有一定的技能知识与良好的信誉。所以对于企业来说能够建立该制度是十分荣幸的。

（4）完善控股项目单位经营者的激励约束体制。从委托至代理角度进行考虑，基于内在矛盾诸如信息不对称、契约不完备和责任不对等，可能会产生代理人"道德风险"和"逆向选择"。所以，需要建立激励约束经营者的管理机制，以促使经营者为股东出谋划策，用制衡机制来对抗存在的滥用权力现象。

（二）加强对参股公司的财务管理

首先，国家要从实际国情出发建立相关的法规文件。该文件的建立为国有资金的有效利用与升值提供了文件支持，同时也会减少国有企业的财务问题，因为法规的建立在一定程度上可以约束相关人员的操作方式，从而减少对企业资金的滥用。

其次，要建立稳定的盘点制度。对于企业来说库存盘点是在发展过程中格外注意的问题。该问题的严重性可以直接影响到企业的成本支出与资金收益，也可能会造成企业内部瓦解的现象。因此不论是国有企业还是一般企业都需要建立完整的盘点制度，以确保企业库房内原材料的准确性。

最后，要建立平等的买卖制度。对于国有企业来说它的所有权归属于国家。如果人们没有取得国家的同意从而按自己的意愿对国有企业的所有权进行买卖，那么国家是可以追究其法律责任的。对于一般的企业来说，它们之间的所有权转让只需要转让双方知情就可以进行正常的交易。综上所述，平等的买卖制度贯穿于所有企业的所有权转让中。

企业的财务政策需要根据国家财务政策的发展变化而更新。企业是世界发展进程的标志，因此各国都要加强企业的发展。同时企业发展的基础是具有完整的财务管理体系，所以各国都要不断地更新财政思想提高企业的财务管理水平，在该水平提高的基础上增强企业的竞争能力。

第七节　公共组织财务管理

随着社会的不断发展，公共组织财务管理的强化已然成为人们共同的追求。在过去的时光中，美国的相关学术者对公共财务管理组织进行了检查，检查的结果是他们发现许多财务问题，并且这些财务问题关乎人民的发展与国家的发展。因此他们立即采取了相应的措施，该措施包括国家制定的相关性法律文件，这些法律文件对财务错误的产生具有约束力，并且在后续的发展中财务错误明显下降。近年来，我国的财政措施也存在一些披露，各企业或公职人员欺瞒国家私吞公共财物的案例屡见不鲜，这就间接向人们证明了建立完整财务政策的重要性。综上所述，如果想要财政恢复"平静"的生活，那么国家就必须建立严格的财政政策，约束人们的财政能力。

在以上案例中，各国相关的学者对公共组织财务管理的作用进行了深刻的讨论。从我国两位学者的角度出发，他们分别论述了公共组织财务管理的内涵、意义，并且都提出了相关的建议与意见，他们的意见相同之处都是在于国家要加大公共财务的干预力度，充分发挥国家的主体地位。与此同时，其他国家的学者也提出了对该问题的讨论。相对于其他国家而言，我国对该问题的分析针对我国国情来说是相当深刻、丰富的，同时也有利于提高我国财务公平分配的效率。综上所述，我国学者提出的关于公共组织财务管理的建设既是促进人民财务意识增强的建设，也是促进国家加强对财务方面研究的建设。它的充分贯彻与落实可以提高国家与人民之间的财务信誉度。基于此，本节在吸收前人研究成果的基础上尝试着对公共组织财务管理的内涵、特征、目标及内容进行探讨。

一、公共组织财务管理的含义和特点

公共组织财务管理也称为公共部门财务管理或公共财务管理，是指公共组织（或部门）组织本单位的财务活动处理财务关系的一项经济管理活动。

（一）公共组织

从组织发展的过程来看，组织可以按照其自身的性质分为不同的种类。社会组织按组织目标可分为两类：一类是以为组织成员及利益相关者谋取经济利益为目的的营利性组织，一般称为私人组织，包括私人、家庭、企业及其他经营机构等；另一类是以提供公共产品和公共服务，维护和实现社会公共利益为目的的非营利组织，一般称为公共组织，包括政府组织和非营利组织。

从我国企业性质的角度来看，国有企业不包括在公共部门中。因为国有企业是国家领导的企业，同时该企业的利得与损失国家具有有限的支配权，只是国家的发展都是从人民发展的角度进行的。因此国有企业最终的目的也是为了人民。

公共部门存在的特点是社会性、公益性。该部门的社会性主要体现在它是社会发展而产生的，不是为了某个私人目的产生的，而是为了公共的利益产生的。该部门的公益性主要体现在它是社会公众的组织，不是赚钱的工具。

（二）公共组织财务的特点

从不同的角度出发公共部门具有不同的内涵。但是其内涵的核心内容都离不开两方面。一是对社会财务做出的详细记录，二是对社会公共资源的有效使用。它主要具有四个特点，具体内容如下：

1. 财政性

为什么说公共部门的资金具有财政性？原因在于公共组织的最终领导主体是国家，因此该部门的资金来源渠道是国家的财政收入。与此同时，那么公共部门资金财政性的意义体现在哪些方面？首先，它可以帮助公共部门避免资金链断掉现象的发生。其次，它提高了公共部门在其他行业中的发展地位。最后，它证实了公共部门是国家领导的社会性组织。

2. 限制性

该限制性主要体现在国家对公共部门资源利用上的限制。因为从各国企业发展的角度来看企业权力越大越会发生滥用的现象，从而造成企业内部根基的腐烂，最终造成企业经营失败。同理公共部门是属于国家领导，同时也是对社会资源具有很大的使用能力的组织，因此国家为了将资源用在真正需要发展的地方，所以就需要对公共部门建立相应的限制制度。综上所述，该制度的建立在一定程度上可以避免权力滥用现象的产生。

3. 财务监督弱化

对于公共部门来说，财务监督弱化主要体现在该部门的所有者以及社会公众的监督弱化上。那么它们具体表现在哪里的弱化？①资金提供者监督弱化。该提供者对于企业资金的提供者来说他们没有经济收入，但是他们可以提高自身的社会道德感从而提升自己的价值。针对这种情况，该投供者没有利益的驱使会降低对这项投入资金的关注度，有的人甚至已经忘了这项投资。因此这必然造成了提供者对财务监督和管理效率低下的现象。

②市场监督弱化。该监督弱化主要是公共产品区别于市场产品不同的本质。在该

不同的本质下公共部门也会产生错误的判断，例如：无法将公共发展能源合理地分配给每一个发展项目，但是这都只是暂时的，随着时间的变化公共部门的监督效率会提升。

4. 财务关系复杂

从不同的发展角度来说，公共部门财务关系主要体现在不同的地方。但是从总体上来说，公共部门财务关系的核心思想是有利于社会发展的思想。①利益相关者众多。同时利益相关者众多的意义在于可以提高公共部门的资金利用效率，也可以加快公共部门对社会基础设施的建设速度。②存在国家性。这主要体现在它与国家社会发展的目标具有一致性。同时它也是国家领导下的部门，国家政治制度的变化与改革它首当其冲受到影响。综上所述，公共部门财务关系的特点是多样性与国家性。同时这也是它与其他企业不同的地方。

（三）公共组织财务管理的特点

1. 以预算管理为中心

公共部门与企业最大的区别在于它不是以营利为目的的组织。这也就间接造成了它既没有完整的运行体系也没有明确的数据展示结果的现象。该现象的产生可能会导致社会公众与公共部门之间的"误会"，从而降低公共部门的办事效率。因此针对这一现象，公共部门提出了相应的解决措施。该措施的核心在于对国家制定的有关预算管理思想的运用与分析。至此之后，公共部门资金的入账与出账都有了明确的参考文件。这也在很大程度上丰富了公共部门财务管理的内容。综上所述，公共部门核心思想的产生与发展是公共部门与国家财政相连接的平衡点，有利于促进公共部门财务管理政策的更新与改革。

2. 兼顾效率和公平

无论是企业还是公共部门办事能力的程度永远是它们实力的标志。办事能力的强弱决定了它们的效率快慢与对国家事业建设产生的意义。同时公共部门是以社会利益为己任的组织，所以它的建立要求与目的都应该和社会的发展相关，这就间接要求了它们彼此之间不能发生冲突，要有先后的发展顺序同时也要体现出平等的发展地位。综上所述，公共部门办事能力的提升有利于帮助社会公众建立美好的家园，也有利于帮助国家建立稳固的基础设施。

3. 微观性

公共部门的微观性主要体现在对国家公共事业的建设上。从公共部门财产性质的角度来看该性质主要体现在公共财务上，因为该财务的本质在于帮助基层人民群众的发展。与之相同但是主体相反的是公共财政，该财政的主体不是公共部门，但是二者的目的都在于国家与社会人民生活的发展。

4. 手段的多样性

公共部门由于其本身性质，它可以通过不同的方式实现财务管理的目标。并且不同手段实现的财务管理目标其意义也是不同的，但是其最终的意义在于完善其内部的管理措施。同时这也是公共部门与企业之间的又一区别。

三、公共组织财务管理的目标

从社会进步的角度来看，我国为了社会公众的利益发展而产生了新的组织形式，即公共组织。该组织的核心思想是如何提高社会大众的利益，如何才能最大限度地发挥自己的价值。该组织是在我国总体领导下进行发展的组织。因此，该组织的财务管理目标符合国家发展的相关管理目标。那么该组织的财务管理目标从哪几个方面实现的呢？其一，社会公众的力量。其二，网络提供的财务数据。其三，对于社会资源的合理利用。综上所述，该组织的产生是社会发展的必然要求，因此该组织的财务管理目标的最终目的是促进社会的发展。它的具体做法主要包括以下三个方面：

（一）保障公共资源的安全完整

从社会发展能源的整体性出发，这是公共部门财务发展的前提条件。同时公共部门要善于抓住能源整体性的特点，从而制定有效的利用措施。但是由于公共部门工作人员的原因，所以公共部门对财务长远发展没有明确的目标。因此公共部门财务发展的基础条件是建立该目标，同时建立该目标的基础是需要公共组织掌握社会能源的整体状况。该目标的建立有利于公共组织更好地利用能源减少浪费的现象，有利于最大限度地保证社会能源的完整性。综上所述，公共部门财务目标发展的基础是确保社会能源能够得到合理的分配。

（二）提高资源使用效率

从社会发展能源的使用能力出发，这是公共部门财务发展的关键条件。资源使用能力如何才能得到有效的发展，是公共部门需要着重考虑的因素。同时它们给出的具体做法是需要加大对管理制度建立以及对人们节约意识的发展力度，从而提高对能源的使用能力。

（三）实现效率与公平的统一

该统一的实现是公共部门的终极追求。公共部门存在的意义在于展示速度与平等之间的关系。同时它们也强调价值的意义在于对社会的贡献度。因此企业要向公共部门学习它们的发展意识，提高自身的社会建设参与度。

四、公共组织财务管理的内容

从企业自身的角度出发，它们认为财务活动都是与金钱有关的日常活动，包括企业的融资、破产、收入等。因此财务管理的具体内容就是它们这些要素的具体内容。但是对于公共部门来说以上管理内涵过于"狭隘"，因为它们的管理内涵包括许多社会层面的意义，主要内容如下：

（一）预算管理

从会计相关制度发展的角度来看，公共部门的财务发展需要建立完整的预算管理制度。建立该预算管理制度的意义主要体现在哪里？首先，在过去的发展中。公共部门可以通过对财务预算管理制度的学习从而总结出该部门发展经验与发展规律。其次，在现在的发展中。公共部门建立完整的预算管理有利于提高部门的知名度和信誉度，从而提升部门的财务管理质量。最后，在未来的发展中。财务预算可以帮助该部门进行未来资金发展的统筹规划，从而提高该部门的资金利用率。

1. 公共组织预算与公共预算的关系

政府预算的特点是平等性，其核心内容是指对国家整年度财政收入的记录，其主体是国家，其发展要求是促进社会的整体进步以及人民生活水平的提高。但是公共部门预算与政府预算存在很大的差别，该差别产生的原因在于双方服务主体的不同。公共部门服务的主体是社会公众，而政府预算的服务主体是国家。

从国家的角度出发，政府预算为公共部门预算提供基础的数据支持。因为相对于公共部门预算而言，政府预算的规模更大、资源更丰富，并且它也掌握着国家最新的财务数据。

2. 公共组织预算管理的内容

从预算管理的流程来看，公共组织预算管理主要包括：①预算基础信息管理。公共组织预算是在充分分析组织相关信息如人员数量、各级别人员工资福利标准、工作职能、业务量、业务物耗标准等基础上编制的，基础信息的全面、准确是预算编制科学性的重要保障。在相关信息中定员定额信息是最重要的基础信息，定员定额是确定公共部门人员编制额度和计算经费预算中有关费用额度标准的合称，是公共部门预算编制的依据和财务管理的基础，也是最主要的单位管理规范。受我国政府机构改革的影响，近年来，政府机构撤销、增设、合并频繁，政府部门原有的定员定额标准已不符合实际情况，迫切需要重新制定科学合理的定员定额标准。另外，还应建立相关的统计分析和预测模型，对部门收支进行科学的预测，提高预算与实际的符合度，便于预算的执行和考核。②预算编制。预算编制管理的核心是预算编制、审批程序的设计和预算编制方法的选择。③预算执行。预算执行环节的管理主要是加强预算执行的严肃性，规范预算调整行为，加强预算执行过程中的控制。④预算绩效考核。将预算执行结果与业绩评价结合起来。

（二）收入与支出管理

从公共部门发展的角度来说，该部门的资金无论是支出还是收回都不是走个人的账户，它们走的都是公账。这里间接体现出了公共部门的性质，即无偿性、社会性。

从国家各类企业发展的角度来看，企业收益与企业成本的产生是企业进行日常活动的基础。同时这两种因素也间接反映了企业的发展能力，主要是从两个方面进行的。一方面是低收益、高成本，这是典型的没有发展能力的企业。另一种是高收益、低成本，这是发展能力强的代表企业。以上都是对社会企业进行的讨论，但是公共部门与社会企业的性质不同，所以以上的结果并不能真实地反映出公共部门的发展能力。公共部门的发展那个力主要是对于费用的讨论，因为它是不以赚钱为目的的，但是需要考虑费用的支出。因此对于公共部门来说要合理地控制费用的支出，并建立相应的措施从而提高该部门在社会中的发展能力。

公共组织收支财务管理制度一般有：

1. 内部控制制度

严格的内部控制管理的意义主要体现在以下几个方面。其一，可以拉近各部门之间的距离从而提高生产效率。其二，有利于在工作人员中形成良好的竞争氛围从而提高工作者的工作效率。其三，有利于减少贪污腐败现象的发生从而为企业的发展提供良好的环境。

2. 财务收支审批制度

该制度的建议有利于企业管理者查找每一笔资金的具体去处，从而大大提高财务的工作效率。

3. 内部稽核制度

该制度的建议有利于减少企业内部不必要的问题。同时该问题的减少也为企业的发展降低了负担。

（三）成本管理

从国家发展的角度来看，国家对公共部门的收益格外重视。该重视程度的加深也会产生一些问题，该问题具体是指在收益增长的同时费用也在增长。该问题的产生预示着国家要在重视收益的基础上通过合理的手段控制费用的支出。

在公共部门费用控制方面国外显然比我国做得好一些。因此我国要吸收国外优秀的控制经验，并且结合自身部门的实际情况进行落实与调整，从而减少该部门的费用支出。

公共组织成本管理应包括以下内容：

1. 综合成本计算

综合成本计算的意义主要体现在以下几个方面。有利于完善企业内部的财务结构，也有利于企业内部之间奖惩制度的建立，还有利于加强各部门之间已有的联系，通过不断的交流与沟通可以找到减少成本的方法。

2. 活动分析和成本趋势分析

对政府项目和流程进行分析，寻找较低成本的项目和能减少执行特定任务的成本途径。

3. 目标成本管理

目标成本管理即恰当地制定和公正地实施支出上限，合理控制业务成本。将成本同绩效管理目标联 系起来，实施绩效预算和业绩计量。

（四）投资管理

公共组织投资主要指由政府或其他公共组织投资形成资本的活动。公共组织投资包括 政府组织投资和非营利组织投资。其中政府的投资项目往往集中在为社会公众服务，非营利的公益性项目如公共基础设施建设等，具有投资金额高、风险大、影响广等特点，非营利组织投资主要指非营利组织的对外投资。

公共组织投资活动的财务管理主要侧重于：

（1）对投资项目进行的成本效益分析和风险分析，为公共组织科学决策提供依据。政府投资项目的成本效益分析要综合考虑项目的经济效益和社会效益。

（2）健全相关制度提高投资金使用效率。如采用招投标和政府集中采购制度，提高 资金使用效率。

（3）建立科学的核算制度，提供清晰完整的投资项目及其收益的财务信息。

（五）债务管理

公共组织债务是指以公共组织为主体所承担的需要以公共资源偿还的债务。目前，在 我国比较突出的公共组织债务是高校在扩建中大量银行贷款所形成的债务。

有些学者将政府债务管理纳入公共组织财务管理中，本节认为是不妥的。因为大部 分的政府债务如债券、借款等是由政府承担的并未具体到某个行政单位，行政单位的债务 主要是一些往来业务形成的且一般数量并不大，所以政府债务应属于财政管理的范畴，行 政单位的债务管理属于公共组织财务管理的范畴。

从财务管理角度实施公共组织债务管理的主要内容有：

（1）建立财务风险评估体系，合理控制负债规模，降低债务风险。公共组织为解决 资金短缺或扩大业务规模，可以选择适度举债。但由于公共组织不以营利为目的，偿债能 力有限。因此，建立财务风险评估体系，根据组织的偿债能力，合理控制负债规模，降低 债务风险。

（2）建立偿债准备金制度，避免债务危机。

（3）建立科学的核算制度，全面系统地反映公共组织债务状况。

（六）资产管理

公共组织资产是公共组织提供公共产品和服务的基本物质保障，然而由于公共组织资 产的取得和使用主要靠行政手段，随意性较大。目前我国公共组织间资产配置不合理、资 产使用效率低、资产处置不规范等现象较多。

从财务管理角度实施公共组织资产管理的主要内容有：

（1）编制资产预算表。公共组织在编制预算的同时应编制资产预算表，说明组织资 产存量及使用状况，新增资产的用途、预期效果等，便于预算审核部门全面了解公共组 织资产状况，对资产配置做出科学决策。

（2）建立健全资产登记、验收、保管、领用、维护、处置等规章制度，以防资产流失。

（3）建立公共资产共享制度，提高公共资产利用效果。

（4）完善资产核算和信息披露，并全面反映公共组织资产信息。

（七）绩效管理

建立高效政府、强化公共组织绩效管理是各国公共管理的目标。绩效管理重视公共资 金效率，将公共资金投入与办事效果的比较，促进公共组织来讲究效率，是实现公共组织 社会目标，建设廉洁高效公共组织的必要条件。

从公共组织财务管理的角度来看，主要是把绩效管理同预算管理、公共支出管理等内容 结合起来。

（1）建立以绩效为基础的预算制度，将绩效与预算拨款挂钩。

（2）建立公共支出绩效评价制度。

（3）在会计报告中增加年度绩效报告。

（4）开展绩效审计，进行有效监督。

第三章 财务管理的价值观

第一节 资金时间价值

一、资金时间价值概述

在日常工作中经常会遇到这样的现象，一定量的资金在不同时点上具有不同的价值，现在的 1 元钱比将来的 1 元钱更值钱。如我们现在有 10 000 元，存入银行，银行的年利率为 2%，1 年后可得到 10 200 元，于是现在的 10 000 元与 1 年后的 10 200 元相等。因为这 10 000 元经过 1 年的时间，增值了 200 元，这增值的 200 元就是资金经过 1 年的时间价值。同样，企业的资金投到生产经营中，经过生产过程的不断运行、资金的不断运动，随着时间的推移会形成新的价值，使资金得以增值。因此，一定量的资金投入生产流通环节，会取得一定的利润和利息，从而产生资金的时间价值。

（一）资金时间价值的概念

资金时间价值也称为货币时间价值，是指一定数额的资金在不同时点上所体现的价值差额，即资金在流通过程中会随着时间的推移而发生价值增值。纵观企业的发展，资金在投入、运用和收回的环节，相同数额的资金在不同时点上的价值是不同的，形成了资金的价值差额，表现为资金时间价值。

（二）资金时间价值产生的原因

1.资金时间价值体现货币资源的稀缺性

经济和社会的发展要消耗社会资源，现有的社会资源构成现存的社会财富，利用这些社会资源创造出来的物质和文化产品构成了将来的社会财富，由于社会资源具有稀缺性，又能够带来更多社会产品，所以现在物品的效用要高于未来物品的效用。在货币经济条件下，货币是商品的价值体现，现在的货币用于支配现在的商品，将来的货币用于支配将来的商品，所以现在货币的价值自然高于未来货币的价值。市场利息率是对平均经济增长和社会资源稀缺性的反映，也是衡量货币时间价值的标准。

2. 货币时间价值是流通货币固有的特征

在目前的信用货币制度下，流通中的货币是由中央银行基础货币和商业银行体系派生存款共同构成的，由于信用货币有增加的趋势，所以货币贬值、通货膨胀成为一种普遍现象，现有货币也总是在价值上高于未来货币。市场利息率是可贷资金状况和通货膨胀水平的反映，反映了货币价值随时间的推移而不断降低的程度。

3. 货币时间价值是人们认知心理的反映

由于认识上的局限性，人们总是对现存事物的感知能力较强，而对未来事物的认识较模糊，结果人们存在一种普遍的心理，就是比较重视现在而忽视未来，现在的货币能够支配现在的商品和服务，满足人们现实的需要，而将来的货币只能支配将来的商品和服务，满足人们将来不确定的需要，所以现在单位货币的价值要高于未来单位货币的价值，为使人们放弃现在的货币及其价值，必须付出一定的代价，利息率便是这一代价。

4. 资金时间价值产生的条件是借贷关系

市场经济的高度发展和借贷关系的普遍存在，使资金的使用权与所有权分离，资金的所有者把资金使用权转让给使用者，使用者必须把资金增值的一部分支付给资金的所有者作为报酬，资金占用的金额越大、使用的时间越长，所有者所要求的报酬就越高。而资金在周转过程中的价值增值是资金时间价值产生的根本源泉。

二、资金时间价值的计算

资金时间价值可用绝对数（利息）和相对数（利息率）两种形式表示，在实务中，一般用相对数表示。资金时间价值实际上是在没有风险和没有通货膨胀条件下的社会平均资金利润率，是企业资金利润率的最低限度，也是使用资金的最低成本率。

由于资金在不同时点上具有不同的价值，不同时点上的资金就不能直接比较，必须换算到相同的时点上才能比较。因此，掌握资金时间价值的计算就很重要。资金时间价值的计算包括一次性收付款项和非一次性收付款项（年金）的终值、现值。

（一）一次性收付款项的终值和现值

一次性收付款项，是指在某一特定时点上一次性支出或收入，经过一段时间后再一次性收回或支出的款项。如现在将 10 000 元现金存入银行，3 年后一次性取出本利和。资金时间价值包括现值的计算和终值的计算。其中，现值又称本金，是指未来某一时点上的一定数额的现金折算到现在的价值；终值又称未来价值或本利和，是指现在一定量的现金在将来某一时点上的价值。

1. 单利的现值和终值

单利，是指只对本金计算利息，利息部分不再计息，通常用 P 表示现值，F 表示终值，i 表示利率（贴现率、折现率），n 表示计算利息的期数，I 表示利息。

单利计息的现值计算公式为：

$P=F \div (1+i \times n)$

单利计息的终值计算公式为：

$F=P \times (1+i \times n)$

其中，$I=P \times i \times n$。

例题【1】

2017 年 1 月 1 日，韦老师希望 5 年后获得 10 000 元本利和，银行利率为 5%，请问韦老师现在需存入银行多少资金？

解：

$P=F \div (1+i \times n)$

$=10\,000 \div (1+5\% \times 5)=8\,000$（元）

例题【2】

2017 年 1 月 1 日，韦老师将一笔 50 000 元的现金存入银行，银行存款的利率为 5%（单利计息），不考虑其他因素，2018 年 1 月 1 日、2019 年 1 月 1 日该存款的终值与利息分别是多少？

解：

$I1=P \times i \times n=50\,000 \times 5\% \times 1=2\,500$（元）

$I2=P \times i \times n=50\,000 \times 5\% \times 2=5\,000$（元）

$F1=P \times (1+i \times n)=50\,000 \times (1+5\% \times 1)=52\,500$（元）

$F2=P \times (1+i \times n)=50\,000 \times (1+5\% \times 2)=55\,000$（元）

注意：在单利计息条件下，只对本金计算利息，不对利息再计算利息，由例题【2】可以得到验证。另外，如果无特殊说明，本书给出的利率均为年利率。

2. 复利的现值和终值

复利，是指在利息计算中，不仅要对本金计算利息，还要对本金所生的利息再计算利息，俗称"利滚利"或"滚雪球"。

（1）复利的终值，是指一定数额的本金按照复利计算，经过若干年后的本金与利息之和。复利终值的计算公式如下：

$F=P \times (1+i)n$

上述公式中 $(1+i)n$ 称为"复利终值系数"或"1 元复利终值系数"，用符号（F/P，i，n）表示，复利终值系数的对应数值可以通过查阅 1 元复利终值表获得。

例题【3】

2017 年 1 月 1 日，韦老师将 50 000 元存入银行，假设银行存款利率为 5%（复利计息），不考虑其他因素。

要求：

计算 2018 年 1 月 1 日，韦老师存款的本金与利息之和；计算 2019 年 1 月 1 日，韦老师存款的本金与利息之和。

解：

2018 年 1 月 1 日的本金与利息之和的计算为：

$F = P \times (1+i)1$

$= 50\ 000 \times (F/P, 5\%, 1)$

$= 50\ 000 \times 1.05 = 52\ 500$（元）

2019 年 1 月 1 日的本金与利息之和的计算为：

$F = P \times (1+i)2$

$= 50\ 000 \times (F/P, 5\%, 2)$

$= 50\ 000 \times 1.102\ 5 = 55\ 125$（元）

注意：以上计算中（F/P, 5%, 2）表示年利率为 5%，期限为 2 年的复利终值系数，在复利终值表上，我们可以从横行中找到利息 5%，从纵列中找到期数 2 年，在纵横相交处，可查到（F/P, 5%, 2）的数值为 1.102 5。该系数表明，在年利率为 5% 的条件下，现在的 1 元与 2 年后的 1.102 5 元相等。

通过将相同数额的本金存入银行，把在单利计息条件下的终值与复利计息条件下的终值做比较，得出的结论是：在第一年，单利计息条件下的终值和复利计息条件下的终值是相等的；在第二年，单利计息条件下的终值和复利计息条件下的终值就不相等，两者相差 55 125–55 000=125（元），这是因为第一年本金所生的利息在第二年也要计算利息，即 2 500×5%=125（元）。因此，同样的本金，在复利计息条件下，从第二次计息时间开始，其终值要比同样条件下的单利计息终值高，原因是利息再计算利息。

（2）复利现值，是指在未来某一特定时间取得或支出一定数额的资金，按复利的条件折算到现在的金额。

复利现值的计算公式为：

$P = F \times (1+i)n = F \times (1+i)-n$

上述公式中的 $(1+i)-n$ 称为"复利现值系数"或"1 元复利现值系数"，用符号（P/F, i, n）表示，复利现值系数的对应数值可以通过查阅 1 元复利现值表获得。

例题【4】

韦老师希望 5 年后获得 100 000 元的本金和利息，假设银行利率为 5%（复利计息）。要求：计算韦老师现在应该存多少资金到银行？

解：其中，（P/F，5%，5）表示年利率为 5%，期限为 5 年的复利现值系数。在复利现值表上，从横行中找到利率 5%，从纵列中找到期限 5 年，在两者相交处可查到（P/F，5%，5）的数值为 0.783 5。该系数表明，在利率为 5% 的条件下，5 年后的 1 元与现在的 0.783 5 元相等。

P =F×（1+i）–n

=F×（P/F，5%，5）

=100 000×0.783 5

=78 350（元）

（3）复利利息，是指在复利计息条件下计算一定会计期间取得或支出一定数额的资金所对应的利息数额。

复利计息条件下的利息计算公式为：

I=F–P

例题【5】

韦老师希望 5 年后获得 100 000 元的本金和利息，现在存入银行 78 350 元，假设银行利率为 5%（复利计息）。要求：计算韦老师存入银行资金的利息总额是多少？

解：

I =F–P

=100 000–78 350=21 650（元）

3. 名义利率和实际利率

在实际计算利息的过程中，有些利息是一年计算一次，有些利息是一年计算很多次。在一般的利息计算中，所涉及的利率均假设为年利率，并且每年只复利一次。但是，在特殊业务中，复利的计算期不一定是一年，有的是半年，有的是一个季度，有的是一个月甚至是一天复利一次。因此，在计算利息时，应当区分名义利率和实际利率。

名义利率，是指利息在一年内要复利几次时给出的年利率，用 r 表示，根据名义利率计算出的每年复利一次的年利率称实际利率，用 i 表示。

实际利率计算公式为：

i=（1+r÷m）m–1

一年内多次复利计息的本金与利息之和的计算为：

第一种方法：先计算实际利率 i=（1+r÷m）m–1；然后直接将实际利率套入复利终值的计算公式 F=P×（1+i）n，就可以计算出一定数额的资金经过一定会计期间后的本金与利息之和。

第二种方法：直接运用公式 F=P×（1+r÷m）m×n，计算出一定数额的资金经过一定会计期间后的本金与利息之和。

注意：上述公式中的 m 为每年复利的次数，n 为计息的年数。

例题【6】

韦老师于 2017 年 1 月 1 日在银行存入 100 000 元，假设利率为 5%，每季度复利一次，不考虑其他因素。要求：计算 2019 年 1 月 1 日到期的本金与利息之和。

解：

将名义利率折算成实际利率：

$i = (1+r÷m)m-1$

$=(1+5\%÷4)4-1$

$=5.09\%$

运用复利终值系数公式计算本金与利息之和：

$F = P×(1+i)n$

$=100\,000×(1+5.09\%)2$

$=110\,439.1（元）$

或者

$F = P×(1+r÷m)m×n$

$=100\,000×(1+5\%÷4)2×4$

$=100\,000×(1+0.012\,5)8$

$=110\,448.6（元）$

（二）非一次性收付款项的终值和现值

非一次性收付款项，是指在一定时期内资金不是一次性收到或支付，而是经过多次等额或者不等额收到或支付的款项。其中，在一定时期内，间隔相同的时间长度，收入或支出相同金额的系列款项称为年金。

在企业的实际业务中，经常会出现间隔相同的时间长度，收入或支出相同金额的系列款项的情况，如折旧、租金、等额分期付款、养老金、保险费、零存整取等。年金具有连续性和等额性。连续性要求在一定时间内，间隔相等时间就要发生一次收支业务，中间不得中断，必须形成系列。等额性要求每期收、付款项的金额必须相等。

年金根据每次收付发生的时点不同，可分为普通年金、预付年金、递延年金和永续年金四种。需要注意的是，在财务管理中，年金一般是指普通年金。

1.普通年金

普通年金，是指在每期的期末，间隔相等时间内收到或支付相等金额的系列款项。

每一间隔期，有期初和期末两个时点，由于普通年金是在期末这个时点上发生收付，故又称后付年金。

普通年金终值，是指每期期末收到或支付的相等金额的系列款项，在复利计息的条件下，到最后一期累计的本金与利息。每期期末收到或支付的款项用 A 表示，利率用 i 表示，计算期用 n 表示，那么每期期末收到或支付的款项，折算到第 n 年年末的终值如图 3-1 所示

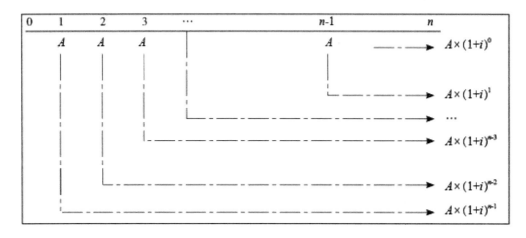

图 3-1 普通年金终值

由图 9-1 可知，第 n 年的年金终值为：

FA=A×（1+i）0+A×（1+i）1+…+A×（1+i）n–3+A×（1+i）n–2+A×（1+i）n–1

经过公式推导可得：

FA=A[（1+i）n–1]÷i

其中，[（1+i）n–1]÷i 称为"年金终值系数"，符号为（F/A，i，n）；表示年金为1元，利率为 i，经过 n 期的复利后的累计本金和利息是多少，年金终值系数可以查看1元年金终值表得到数据。

例题【7】

韦老师连续 5 年每年年末存入银行 100 000 元，利率为 5%(F/A，5%，5=5.525 6)，不考虑其他因素。要求：计算第 5 年年末的本利和。

解：

FA =A×（F/A，5%，5）

=100 000×5.525 6

=552 560（元）

普通年金现值，是指在一定时期内每期期末等额收付款项的复利现值之和。实际上是为了在每期期末取得或支出相等金额的款项，现在需要一次投入或借入多少金额，

年金现值用 PA 表示，普通年金现值如图 3-2 所示。

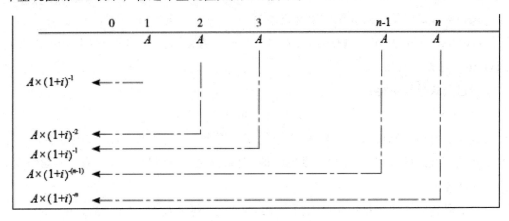

图 3-2　普通年金现值

由图 3-2 可知，n 年的年金现值之和为：

PA=A×（1+i）–1+A×（1+i）–2+A×（1+i）–3+⋯+A×（1+i）–（n–1）+A×（1+i）–n

PA=A×[1–（1+i）–n]÷i

经过公式推导可得：[1–（1+i）–n]÷i 称为"年金现值系数"或"1 元年金现值系数"，记作（P/A，i，n），表示年金 1 元，利率为 i，经过 n 期的年金现值是多少，可查 1 元年金现值表得到数据。

例题【8】

韦老师希望每年年末取得 100 000 元，连续取 5 年，银行利率为 5%（P/A，5%，5=4.329 5），不考虑其他因素。要求：计算第一年年初应一次性存入银行多少钱？

解：

PA =A×（P/A，i，n）

=100 000×（P/A，5%，5）

=100 000×4.329 5

=432 950（元）

2. 预付年金

预付年金，是指每期收入或支付相等金额的款项是发生在每期的期初，而不是期末，也称先付年金或即付年金。预付年金与普通年金的区别在于收付款的时点不同，因为普通年金在每期的期末收付款项，而预付年金在每期的期初收付款项。

（1）预付年金终值是指每期期初收付款项的复利终值之和。

n 期的预付年金与 n 期的普通年金相比，其收付款项次数是一样的，只是收付款项时点不一样。在计算年金终值时，预付年金比普通年金多计算一年的利息；如计算年金现值，则预付年金要比普通年金少折现一年。因此，在普通年金现值、终值的基础上，乘上（1+i），便可计算出预付年金的现值与终值。

预付年金的终值，第 n 年的年金终值为：

FA=A×（1+i）1+A×（1+i）2+A×（1+i）3+…+A×（1+i）n–3+A×（1+i）n–2+A×（1+i）n–1+A×（1+i）n

经过公式推导可得：

FA=A×[（1+i）n–1]×（1+i）=A×{[（1+i）n+1–1]÷i–1}

其中，{[（1+i）n+1–1]÷i–1} 称"预付年金系数"，记作 [（F/A，i，n+1）–1]，可利用普通年金终值表查得（n+1）期的终值，然后减去 1，就可得到 1 元预付年金终值。

例题【9】

韦老师连续 5 年每年年初存入银行 100 000 元，利率为 5%（F/A，5%，6=6.801 9），不考虑其他因素。要求：计算第 5 年年末的本利和。

解：

FA =A×[（F/A，i，n+1）–1]

=100 000×[（F/A，5%，5+1）–1]

=100 000×（6.801 9–1）

=580 190（元）

（2）预付付年金现值是指在一定时期内每期期初等额收付款项的复利现值之和。实际上就是指为了在每期期初取得或支付相等金额的款项，现在需要一次投入或借入多少金额，年金现值用 PA 表示，预付年金现值如下。

n 年的年金现值之和为：

PA=A×（1+i）0+A×（1+i）–1+A×（1+i）–2+…+A×（1+i）–（n–2）+A×（1+i）–（n–1）

经过公式推导可得：

PA=A×[1–（1+i）–n]×（1+i）÷i=A×{[1–（1+i）–（n–1）]÷i–1}

其中，{[1–（1+i）–（n–1）]÷i+1} 称"预付年金现值系数"，记作 [（P/A，i，n–1）+1]，可利用普通年金现值表查得（n–1）期的现值，然后加上 1，就可得到 1 元预付年金现值。

例题【10】

韦老师希望每年年初取得 100 000 元，连续取 5 年，银行利率为 5%（P/A，5%，4=3.546 0），不考虑其他因素。要求：计算第一年年初应一次性存入银行多少钱？

解：

PA =A×[（P/A，i，n–1）+1]

=100 000×[（P/A，5%，5–1）+1]

=100 000×（3.546 0+1）

=454 600（元）

3. 递延年金

递延年金是指第一次收付款项发生在第二期或第二期以后的年金，是普通年金的特殊形式。因此，凡是不在第一期开始收付的年金，称为递延年金。

递延年金的第一次年金收付没有发生在第一期，而是隔了 m 期（这个 m 期就是递延期），在第（m+1）期的期末才发生第一次收付，并且在以后的 n 期内，每期期末均发生等额的现金收支。与普通年金相比，尽管期限一样，都是（m+n）期，但普通年金在（m+n）期内，每个期末都要发生收付，而递延年金在（m+n）期内，只在后 n 期发生收支，前 m 期无收支发生。

（1）递延年金终值。先不看递延期，年金一共支付了 n 期。只要将这 n 期年金折算到期末，即可得到递延年金终值。所以，递延年金终值的大小与递延期无关，只与年金一共支付了多少期有关，它的计算方法与普通年金相同。

例题【11】

WXR 公司在 2017 年年初投资一个种植园项目，估计从第 3 年开始至第 8 年，每年年末可得收益 1 000 万元，利率为 5%，不考虑其他因素。要求：计算该种植园项目 6 年收益的本利和。

解：

$FA = A \times (F/A, i, n)$

$= 1\,000 \times (F/A, 5\%, 6)$

$= 1\,000 \times 6.801\,9$

$= 6\,801.9$（万元）

（2）递延年金现值。递延年金的现值可用三种方法来计算：

第一种方法：把递延年金视为 n 期的普通年金，求出年金在递延期期末 m 点的现值，再将 m 点的现值通过复利现值系数计算调整到第一期期初。

第二种方法：先假设递延期也发生收付，则变成一个（m+n）期的普通年金，算出（m+n）期的年金现值，再扣除并未发生年金收支的 m 期递延期的年金现值，即可求得递延年金现值。

第三种方法：先算出递延年金的终值，再将终值通过复利现值系数折算到第一期期初，即可求得递延年金的现值。

例题【12】

KL 公司 2017 年年初投资一个高级户外运动训练基地项目，预计从第 5 年开始每年年末取得 100 万元收益，投资期限为 10 年，利率为 5%，不考虑其他因素。要求：

计算 KL 公司 2017 年年初应投资多少钱？

解：

方法一：

PA =A×（P/A，i，n）×（P/F，i，m）

=100×（P/A，5%，6）×（P/F，5%，4）

=100×5.075 7×0.822 7

=417.6（万元）

方法二：

PA =A×[（P/A，i，m+n）–（P/A，i，m）]

=100×[（P/A，5%，10）–（P/A，5%，4）]

=100×（7.721 7–3.546 0）

=417.6（万元）

方法三：

PA =A×（F/A，i，n）×（P/F，i，m+n）

=100×（F/A，5%，6）×（P/F，5%，10）

=100×6.801 9×0.613 9

=417.6（万元）

4. 永续年金

永续年金是指无限期地收入或支付相等金额的年金，也称永久年金，是普通年金的一种特殊形式。由于永续年金的期限趋于无限长，没有终止时间，因而永续年金没有终值，只有现值。永续年金的现值计算公式为：

PA=A×[1–（1+i）–n]÷i

当 n → + ∞时，

（1+i）–n → 0，PA=A÷i

例题【13】

KL 公司计划建立一项永久性希望工程基金，计划每年拿出 500 万元帮助山区贫困儿童，利率为 5%，不考虑其他因素。要求：计算 KL 公司现在应投入多少钱？

解：

PA =A÷i

=500÷5%

=10 000（万元）

第二节 风险与报酬

一、风险的概念

风险是指在特定条件下执行某一项活动具有多种可能，但其结果具有不确定性。风险产生的原因是信息缺乏和决策者不能控制未来事物的发展过程。风险具有多样性和不确定性，对于风险，可以事先估计可能出现的各种结果，以及每种结果出现的概率大小，但无法确定最终结果。

风险是客观的、普遍的，广泛地存在于企业的财务活动中，并影响着企业的财务目标。由于企业的财务活动经常是在有风险的情况下进行的，各种难以预料和无法控制的因素可能使企业面临风险，蒙受损失。在实务中，如果只有损失没有收益，没人愿意去冒风险，企业冒着风险投资的最终目的是得到额外收益。因此，风险不仅带来预期的损失，还可能带来预期的收益。

二、风险的类型

企业面临的风险主要有两种：系统风险和非系统风险。

（一）系统风险

系统风险也称市场风险，是指在一定时期内影响到市场上所有公司的风险。系统风险由公司外部的某一个因素或多个因素引起的，单个公司无法通过管理手段控制，无法通过投资组合分散，波及市场上所有的投资对象。常见的系统风险有政局波动、战争、自然灾害、利率的变化、经济周期的变化等，如 1997 年的亚洲金融危机、2008 年美国的次贷危机、2015 年我国的股市风暴等。

（二）非系统风险

非系统风险，是指在一定时期内影响到市场上个别公司的风险。非系统风险实际上是因为某个影响因素或事件造成的只影响个别公司的风险，因此又叫企业特有风险。非系统风险是随机发生的，只与个别公司和个别项目决策有关。因此，非系统风险可以通过管理手段、投资组合等进行分散，如技术研发失败、产品开发失败、销售额下降、工人罢工等。非系统风险根据风险形成的原因不同，可以进一步分为经营风险和财务风险。

1.经营风险

经营风险，是指由于公司所处的生产经营条件发生变化，从而给公司预期收益带来的不确定性。经营风险可能来自公司内部条件的变化，如管理理念改变、决策层思维改变、执行过程的偏差、员工不满导致的道德风险等；也可能来自公司外部条件的变化，如顾客购买意愿发生变化、竞争对手增加、政策变化等。公司所处的内外部条件变化，使公司在生产经营上面临不确定性，从而产生收益的不确定性。因此，公司应当加强经营管理，提高预测风险的能力。

2.财务风险

财务风险，是指由于公司负债经营，从而给公司未来财务成果带来的不确定性。公司负债经营，一方面，可以解决其资金短缺问题，为公司扩张、经营周转等提供资金保障；另一方面，可以获得财务杠杆效应，提高自有资金的获利能力。但是，负债经营改变了公司原有的资金结构，增加了固定的利息负担和还本压力，加剧了公司资金链的压力。另外，负债经营所获得的利润是否大于支付的利息额，具有不确定性。在负债经营中，资产负债率高，公司的负担就重，财务风险就会增加；资产负债率低，公司的负担就轻，财务风险就会降低。因此，必须保持合理的负债，既能提高资金获利能力，又能防止财务风险加大。

三、风险衡量

在市场环境中，风险是客观存在的，时刻伴随着公司而存在。在财务管理中，风险决策是很重要的，既要充分认识到风险的普遍性和客观性，又要尽量地避免风险，降低风险程度。因此，在财务管理中，正确地衡量风险非常重要。在实务中，可以利用概率分布、期望值和标准差来计算与衡量风险的大小。

（一）概率

概率，是指用来反映随机事件发生的可能性大小的数值。如果某一事件可能发生，也可能不发生，可能出现这种结果，也可能出现另外一种结果，这一事件就称为随机事件；如果某一事件一定出现某一种结果，这一事件就称为必然事件；如果某一事件不会出现某一种结果，这一事件就称为不可能事件。假设用 X 表示随机事件，Xi 表示随机事件的第 i 种结果，Pi 表示第 i 种结果出现的概率，那么随机事件的概率在 0~1 之间，即 $0 \leq Pi \leq 1$，Pi 越大，表示该事件发生的可能性越大；反之，Pi 越小，表示该事件发生的可能性越小。所有可能的结果出现的概率之和一定为 1，即必然事件发生的概率为 1，不可能事件发生的概率为 0。

（二）期望值

期望值，是指随机事件可能发生的结果与各自概率乘积的加权平均数。

（三）标准差

标准差，是指用来衡量概率分布中各种可能值对期望值的偏离程度，标准差反映风险的大小，标准差用 σ 表示。标准差越大，风险就越高；标准差越小，风险就越小。

标准差用来反映风险投资方案决策的风险大小，是一个绝对数。在有多个风险投资方案决策的情况下，如果期望值相同，则标准差越大，表明预期结果的不确定性越大，风险就越高；标准差越小，表明预期结果的不确定越小，风险就越低。

（四）标准离差率

标准差可以用来反映期望值在相同条件下的风险大小，但在实际工作中，各种风险投资项目的期望值不一定相同。因此，有必要引入标准离差率来分析期望值不同的风险投资方案。

标准离差率是一个相对数，在期望值不同的条件下应用。实践表明，标准离差率越大，预期结果的不确定性就越大，风险就越高；标准离差率越小，预期结果的不确定性越小，风险也越低。

四、风险报酬

风险报酬，是指决策者冒着风险进行投资而获得的超过货币时间价值的那部分额外报酬，是对决策者冒风险的一种价值补偿，也称风险价值。

如上所述，公司在风险环境中开展财务活动和经营管理活动，在风险项目投资决策中，不同的决策者有不同的出发点，有的决策者力求规避风险，有的决策者敢于冒风险。一般来说，决策者冒着风险投资，是为了获得更高的报酬，冒的风险越大，要求的报酬就越高；反之，要求的报酬就越低。实践证明，风险与报酬之间存在密切的关系，一般来说，高风险的项目会有高的报酬，低风险的项目会有低的报酬。

风险报酬的表现形式有风险报酬额和风险报酬率两种，在实务中，一般用风险报酬率来表示。如果不考虑通货膨胀，决策者投资风险项目所希望得到的投资报酬率是无风险报酬率与风险报酬率之和。

其中，无风险报酬率是在没有风险条件下的资金时间价值，是决策者投资某一项目一定能够实现的报酬，可用政府债券利率或存款利率表示。风险报酬率是决策者进行风险项目投资获得超过资金时间价值的额外报酬。风险报酬率与风险项目的风险程度和风险报酬斜率的大小有关，并成正比。风险报酬斜率可根据历史资料用高低点法、直线回归法或由企业管理人员根据经验确定。

风险报酬率＝风险报酬斜率 × 风险程度

第四章　财务管理之财务分析

第一节　财务分析概述

一、财务分析的含义及作用

（一）财务分析的含义

财务分析是以企业的财务会计报告以及相关资料为基础，采用一些专门的分析技术与方法，对企业的财务状况、经营成果和现金流量进行研究和评价，在此基础上分析企业内在的财务能力和财务潜力，预测企业未来的财务趋势和发展前景，评估企业的预期收益和风险，从而为特定信息使用者提供有用财务信息的财务管理活动。因此，财务分析是财务管理的重要方法之一，是对企业一定时期内财务活动的总结，能够为改进财务管理工作和优化经济决策提供重要的财务信息。

（二）财务分析的作用

在实务中，财务分析可以发挥以下重要的作用：

1.财务分析可以全面地评价企业在一定时期内的各种财务能力。比如，偿债能力、盈利能力、营运能力等。从而分析企业运营中存在的问题，总结财务管理工作的经验教训，提高企业的经营管理水平。

2.财务分析可以为企业信息使用者提供更加系统、完整的会计信息，方便他们更加深入地了解企业的财务状况、经营成果和现金流量情况，为其经济决策提供重要依据。

3.财务分析可以检查企业内部各职能部门和单位完成经营计划的情况，考核各部门和单位的经营业绩，有利于企业建立和完善业绩评价体系、协调各种财务关系，确保企业顺利达成财务目标。

二、财务分析的主要资料

财务报表是以货币为主要量度，根据日常核算资料加工、整理而形成的，反映企业财务状况、经营成果、现金流量和股东权益的指标体系。它是财务会计报告的主体和核心，包括资产负债表、利润表、现金流量表、所有者权益变动表及相关附表。

下面主要介绍财务分析涉及的几种财务报表。

（一）资产负债表

资产负债表可以提供企业某一特定日期的负债总额及其结构，以表明企业未来需要多少资产或劳务清偿债务以及清偿时间；可以反映投资者权益的变动情况；可以为财务分析提供基本资料。财务报表使用者可以通过资产负债表了解企业拥有的经济资源及其分布状况，分析企业的资本来源及构成比例，预测企业资本的变现能力、偿债能力和财务弹性，如企业某一特定日期的资产总额及其结构表明企业拥有或控制的经济资源及其分布情况。

我国资产负债表的主体部分采用账户式结构。报表主体分为左右两方：左方列示资产各项目，反映全部资产的分布及存在形态；右方列示负债和所有者权益各项目，反映全部负债和所有者权益的内容及构成情况。资产各项目按其流动性由大到小的顺序排列；负债各项目按其到期日的远近顺序排列。资产负债表左右双方平衡，即资产总计等于负债及所有者权益（或股东权益）总计。每个项目又分"年初余额""期末余额"两个栏次。

（二）利润表

利润表可以反映企业在一定期间收入的实现情况、费用耗费情况和生产经营活动的成果（利润或亏损总额），为经济决策提供基本资料。财务报表使用者可以通过分析利润表了解企业一定期间的经营成果信息，分析并预测企业的盈利能力。

利润表正表的格式一般有单步式和多步式两种。单步式利润表是将当期所有收入列在一起，然后将所有的费用列在一起，两项相减得出当期损益；多步式利润表是按利润形成的几个环节分步骤将有关收入与成本费用相减，从而得出净利润。

（三）现金流量表

财务报表使用者通过对现金流量表、资产负债表和利润表进行分析，可以了解企业现金流转的效果，评价企业的支付能力、偿债能力；能够合理预测企业未来现金流量，从而为编制现金流量计划、合理使用现金创造条件；可以从现金流量的角度了解企业净利润的质量，从而为分析和判断企业的财务前景提供依据。

现金流量表中的现金是指企业的库存现金以及可以随时用于支付的存款。它不仅包括"库存现金"账户核算的库存现金，也包括"银行存款"账户核算的存入金融企业、随时可以用于支付的存款，还包括"其他货币资金"账户核算的外埠存款、银行汇票存款、银行本票存款和在途货币资金等其他货币资金。

现金等价物是指企业持有的期限短、流动性强、易于转化为已知金额现金、价值变动风险小的投资。现金等价物虽然不是现金，但其支付能力与现金差别不大，可视为现金。一项资产要被确认为现金等价物，必须同时具备四个条件：期限短；流动性强；易于转化为已知金额现金；价值变动风险小。其中，期限短一般指从购买日起 3 个月内到期。例如，可在证券市场上流通的 3 个月内到期的短期债券投资属于现金等价物。

现金流量可以分为三类，即经营活动产生的现金流量、投资活动产生的现金流量和筹资活动产生的现金流量。

1. 经营活动产生的现金流量

经营活动产生的现金流入项目主要有销售商品、提供劳务收到的现金，收到税费返还，收到其他与经营活动有关的现金。经营活动产生的现金流出项目主要有购买商品、接受劳务支付的现金，支付给职工以及为职工支付的现金，支付的各项税费，支付其他与经营活动有关的现金。

2. 投资活动产生的现金流量

投资活动产生的现金流入项目主要有收回投资收到的现金，取得投资收益收到的现金，处置固定资产、无形资产和其他长期资产收回的现金净额，处置子公司及其他营业单位收到的现金净额，收到其他与投资活动有关的现金。投资活动产生的现金流出项目主要有购建固定资产、无形资产和其他长期资产所支付的现金，投资支付的现金，取得子公司及其他营业单位支付的现金净额，支付其他与投资活动有关的现金。

3. 筹资活动产生的现金流量

筹资活动是指导致企业资本及债务规模和构成发生变化的活动。此处的资本既包括实收资本（股本），也包括资本溢价（股本溢价）；此处的债务包括向银行借款、发行债券以及偿还债务等。筹资活动产生的现金流入项目主要有吸收投资收到的现金、取得借款收到的现金、收到其他与筹资活动有关的现金。筹资活动产生的现金流出项目主要有偿还债务所支付的现金，分配股利、利润或偿付利息支付的现金，支付其他与筹资活动有关的现金。

（四）所有者权益变动表

在所有者权益变动表中，当期损益、直接计入所有者权益的利得和损失以及与所有者的资本交易有关的所有者权益的变动要分别列示。

三、财务分析的目的

财务分析的目的取决于人们使用会计信息的目的。尽管财务分析所依据的资料是客观的，但由于不同的人关心的问题不同，因此他们进行财务分析的目的也各不相同。会计信息的使用者主要包括投资者、债权人、管理层和政府部门等。企业投资者更关心企业的盈利能力；债权人侧重于分析企业的偿债能力；企业经营管理层为改善企业的经营必须全面了解企业的生产经营情况和财务状况；政府部门关心的是企业遵纪守法、按期纳税等。

四、财务分析的方法

进行财务分析，首先应采取恰当的方法，选择与分析目的有关的信息，找出这些信息之间的重要联系，研究和揭示企业的经济状况及财务变动趋势，获取高质量的有效财务信息。选用恰当的方法，可获得事半功倍的效果。财务分析的方法主要有比较分析法、比率分析法和因素分析法。

（一）比较分析法

比较分析法是将同一企业不同时期的财务状况或不同企业之间的财务状况进行比较，对两个或几个有关的可比数据进行对比，从而揭示企业财务状况存在差异和矛盾的分析方法。

1. 按比较对象分类

（1）与本企业历史相比，即与同一企业不同时期的指标比较。

（2）与同类企业相比，即与行业平均数或竞争对手比较。

（3）与本企业预算相比，即将实际执行结果与计划指标进行比较。

2. 按比较内容分类

（1）比较会计要素的总量。总量是指财务报表项目的总金额，如资产总额、净利润等。总量比较主要用于趋势分析，以分析发展趋势。有时，总量比较也用于横向比较分析，以分析企业的相对规模和竞争地位。

（2）比较结构百分比。该方法是将资产负债表、利润表和现金流量表转换成百分比报表，以发现有显著问题的项目。

（3）比较财务比率。财务比率表现为相对数，排除了规模的影响，使不同对象间的比较变得可行。

（二）比率分析法

比率分析法是通过计算各种比率指标来确定财务活动变动程度的方法。比率指标主要包括构成比率、效率比率和相关比率三类。

1. 构成比率

构成比率又称结构比率，是某项财务指标的各组成部分数值占总体数值的百分比，反映部分与总体的关系。例如，企业资产中流动资产、固定资产和无形资产占资产总额的百分比（资产构成比率），企业负债中流动负债和长期负债占负债总额的百分比（负债构成比率）。利用构成比率，可以考察总体中某个部分的形成和安排是否合理，以便协调各项财务活动。

2. 效率比率

效率比率是某项财务活动中所费与所得的比率，反映了投入和产出之间的关系，如成本利润率、销售利润率和资产报酬率等。利用效率比率指标，可以进行得失比较，考察经营成果，评价经济效益。

3. 相关比率

相关比率是用某个经济项目和与其有关但又不同的项目加以对比所得的比率，反映有关经济活动的相互关系，如流动比率、速动比率等。利用相关比率指标，可以考察企业相互关联的业务安排是否合理，以保障经营活动顺利进行。

（三）因素分析法

因素分析法是依据分析指标与其影响因素的关系，按照一定的程序和方法，从数量上确定各因素对分析指标的影响方向和影响程度的一种方法。因素分析法主要包括两种方法：连环替代法和差额分析法。

1. 连环替代法

连环替代法是将分析指标分解为各个可以计量的因素，并根据各个因素之间的依存关系，顺次用各因素的比较值（通常为实际值）替代基准值（通常为标准值或计划值），据以测定各因素对分析指标的影响的方法。

连环替代法的分析步骤如下：

（1）确定分析对象和需要分析的财务指标，比较其实际数额和标准数额（如上年实际数额），并计算两者的差额。

（2）确定该财务指标的驱动因素，即根据该财务指标的形成过程，建立财务指标与各驱动因素之间的函数关系模型。

（3）确定驱动因素的替代顺序。

（4）按顺序计算各驱动因素脱离标准的差异对财务指标的影响。

2. 差额分析法

差额分析法是连环替代法的一种简化形式，是利用各个因素的比较值与基准值之间的差额来计算各因素对分析指标的影响的方法。

3. 人们在运用因素分析法时要注意以下几个问题：

（1）构成财务指标的各个因素与财务指标之间在客观上存在因果关系。

（2）确定正确的替代顺序。在实际工作中，一般是先替换数量指标，后替换质量指标；先替换实物指标，后替换价值指标；先替换主要指标，后替换次要指标。

（3）因素替换要按顺序进行，不能从中间替换，已替换的指标要用实际指标，尚未替换的指标要用计划指标或基期指标。

五、财务分析的局限性

财务分析仅仅是发现问题，而没有提供解决问题的答案，具体该如何解决问题取决于财务人员解读财务分析的结果，即取决于财务人员的经验或主观判断。此外，人们运用财务比较分析法时必须注意比较的环境或限定条件，因为只有在限定意义上的比较才具有意义。

第二节　财务能力分析

企业的财务能力主要包括偿债能力、盈利能力和营运能力。对企业财务状况进行分析，离不开对这三个方面的分析。

一、偿债能力分析

偿债能力是指企业偿还自身到期债务的能力。偿债能力高低是衡量企业财务状况好坏的重要标志。分析偿债能力，有利于债权人做出正确的借贷决策，有利于企业经营管理者做出正确的经营决策，有利于投资者做出正确的投资决策。债务一般按到期时间分为短期债务和长期债务，偿债能力分析也因此分为短期偿债能力分析和长期偿债能力分析。

（一）短期偿债能力分析

短期偿债能力是指企业偿还流动负债的能力。一般来说，流动负债需要以流动资产来偿付，因而可以反映企业流动资产的变现能力。评价企业短期偿债能力的财务指标主要有营运资金、流动比率、速动比率和现金比率等。

1. 营运资金

营运资金是指流动资产超过流动负债的部分。其计算公式为：

营运资金 = 流动资产 – 流动负债

【例】某公司 2019 年年末流动资产为 10 000 万元，流动负债为 5 000 万元，计算该公司 2019 年年末营运资金。

解：

2019 年年末营运资金 =10 000–5 000=5 000（万元）

计算营运资金使用的"流动资产"和"流动负债"，通常可以直接取自资产负债表。资产负债表项目区分为流动项目和非流动项目，并且按照流动性强弱排序，方便了计算营运资金和分析流动性。营运资金越多则偿债越有保障。当流动资产大于流动负债时，营运资金为正，说明企业财务状况稳定，不能偿债的风险较小。当流动资产小于流动负债时，营运资金为负，此时，企业部分非流动资产以流动负债为资金来源，企业不能偿债的风险很大。因此，企业必须保持正的营运资金，以避免流动负债的偿付风险。

营运资金是绝对数，不便于不同企业之间的比较。

因此，在实务中直接使用营运资金来作为偿债能力的衡量指标受到局限，偿债能力更多地通过债务的存量比率来评价。

2. 流动比率

流动比率是企业流动资产与流动负债的比率。企业能否偿还流动负债，要看其有多少流动资产，以及有多少可以变现的流动资产。流动资产越多、流动负债越少，则企业的短期偿债能力越强。也就是说，流动比率是指每 1 元的流动负债有多少流动资产作为偿还的保证。其计算公式为：

流动比率 = 流动资产 ÷ 流动负债

式中，流动资产一般是指资产负债表中的期末流动资产总额；流动负债一般是指资产负债表中的期末流动负债总额。

一般情况下，流动比率越高，说明企业的短期偿债能力越强。当前国际上通常认为，流动比率的警戒线为 1，而流动比率等于 2 时较为适当，过高或过低的流动比率都不好。流动比率过高，表明企业流动资产未能有效加以利用，会影响资金的使用效率和筹集资金的成本，进而可能会影响企业的获利能力；流动比率过低，表明企业短期偿债能力弱，对企业经营不利。

3. 速动比率

速动比率是指企业的速动资产与流动负债的比率。它是用来衡量企业速动资产可以立即变现偿付流动负债的能力。速动资产是指从流动资产中扣除变现能力较差且不稳定的存货、预付账款、一年内到期的非流动资产等之后的余额。速动比率与速动资产的计算公式为：

速动比率 = 速动资产 ÷ 流动负债

速动资产 = 货币资金 + 交易性金融资产 + 应收账款 + 应收票据

= 流动资产 – 存货 – 预付账款 – 一年内到期的非流动资产

一般情况下，由于剔除了变现能力较差的存货、预付账款及不稳定的一年内到期的非流动资产等项目，故速动比率反映的短期偿债能力更加令人可信，比流动比率更加准确。一般情况下，速动比率越高，表明企业偿还流动负债的能力越强。当前国际上通常认为，速动比率等于 1 较为适当。

4. 现金比率

现金资产包括货币资金和交易性金融资产等。现金资产与流动负债的比值称为现金比率。其计算公式为现金比率剔除了应收账款对偿债能力的影响，最能反映企业直接偿付流动负债的能力，表明每 1 元流动负债有多少现金资产作为偿债保障。由于流动负债是在一年内（或一个营业周期内）陆续到期清偿，因此并不需要企业时时保留相当于流动负债金额的现金资产。当前国际上认为，0.2 的现金比率就可以接受。而这一比率过高，就意味着企业过多资源占用在盈利能力较低的现金资产上，从而影响了企业盈利能力。

现金比率 = 现金资产 ÷ 流动负债

现金资产 = 货币资金 + 交易性金融资产

在现实中，企业对流动比率、速动比率和现金比率的分析应结合不同行业的特点综合考虑，切不可采用统一的标准。

（二）长期偿债能力分析

长期偿债能力是指企业偿还长期负债的能力。企业要结合长期负债的特点，在明确长期偿债能力的影响因素的基础上，从企业的盈利能力和资产规模两方面对企业偿还长期负债的能力进行计算与分析，说明企业长期偿债能力的基本状况及其变动原因，为进行正确的负债经营指明方向。评价企业长期偿债能力的财务指标主要有资产负债率、产权比率、权益乘数和已获利息倍数。

1. 资产负债率

资产负债率是负债总额除以资产总额的百分比。它反映企业资产总额中有多大比例是通过借债来筹集的，以及企业保护债权人利益的程度。其计算公式为：

资产负债率 = 负债总额 ÷ 资产总额 × 100%

一般情况下，资产负债率越低，表明企业长期偿债能力越强。国内的观点认为资产负债率不应高于 50%，而国际上通常认为资产负债率等于 60% 较为适当。在现实中，企业的资产负债率往往高于该比例。

资产负债率越高，表明企业偿还债务的能力越弱，风险较大；反之，企业偿还债务的能力越强。对于债权人来说，总是希望资产负债率越低越好，企业偿债有保障，贷款不会有太大风险。对于股东来说，其关心的主要是投资收益的高低，在资本利润率高于借款利息率时，负债比率越大越好；否则，负债比率越小越好。

由于企业的长期偿债能力受盈利能力的影响很大，因此，实践中通常把长期偿债能力分析与盈利能力分析结合起来。

2. 产权比率

产权比率又称负债股权比率，是负债总额与所有者总额的比率。它表明债权人提供的资金与所有者提供的资金之间的比例，以及单位投资者承担风险的程度。其计算公式为：

产权比率 = 负债总额 ÷ 所有者权益总额 × 100%

产权比率与资产负债率对评价偿债能力的作用基本相同。两者的主要区别是资产负债率侧重于分析债务偿付安全性的物质保障程度，产权比率则侧重于揭示财务结构的稳健程度以及自有资金对偿债风险的承受能力。高产权比率意味着高风险的财务结构。

3. 权益乘数

权益乘数是资产总额与所有者权益总额的比值。权益乘数可以反映出企业财务杠杆作用的大小。权益乘数越大，表明股东投入的资本在资产中所占的比重越小，财务杠杆作用越大。其计算公式为：

权益乘数 = 资产总额 ÷ 所有者权益总额

4. 已获利息倍数

已获利息倍数又称利息保障倍数，是指企业息税前利润总额与利息费用的比率。它可用于衡量单位偿付借款利息的能力。

已获利息倍数不仅反映了企业的盈利能力，还反映了企业支付债务利息的能力。一般情况下，已获利息倍数越高，企业的长期偿债能力越强。国际上通常认为，该指标等于 3 较为适当。从长期来看，该指标至少应该大于 1。若已获利息倍数太低，则说明企业难以按时按量支付债务利息。

已获利息倍数反映支付利息的利润来源（息税前利润总额）与利息支出之间的关系，该比率越高，长期偿债能力越强。从长期看，已获利息倍数至少要大于 1（国际公认标准为 3），也就是说，息税前利润总额至少要大于利息费用，企业才具有偿还债务利息的可能性。如果已获利息倍数过低，企业将面临亏损、偿债安全性与稳定性下降的风险。在短期内，已获利息倍数小于 1 也仍然具有利息支付能力，因为计算息税前利润总额时减去的一些折旧和摊销费用并不需要支付现金。但这种支付能力是暂时的，当企业需要重置资产时，势必发生支付困难。因此，在分析时需要比较企业连续多个会计年度（如 5 年）的已获利息倍数，以说明企业付息能力的稳定性。

二、盈利能力分析

企业盈利不仅关系到所有者的利益，还关系到债权人及其他利益相关者的利益。盈利能力是指企业在一定时期内获取利润的能力。反映企业盈利能力的指标很多，通常使用的指标主要有销售毛利率、销售净利率、成本费用利润率、总资产收益率和净资产收益率等。

（一）销售毛利率

销售毛利率又称毛利率，是企业毛利额与销售收入的比率。其中，毛利额是销售收入与销售成本之差。相关计算公式为：

销售毛利率 = 毛利额 ÷ 销售收入 ×100%

毛利额 = 销售收入 – 销售成本

【例】某公司 2019 年的销售收入为 15 000 万元，销售成本为 7 000 万元，试计算销售毛利率。

解：

毛利额 =15 000–7 000=8 000（万元）

销售毛利率 =8 000 ÷ 15 000 × 100%≈53%

销售毛利率表示每 1 元销售收入扣除销售成本后，有多少资金可用于各项期间费用和形成盈利。毛利额是基础，如果没有足够大的毛利额，企业就不可能盈利。

（二）销售净利率

销售净利率是企业净利润与销售收入净额的比率。其计算公式为：

销售净利率 = 净利润 ÷ 销售收入净额 ×100%

【例】某公司 2019 年的净利润为 5 000 万元，销售收入净额为 15 000 万元，试计算该公司的销售净利率。

解：

销售净利率 =5 000 ÷ 15 000 × 100%≈33%

该指标反映的是每 1 元销售收入净额带来的净利润。销售净利率越高，反映企业主营业务的市场竞争力越强、发展潜力越大、盈利能力越强。

（三）成本费用利润率

成本费用利润率是企业一定期间利润总额与成本费用总额的比率。相关计算公式为：

成本费用利润率 = 利润总额 ÷ 成本费用总额 ×100%

成本费用总额 = 销售成本 + 营业费用 + 管理费用 + 财务费用

【例】某公司 2019 年的利润总额为 6 000 万元，销售成本为 12 000 万元，营业费用为 5 000 万元，管理费用为 3 000 万元，财务费用为 2 000 万元，试计算该公司的成本费用利润率。

解：

成本费用利润率 =6 000÷（12 000+5 000+3 000+2 000）×100%≈27%

该指标值越高，反映企业为取得利润付出的代价越小、成本费用控制得越好、盈利能力越强。

（四）总资产净利率

总资产净利率又称总资产收益率，是企业一定时期的净利润和资产平均总额的比值，可以用来衡量企业运用全部资产获利的能力，反映企业投入与产出的关系。其计算公式为：

总资产净利率 = 净利润 ÷ 资产平均总额 ×100%

资产平均总额 =（年末资产总额 + 年初资产总额）÷2

【例】某公司 2019 年净利润为 5 000 万元，年初资产总额为 20 000 万元，年末资产总额为 25 000 万元，试计算该公司的总资产净利率。

解：

总资产净利率 =5 000÷[（25 000+20 000）÷2]×100%≈22%

（五）净资产收益率

净资产收益率又称所有者权益报酬率，是企业一定时期的净利润与平均净资产总额的比率。净资产收益率可以反映资本经营的盈利能力。净资产收益率越高，企业的盈利能力越强。其计算公式为：

净资产收益率 = 净利润 ÷ 平均净资产总额 ×100%

平均净资产总额 =（年末净资产总额 + 年初净资产总额）÷2

【例】某公司 2019 年净利润为 960 万元，年初净资产总额为 12 000 万元，年末净资产总额为 15 000 万元，试计算该公司的净资产收益率。

解：

净资产收益率 =960÷[（15 000+12 000）÷2]×100%≈7%

净资产收益率反映股东权益的收益水平，用以衡量企业运用自有资本的效率。该指标越高，说明投资带来的收益越高。由于该指标的综合性最强，因此是最常用的评价企业盈利能力的指标，在我国上市公司业绩综合排序中，该指标居于首位。

三、营运能力分析

营运能力是指企业经营管理中利用资金运营的能力，主要表现为资产管理，即资产利用的效率。营运能力反映了企业的劳动效率和资金周转情况。人们通过对企业营运能力的分析，可以了解企业的营运状况和经营管理水平。劳动效率高、资金周转状况好，说明企业的经营管理水平高、资金利用效率高。

资产营运能力取决于资产的周转速度，通常用周转率和周转期来表示。周转率是企业在一定时期内资产的周转额与平均余额的比率。它反映企业资产在一定时期的周转次数。周转期是周转次数的倒数与计算期天数的乘积。它反映资产周转一次所需要的天数。

评价企业营运能力的常用财务比率有应收账款周转率、存货周转率、流动资产周转率、固定资产周转率和总资产周转率等。

（一）应收账款周转率

应收账款在流动资产中有着举足轻重的作用。及时收回应收账款不仅可以提高企业的短期偿债能力，还可以反映企业较强的应收账款管理水平。目前，应收账款周转率是评价应收账款流动性的重要财务比率。其计算公式为：

应收账款周转率 = 销售净额 ÷ 平均应收账款余额

平均应收账款余额 =（年初应收账款余额 + 年末应收账款余额）÷2

式中，销售净额可以从利润表中取数。

需要指出的是，上述公式中的应收账款包括会计核算中的应收账款和应收票据等全部赊销款项。如果应收账款余额的波动较大，就应当尽可能详细地计算资料，如按每月的应收账款余额来计算其平均占用额。

【例】某公司 2019 年年末的应收账款为 1 500 万元，年初的应收账款为 500 万元，销售净额为 3 000 万元，试计算该公司的应收账款周转率。

解：

应收账款周转率 =3 000 ÷ [（1 500+500）÷ 2]=3

一般情况下，应收账款周转率越高越好。应收账款周转率高，表明企业收账迅速、账龄较短、资产流动性强、短期偿债能力强，可以减少收账费用和坏账损失。影响该指标正确计算的因素有季节性经营、大量使用分期付款结算方式、大量使用现金结算、年末大量销售或年末销售大幅度下降。这些因素都会对该指标的计算结果产生较大影响。此外，应收账款周转率过高，可能是奉行了比较严格的信用政策、信用标准和付款条件过于苛刻的结果。这会限制销售量的扩大，从而影响企业的盈利水平。这种情况往往表现为存货周转率同时偏低。如果企业的应收账款周转率过低，就说明企业催收应收账款的效率太低，或者信用政策过于宽松，这样会影响企业资金的利用效率和资金的正常周转。因此，人们在使用该指标进行分析时，应结合该企业前期指标、行业平均水平及其他同类企业的指标来判断该指标的高低，并对该企业做出评价。

应收账款周转天数反映企业从取得应收账款的权利到收回款项，并将其转换为现金所需的时间。应收账款周转天数越短，反映企业的应收账款周转速度越快。其计算公式为：

应收账款周转天数 =360÷ 应收账款周转率

（二）存货周转率

在流动资产中，存货所占比重一般较大，存货的流动性对流动资产的流动性影响很大。存货周转分析的目的是找出存货管理中的问题，使存货管理在保证生产经营正常进行的同时尽量节约营运资金，以提高资金的使用效率、增强企业的短期偿债能力，进而促进企业管理水平的提高。存货周转率是评价存货流动性的重要财务比率，反映了存货的周转速度。相关计算公式为：

存货周转率 = 销售成本 ÷ 平均存货余额

平均存货余额 =(期初存货余额 + 期末存货余额)÷2

式中，销售成本可以从利润表中取数。

【例】某公司 2019 年年末的存货为 1 000 万元，年初的存货为 500 万元，销售成本为 1 500 万元，试计算该公司的存货周转率。

解：

存货周转率 =1 500÷[(1 000+500)÷2]=2

存货周转率反映存货的周转速度，可以用来衡量企业的销售能力及其存货水平。一般情况下，存货周转率过高，表明存货变现速度快、周转额较大、资金占用水平较低；存货周转率低，往往表明企业经营管理不善，销售状况不好，造成存货积压。存货周转率并非越高越好。若存货周转率过高，也可能反映企业在存货管理方面存在一些问题，如存货水平太低，或采购次数过于频繁、批量太小等。

财务人员在对存货周转率进行分析时，除应分析批量因素、季节性因素外，还应对存货的结构和影响存货的重要项目进行深入调查和分析，并结合实际情况做出判断。

存货周转天数表示存货周转一次所经历的时间。存货周转天数越短，说明存货周转的速度越快。其计算公式为：

存货周转天数 =360÷ 存货周转率

（三）流动资产周转率

流动资产在企业资产中占有重要地位，因而管理好流动资产对提高企业经济效益、实现财务管理目标有重要的作用。

流动资产周转率是销售净额与全部流动资产的平均余额的比值，是反映全部流动资产的利用效率指标。相关计算公式为：

流动资产周转率 = 销售净额 ÷ 全部流动资产的平均余额

全部流动资产的平均余额 =（流动资产期初余额 + 流动资产期末余额）÷ 2

【例】某公司 2019 年年末流动资产为 10 000 万元，年初流动资产为 6 000 万元，销售净额为 16 000 万元，试计算该公司的流动资产周转率。

解：

流动资产周转率 =16 000 ÷ [（10 000+6 000）÷ 2]=2

一般情况下，流动资产周转率越高越好，表明以相同的流动资产完成的周转额越多，流动资产的利用效果越好。流动资产周转速度快，意味着企业相对节约流动资产或相对扩大资产投入，从而可增强企业的盈利能力；流动资产周转速度缓慢，意味着企业需要补充流动资产，从而降低了企业的盈利能力。流动资产周转天数的计算公式为：

流动资产周转天数 =360 ÷ 流动资产周转率

（四）固定资产周转率

固定资产周转率是销售净额与固定资产平均净值的比率，用于反映企业全部固定资产的周转情况，是衡量固定资产利用效率的一项指标。相关计算公式为：

固定资产周转率 = 销售净额 ÷ 固定资产平均净值

固定资产平均净值 =（期初固定资产净值 + 期末固定资产净值）÷ 2

【例】某公司 2019 年年末固定资产净值为 10 000 万元，年初固定资产净值为 8 000 万元，销售收入净额为 15 000 万元，试计算该公司的固定资产周转率。

解：

固定资产周转率 =15 000 ÷ [（10 000+8 000）÷ 2]≈1.67

固定资产周转率主要用于分析企业大型固定资产的利用效率。在通常情况下，固定资产周转率高，表明企业固定资产利用充分、固定资产投资得当、固定资产结构合理，能够充分发挥效率。固定资产周转天数的计算公式为：

解：

固定资产周转天数 =360 ÷ 固定资产周转率

（五）总资产周转率

总资产周转率是企业销售净额与企业平均资产总额的比率，用于反映企业全部资产的利用效率。相关计算公式为：

总资产周转率 = 销售净额 ÷ 平均资产总额

平均资产总额 =（期初资产总额 + 期末资产总额）÷2

【例】某公司 2019 年年末资产总额为 25 000 万元，年初资产总额为 25 000 万元，销售净额为 15 000 万元，试计算该公司的总资产周转率。

解：

总资产周转率 =15 000 ÷ [（25 000+25 000）÷2]=0.6

通常情况下，总资产周转率越高，表明企业全部资产的使用效率越高、企业的销售能力越强。总资产周转天数的计算公式为：

总资产周转天数 =360 ÷ 总资产周转率

第三节　财务综合分析

利用财务比率进行深入分析，虽然可以了解企业各个方面的财务状况，但无法了解企业各个方面财务状况之间的关系。为了弥补这一不足，分析人员可以将所有指标按其内在联系结合起来，以全面反映企业整体财务状况及经营成果，进而对企业进行总体评价。所谓财务综合分析，就是将各项财务指标作为一个整体，应用一个简洁、明了的分析体系系统、全面、综合地对企业财务状况和经营情况进行剖析、解释和评价，以对企业一定时期复杂的财务状况和经营成果做出最综合和最概括的总体评价。财务综合分析方法有多种，最常用的是杜邦分析法。

杜邦分析法又称杜邦财务分析体系，简称杜邦体系，是利用各主要财务比率指标间的内在联系，对企业财务状况及经济效益进行综合、系统分析评价的方法。该体系以净资产收益率为起点，以总资产净利率和权益乘数为基础，重点揭示企业盈利能力及权益乘数对净资产收益率的影响，以及各相关指标间的相互影响和作用关系。因其最初由美国杜邦企业成功应用而得名。

杜邦分析法将净资产收益率进行了分解。其分析关系式为：

净资产收益率 = 销售净利率 × 总资产周转率 × 权益乘数

式中，销售净利率是利润表的概括，反映企业经营成果；权益乘数是资产负债表的概括，反映企业最基本的财务状况；总资产周转率把利润表和资产负债表联系起来，使权益净利率可以综合分析评价整个企业经营成果和财务状况。

杜邦系统图（一种将总体目标逐一细分的思维导图，能够快速、清晰地确定目标和方法）主要包括净资产收益率、总资产净利率和权益乘数。杜邦系统图在揭示上述几种比率之间的关系后，再将净利润、总资产层层分解，这样就可以全面、系统地揭示企业的财务状况以及这一系统内部各个因素之间的相互关系。

人们从杜邦系统图中可以了解以下情况：

1.净资产收益率是一个综合性极强的财务比率。它是杜邦系统图的核心，反映了企业筹资、投资以及资产运用等活动的效率。因此，企业所有者与经营者都非常关心这一财务比率。

2.销售净利率反映了企业净利润与销售收入净额之间的关系。要提高销售净利率主要有两个途径：一是扩大销售收入净额；二是努力降低成本费用。

3.总资产周转率是反映企业运用资产以实现销售收入能力的综合指标。人们可以从资产的构成比例是否恰当、资产的使用效率是否正常、资产的运用效果是否理想等方面对总资产周转率进行详细分析。

4.权益乘数反映所有者权益与总资产的关系。权益乘数越大，企业的负债程度越高，这不仅会给企业带来较大的杠杆利益，还会给企业带来较大的风险。只有合理地确定负债比例，不断优化资本结构，企业才能最终有效地提高净资产收益率。

净资产收益率与企业的销售规模、成本水平、资本运营和资本结构等有着密切的联系。这些相关因素构成一个相互依存的系统。只有将这个系统内的各相关因素协调好，才能使净资产收益率最大。

第五章 财务管理之财务决策管理

第一节 财务决策

一、财务决策的概念

财务决策是选择和决定财务计划和政策的过程。财务决策的目的是确定最令人满意的财务计划。只有确定有效可行的方案，财务活动才能实现良好效益，实现财务管理目标，实现企业价值最大化。因此，财务决策是整个财务管理的核心。财务预测是财务决策的基础和前提，财务决策是财务预测结果的分析和选择。财务决策是一种多标准的综合决策，决定了该方案的选择。它具有货币化和可衡量的经济标准及非货币化的非经济标准。因此，决策方案一般是很多因素相平衡得出的结果。

二、财务决策的类型

（一）按照能否程序化分类

它可以分为程序性财务决策和非程序性财务决策。

程序性财务决策是指经常性日常财务活动的决策；非程序性财务决策是指经常性和独特的非常规财务活动的决策。

（二）按照决策所涉及的时间长短分类

它分为长期财务决策和短期财务决策。前者是指涉及一年以上的财务决策；后者是指涉及不到一年的财务决策。

（三）按照决策所处的条件分类

它分为确定性财务决策、风险性财务决策和非确定性财务决策。

确定性财务决策是指对未来情况有充分把握的事件的决策，每个方案只有一个结果；风险性财务决策是指对未来情况不完全掌握的事件的决策以及每个方案的若干结果，但可以通过概率确定；非确定性财务决策是指完全无视未来情况的决策，每个方案都会有几种结果，其结果无法确定的决策。

（四）按照决策所涉及的内容分类

它分为投资决策、融资决策和股利分配决策。投资决策是指资本对外投资和内部分配的决策；融资决策是指资金筹集的决策；股利分配决策是指利润分配的决策。

（五）其他分类

财务决策还可以分为生产决策、营销决策等。生产决策是指在生产领域生产什么、生产多少以及如何生产的决策。它包括如何利用剩余产能、如何处理亏损产品、是否进一步加工产品和确定生产批次等。市场营销决策往往涉及两个方面的问题：一是销售价格的确定，即定价决策；二是如何在销售价格和销售量之间取得平衡，以谋求利润最大化。

三、财务决策的目的

所有决策的目的都是使企业目标最优化。例如，营利性企业财务决策的目的是实现利润最大化，而非营利性慈善组织财务决策的目的是最大化一些非量化目标。对于财务决策而言，其影响是短期的，对战略因素的考虑较少。主要关注的是最大化收入，或在不变收入的条件下寻求最低成本。

四、财务决策方法

财务决策的方法可以分为两类：定性决策方法和定量决策方法。定性财务决策是一种通过判断事物特有的各种因素和属性来做出决策的方法。它基于经验判断、逻辑思维和逻辑推理。其主要特征是依靠个人经验和综合分析与比较做出决策。定性决策方法包括专家会议方法、德尔菲法等。定量决策是一种分析因素和属性之间的定量关系的决策方法。其主要特征是建立变量和决策目标之间的数学模型。根据决策条件，运用比较计算决策结果。定量财务决策方法主要包括量本利分析法、线性规划法、差量分析决策法、效用曲线法、培欣决策法、马尔可夫法等，这些方法一般用于确定性决策；还包括小中取大法、大中取大法、大中取小法、后悔值法等，这些方法一般用于非确定性决策。

五、财务决策依据

在做出决策之前，管理者必须权衡和比较备选方案，列出每种备选方案的积极和消极影响（包括定量和定性因素），确定每种备选方案的净收益，然后比较每种备选方案的净收益。选择净收益最好的方案实施，这就是决策。在财务决策过程中，成本效益分析贯穿始终，成本效益分析的结果就成为选择决策方案的依据。效益最大或成本最低的备选方案就是管理人员应采取的方案。

六、财务决策的步骤

进行财务决策需经如下步骤：

1. 确定决策目标。确定决策所要解决的问题和达到的目的。

2. 进行财务预测。通过财务预测，取得财务决策所需的经过科学处理的预测结果。

3. 方案评价与选优。它是指根据预测结果建立几种备选方案，利用决策方法并根据决策标准对各种方案进行分析和论证，做出综合评价，选择最满意的方案。

4. 判断决策正误，修正方案。在决策过程结束时，有必要制订具体的计划，组织实施，控制执行过程，收集执行结果的信息反馈，以判断决策的正确性，在第一时间纠正计划，并确保实现决策目标。

第二节　财务管理法制化

企业财务管理法制建设包括加强企业财务管理法律队伍建设，完善企业财务管理法律法规，完善企业财务管理法律监督体系，确保财务管理规范运行，以求精益求精和科学化发展。企业财务管理合法化有利于提高企业应对各种安全威胁，完成多样化任务的能力。完善企业财务管理法制化是提高资金使用效益的实际需要。完善企业财务管理合法化应着眼于提高资金使用效率。为提高企业财务管理的质量和效率，要依法行政、依法监督、依法管理财务、依法治理财务。

一、企业财务管理法制化的重要意义

根据现行财务管理制度，企业财务法制监督的职责主要由审计部门、纪检部门承担，但受组织体制等因素的影响，这些部门对本级财务部门所展开的法制监督力度远远不够。一方面，广大群众有积极参与单位财政经济管理和知情权的愿望。另一方面，他们不愿意监督财务法律制度；一些财务执法人员对职业道德和原则不够重视，经常做出非法行为。在企业财务管理实践中，一些部门的领导和财务人员往往重视命令，忽视原则，注重个人感情，依靠个人关系。

因此，要加强财务管理法制化，将企业财务安全纳入经济社会发展体系，建立决策机制、协调机制、动员机制和监督机制，依靠国民经济体制进行财务动员、财务规划、财力筹集、资金管理和财政资源分配。充分发挥经济资源的整合效应，提高规模经济资源的整体利用效率，形成依法决策、依法指导、依法运作的良好局面，促进社会和谐发展。

二、企业财务管理法制化建设的建议

（一）完善企业财务法规体系

企业立法机关和权力机关应当审查情况，修改现行财务规定，废除过时的法律法规，建立明确、结构合理、系统有序的企业财务规章制度，确保各种金融法规的权威性和稳定性，以使它们全部有效，财务管理工作在企业财务监管体系中找到相应的依据，为企业财务活动合法性创造有利条件。加强企业货币资金管理，科学规范财务管理流程，逐步实施财务规定。无论是预付资金申请、审计和报销费用，还是汇编报表和文件，都应该根据财务规定一一落实。制定严格的现金使用规则，严格管理企业账户和严格管理账单使用。

（二）健全企业财务法制监督体系

为了实现企业财务管理全过程监管的目标，我们应该把过去强调事后监管的方法改为对事前、事中和事后监督给予同等重视。制定具有广泛覆盖、指挥和综合性的企业财务法律监督法规，行使监督权的部门或者个人必须在法律规定的职权范围内，依照法定程序监督法律对象。只有坚持依法监督，才能使监督具有权威和法律效力，有效地进行财务法律监督。

（三）改革企业财务执法体制

一是要加快企业财务执法程序体系建设；二是建立企业财务执法责任制；三是建立具体、明确、可行的企业财务执法激励机制。根据政治学家威尔逊和犯罪学家凯琳提出的"破窗理论"，如果一所房子有窗户破了，没有人会修理它，很快，其他窗户将被莫名其妙地打破。"破窗理论"要求各级企业的管理者树立严格执行惩罚制度的思想。一个不公平的执法，第二次违规不能受到惩罚，看似微不足道，实际上是一个危险而破碎的"窗口"，如果没有及时修复，将会让更多人来破坏而形成"破窗"。

（四）突出财务人员绩效评价体系

"以人为本"的管理以高素质的财务人员为中心，将管理体制的强制执行转变为财务人员的自觉遵守和实施，将财务人员自身价值的实现与企业的发展目标相结合。全面提高队伍的政治素质和职业道德。应积极进行岗前培训，要求学员对财务法规和财务制度进行充分了解和掌握，以使财务管理人员的法律意识和财务管理能力在培训中得到提高。

第三节　财务运营管理

一、财务运营管理的概念

财务运营管理是一项组织企业活动和处理财务关系的经济管理工作。要做好财务运营管理，必须完成两项任务：一是组织企业的财务活动；二是处理企业与其他相关方之间的财务关系。

二、财务运营管理的内容

依据财务运营管理实践，企业财务运营管理至少要做好以下三方面的决策。

（一）融资决策

在高度发达的西方商品经济社会中，如果企业要从事生产经营，就必须先筹集一定数量的资金。筹集资金是财务运营和管理最基本的功能之一。

如果企业的财务经理预测其现金流出大于其现金流入，并且银行存款无法完全弥补差额，则必须以某种方式筹集资金。在资本市场非常发达的西方社会，企业所需的资金可以从不同的来源采取不同的方式筹集。各种来源和不同筹集资金的方式都有不同的成本，其使用时间、抵押条款和其他附加条件也不同，从而给企业带来不同的风险。企业财务人员必须正确地判断风险和成本对股票价格的影响，采用最适合于企业的融资方式来筹集资金。

（二）投资决策

企业筹集资金的目的是把资金用于生产经营，进而取得盈利。西方财务运营管理中的投资概念含义很广泛，一般来说，凡把资金投入将来能获利的生产经营中去，都叫投资。财务经理在把资金投入各种不同的资产上时，必须以企业的财务目标股东财富最大为标准。

企业的投资按使用时间的长短可分为短期投资和长期投资两种，现分述如下：

1. 短期投资

短期投资主要是指用于现金、短期有价证券、应收账款和存货等流动资产上的投资。短期投资具有流动性，对于提高公司的变现能力和偿债能力很有好处，所以能减少风险。

2. 长期投资

长期投资是指用于固定资产和长期有价证券等资产上的投资，主要指固定资产投资。

（三）股利分配决策

股利分配决策主要研究如何分配收益、支付股息多少以及保留收益多少。在分配过程中，我们不仅要考虑股东短期利益的要求，定期支付一定的红利，还要考虑企业的长远发展，留下一定的利润作为留存盈余，以便推动股价上涨，使股东获益更多。最理想的股利分配政策是使股东财富最大化的政策。

综上所述，构成财务运营管理基本内容的三种财务决策，是通过影响企业的报酬和风险来影响股票市场价格的，报酬和风险之间做适当的平衡，可以使股票市场价格最大。这种平衡叫作风险报酬的平衡。任何财务决策都必须保证风险与报酬的平衡。

三、财务运营管理的目标

（一）企业财务运营管理目标确立要求

市场经济是一种基于市场资源配置的竞争经济。建立企业的财务运作和管理目标必须考虑以下关系：

1. 财务运营管理目标应当按照企业管理的最高目标来制定

财务运营管理在企业管理系统中属于子系统，财务运营管理的目标应与企业管理的最高目标一致，通过财务运营管理促进企业管理的最高目标的实现。在制定现代企业财务运营管理目标时，首先要把促进企业可持续发展作为首要考虑因素。

2. 财务运营管理目标应该将经济性目标与社会性目标相结合

经济目标强调企业的经济责任，寻求经济效益的最大化，这取决于经济管理的性质。社会目标强调企业的社会责任，追求社会利益的优化，这是由市场主体所处的社会环境决定的。财务运营管理目标不仅要突出经济，还要不局限于经济，必须帮助企业积极履行社会责任，使社会效益和经济效益同时进行优化。

3. 财务运营管理目标要将战略性目标与战术性目标进行统一

战略目标着眼于企业的长远利益，寻求行业的长期稳定发展；战术目标强调企业的短期利益和既得利益的增长。长期利益与短期利益之间的对立统一决定了在许多情况下，企业必须放弃一些直接利益才能获得长期利益。为了实现企业的战略目标，他们必须进行战术调整甚至让步。在战略发展思想指导下制定不同时期的经营战术，在确保长远利益基础上最大限度地获取短期利益，实现战略性目标与战术性目标的有机结合，这是确立财务运营管理目标的正确思路。

4. 财务运营管理目标要能很好地兼顾所有者利益与其他主体利益

在市场经济中，除了所有者外，还有债权人、雇员、供应商、消费者和政府。各利益相关者之间的关系是"伙伴关系"，强调"双赢"。无论采取何种财务政策，我们都必须合理考虑企业所有者和其他主体的利益，我们绝不能区别对待，更不用说忽略任何一方。只有这样，才能妥善处理各种经济关系，保持财政分配政策的动态平衡，赢得各利益相关方的信任和支持，确保企业正常运转，实现可持续稳定发展。

总之，现代企业财务运营管理的目标是最大化企业价值，以满足各方利益，促进现代企业制度的建立，帮助企业实现可持续发展的目标。

（二）"企业价值最大化"的体现

从财务运营管理角度出发，"企业价值最大化"目标具体体现在以下几个方面。

1. 市场竞争能力

人们普遍认为，由营业额、市场份额、技术水平和客户需求实现程度等构成的综合竞争力是企业成败的重要因素。如果决策行为追求竞争力，即使现在略微盈利或亏损，也有利于企业的长远发展，随着竞争力的增强，发展潜力将越来越大。

因此，我们认为企业价值最大化目标的主要内容是市场竞争力。

2. 获利能力和增值能力

投资回报率、经营利润率和成本利润率反映的盈利能力是衡量和评估企业可持续发展能力的另一个重要因素。利润是市场经济条件下企业生存和发展的基础，也是开展财务运营管理工作的基本目的，任何企业都必须坚定不移地追求利润，实现合法利润最大化。但我们不能将利润最大化等同于企业价值最大化，否则我们将回归利润最大化的旧方式。

3. 偿债能力与信用水平

偿债能力与企业的可持续发展能力是分不开的，具有较强偿债能力的企业普遍具有良好的发展势头或潜力，但由于资产负债率、流动性比率、快速流动比率等指标反映了偿债能力，企业如果不能将这种能力主动转化为行为，及时全额偿还债务，将失去债权人的支持与合作，也将影响其可持续发展能力。因此，当我们将偿付能力作为企业价值最大化的支撑因素时，我们也必须关注有关企业的信用水平和财务形象。只有强大的偿付能力和良好的财务形象有机结合才能最大化企业的可持续发展能力。

4.资本营运能力

应收账款周转率、存货周转率等指标用于衡量企业财务资源的使用效率。一般来说，这两个周转率都很高，表明企业处于良好的经营状态，供应强劲，产销转换能力强，处于正常发展状态。相反，它表明企业的销售渠道不畅通，资金回收缓慢，供给、生产和营销转换周期长。在这种情况下，企业很难实现持续稳定的发展。

5.抵御风险能力

市场经济复杂多变，奖励和风险并存。一般来说，奖励越大，风险越大；奖励越高，风险越高；奖励越高，企业的可持续发展能力越强；风险越高，可持续发展能力越弱，甚至丧失。因此，要衡量可持续发展能力是否达到最大，我们不仅要分析回报率(盈利能力)，还要考察企业抵御风险的能力。只有当奖励和风险处于最佳组合点时，企业的可持续发展能力才能最大化。

(三)"企业价值最大化"的实现

1.选择合适的企业财务运营管理体制

如果企业规模不大，那么选择企业财务运营管理系统没有问题。为了实现规模效应，许多企业需要考虑此时应采用何种企业财务运营管理系统。人们普遍认为，核心企业应采用集中财务制度，对紧密层企业采用分散财务制度，即集团总部做出的重大财务决策，紧密层企业做出的小额财务决策，以及紧密层实施的总部决策。半紧密层企业即一般企业应采用企业控制和分散的金融体系。各部门通过内部系统间接影响或控制其下属企业的财务决策，而松散和协作的企业则采用完全分散的财务体系。

2.充分利用现代技术收集决策所需信息

财务决策需要收集大量数据，如历史数据、市场动态以及政策和法规的前瞻性信息。手动收集、整理和分析这些信息显然是耗时且费力的，并且很容易出错。因此，必须使用计算机技术来建立相应的数学模型，以提高准确性和效率。

3.有效利用企业各种资源

在财务运营管理中不能就资金论资金，不能只注重质量和成本的管理，而应从更大范围上着手，如应做好人力资源的管理、企业品牌的管理等。

企业需建立吸引、培养、留住人才的报酬机制，在注重有形资产管理的同时，注重无形资产的创建和管理。以品牌为导向，在优秀人才的努力下，通过优质的服务，发展具有企业特色的目标市场和消费群体，可以从根本上解决企业长期生存和发展的问题。

4.将财务监管应用于企业经营全过程

企业应配备高素质人才，建立相应的内部控制制度，对企业经营的全过程进行财务监督。例如，资本结构、长期外资增加或减少、资金投入、对外担保、关键设备抵押、年度财务预算、工资和利润分配方案及运作、绩效考核与奖励、成本计划与控制、价格确定与调整、贷款回收政策、货物购买计划等均为全方位的财务监督，确保企业资产的价值保值与增值。

第四节 从卓越运营到卓越管理

一、打造与众不同的企业

许多企业不仅拥有完善的业务流程，如"订单到现金""购买到付款""投资到淘汰"或"开发到发布"，还投入了大量资源。重组业务流程或实施企业资源计划（ERP）、客户关系管理、供应链管理和其他业务管理系统，以便企业中的每位成员都可以清楚地了解业务流程并确保业务流程可靠、统一且可预测。

但是管理流程怎么样？当我们向世界各地的客户和读者询问这一点时，我们要么保持沉默，要么认为它只是预算编制、财务报表准备、资源管理和差异分析。人们在描述管理流程时最接近的是 PDCA 循环（计划—执行—检查—调整）。

管理流程不像业务流程定义得那么清楚，这令人担忧，因为企业越来越依赖于管理流程而非业务流程来获得竞争优势。大多数企业在降低流程成本的同时，也都在优化它们所提供的产品和服务的质量，并且做得很出色。但问题是，很多企业在这方面都做得很好，这就导致卓越运营不再是某家企业的独特优势（或差异化因素），而是成为一个必备条件。在新的环境中，要想做到与众不同，企业必须是智能、敏捷和协调一致的。

（一）智能

企业不缺市场或内部运营数据。问题是如何让每个人都可以访问相同的数据以及如何解释和使用数据。

（二）敏捷

许多文章或报告都以"现在业务变得越来越复杂"或"现在业务正以惊人的速度加速"开头。虽然是老生常谈，但确实如此。在这样的环境中，最有可能成功的企业是敏捷和灵活的企业。

（三）协调一致

麻省理工斯隆管理学院托马斯·马龙教授在《未来的工作》一书中指出，尽管并购活动频繁，但由于外包和专注于核心能力的原因，企业的平均规模却缩小了。为了取得成功，价值链中的所有企业都需要密切协作。此外，今天的大部分创新都来自合作。例如，苹果和耐克公司之间的合作，共同向 iPod 推出慢跑统计数据；在航空业，竞争航空公司组成了寰宇一家、天合联盟或星空联盟等。在这里，战略优势来自关系管理而非流程管理。

智能、敏捷和协调一致不是卓越运营的范畴，而是阐明了我们所说的卓越管理。管理造就不同，而企业绩效管理（EPM）则是造就不同的驱动因素。遗憾的是，传统的 EPM 侧重于管理或 PDCA 循环，这是一种内部到外部的方法。

英国克兰菲尔德大学最近的一项研究表明，大多数公司过于关注内部，并没有使用足够的外部信息或基准测试。这与优秀的管理不同，后者是从外到内、从内到外协调的艺术。加州大学安德森商学院的鲁梅特尔教授指出，为了显著提高绩效，需要首先确定环境的变化，然后快速巧妙地管理它们。换句话说，了解利益相关者的贡献和需求（一致性）、市场动态（敏捷性）以及对数据（智能）的出色解释。战略指导来自外部，它告诉我们计划什么、实施什么、检查什么以及调整什么。这需要更好地理解管理流程，如我们提倡的管理流程，从战略到成功（Strategy to Success，S2S）。

二、从战略到成功

从战略到成功管理流程是波特定义的跨业务流程的价值链概念的扩展。与所有业务流程一样，S2S 管理流程包含许多步骤：我们需要了解利益相关方环境，检查市场，制定业务模型战略，管理业务计划，开展业务运营，并通过评估业务成果提供各级反馈。

（一）利益相关者环境

绩效管理并不是一种自上而下的操作，即把战略目标转换为成功因素、关键绩效指标以及最后的改进计划。企业是在不同利益相关者的网络中运作的，每个利益相关者都为企业的绩效做出了贡献。员工工作，股东提供资金，供应商和合作伙伴提供设计，制造和销售产品所需的原材料和服务，客户提供需求，社会提供基础设施，监管机构确保公平竞争。只有确定利益相关者的需求，我们才能充分利用这些贡献。我们需要将这些贡献与需求相互对应，并以此作为绩效管理策略的基础。

未来几年企业绩效管理最重要的发展趋势之一将是编制可持续发展报告——收集、分析和共享企业在经济效益、社会责任和环境效应方面的影响的有关信息。当利益相关者管理成为绩效管理的起点时，企业透明度将不再是问题。

（二）市场模型

我们的外部利益相关者想要的不是我们的预算，而是我们的计划、预测和市场指导。如果企业没有看到影响它的外部趋势并且没有引导它，那将会产生严重的后果。利益相关者将对管理者的管理能力失去信心，股票价格可能会受到影响，最终这些机构将降低对管理者的评级，从而导致资本成本增加。这是一个相当真实的商业情况。了解市场动态是评估战略方案的第一个关键步骤，旨在定义正确的战略目标。新产品和服务推出，新的竞争者进入市场，消费者行为不断变化，并且业务加速运转。大多数企业都将用于预测这些趋势的所有外部数据存储在其竞争情报（CI）职能部门。同时，在广泛的商务智能（BI）系统中可以随时获得有关资源和活动的内部信息。但问题是，CI 和 BI 很少相结合。

（三）业务模型

绩效管理始于一个支持战略决策的原则，所涉及的系统称为决策支持系统（DSS），通常使用现在所谓的 OLAP 数据库来运行假设分析。企业有许多不同的战略选择可以影响它们的发展，并确定商业模式和商业模式中最好的利益相关者，可以帮助他们取得最大的成功。管理者想推出新产品以实现创新和发展，还是寻求合作伙伴？如果管理者需要缩减生产规模，是否要削减业务部门或降低整个企业的产能？我们应该外包和保留哪些活动？这些问题无法通过计算投资回报来解决，但可以通过协调市场需求来解决。场景分析在 20 世纪 70 年代和 80 年代很流行，这种战略绩效管理计划，在历史舞台上再次出现了。

（四）业务计划

在此阶段，我们探讨更为传统的绩效管理，即使用 PDCA 循环。企业设定目标并制订计划来实现那些目标。企业要严密监控计划的执行并分析异常。要报告结果，并根据反馈设定新目标。不过，计划不应是以后转变成经营活动的年度财务任务。从本质上讲，它应该更具操作性，市场和利益相关者的需求应与内部资源和活动的能力相平衡，这应该转化为业务模型阶段的（财务）目标。

这是滚动预测如此重要的原因。市场或内部产能的每一个变化都应进行新的运营预测和财务预测。差异分析并不基于预算，而是对企业和其余市场所做的相对比较。

（五）业务运营

在业务运营阶段，每个策略都需要实践来检验。洞察力、策略和计划都必须是可操作的并且要付诸实施，应严密监控执行。但绩效管理所需的并不只是监控单个流程。绩效管理需要涵盖不同的业务领域，并根据因果关系创建见解。例如，如果销售回收周期（DSO）增加并且呼叫中心显示投诉急剧增加，这可能是由于客户服务不良导致客户不满意，也可能是由于为了节约成本而推迟供应商付款造成的。

经济学家情报研究所（EIU）最近的一项研究发现，企业需要更多企业级别的数据，孤岛式信息被认为是绩效管理成功的主要障碍之一。为了进行这种跨域分析，绩效管理的主要趋势之一就是实施主数据管理，确保所有区域都使用相同的产品表、客户表、企业表和其他参考表。许多运营评估都可以实现标准化；自己定义的缺勤或 DSO 无法显示竞争差异，使用标准便于进行卓越运营的基准测试。

（六）业务成果

如果没有反馈，S2S 过程是不完整的，应使用绩效指标来向从战略到成功过程的每一阶段提供反馈。运营管理需要实时信息，业务规划人员需要绩效差异分析，战略专家需要对总体目标进度的反馈以及与整个市场的比较，并了解如何识别贡献以及如何满足需求，使所有利益相关者受益。信息显示板和计分卡并非只适用于高层管理人员，对所有人都是必需的。

EPM 被定位成具有战略意义的管理原则。EPM 应与业务模式联系在一起，它不仅应该是战术管理的实施，还应该支持战略决策。它不仅应提供内部管理信息，还应支持利益相关者管理。它不仅应该以财务为导向，还应成为企业运营的一部分。所有这些都需要协调一致进行。我们能够提出的 EPM 的最短定义是"EPM 与 S2S 协调一致"。

第六章　财务管理的具体实践

第一节　模具企业的财务管理

从模具企业发展的角度来看财务管理主要体现在哪些方面？该管理主要体现在对企业资金的有效利用、对企业资金未来的规划，还有对企业成本的有效控制等方面。同时该管理建立的意义在于可以提高模具企业的社会地位。

一、模具行业的现状

从国家各类行业的发展角度来看，模具行业发展的状况不是很明朗。因为随着社会科技的不断进步，传统的手工制造已经无法满足现在社会的需要，同时它也已经不符合国家的发展趋势了。

（一）模具行业的总体概况

从世界发展的进程来看，国外的模具行业发展效益比我国的发展效益较强。其原因主要在于我国传统的模具行业没有跟上国家创新思想的发展脚步，还有一个原因在于他们本身没有意识到自己存在的问题。这造成了我国模具行业没有取得发展先机的现象。因此未来我国模具行业需要做到以下几点才能得到发展。其一，对自身实际情况的认识。只有充分了解自己的不足，才能准确地制定相应的解决措施从而提高自身的生产效率。其二，对传统制造思想的更新。因为社会是不断变化的，人们的思想不能是一层不变的，它需要根据国家的相关政策以及社会的变化而改变。综上所述，模具行业只有做到以上几点才能在激烈的竞争环境中取得一席之地。

随着我国经济的不断发展与进步，模具行业的发展重心已经转移到了我国南部沿海地区。在该地区模具行业的发展过程中，一定会存在激烈的竞争。企业要想在这样的竞争环境中脱颖而出，就需要具有改革创新的意识。同时该意识要实际落实到模具行业的发展过程中，不能光说不练。

（二）模具的定义及特点

定义：模具是工业生产上用以注塑（射）、吹塑、挤出、压铸或锻压成型、冶炼、冲压等方法得到所需产品的各种模子和工具。即模具是用来制造成形（型）物品的工具，这种工具由各种零件构成，不同的模具是由不同的零件构成的。它主要通过所成型材料物理状态的改变来实现物品外形的加工。模具素有"工业之母"的称号。

在外力作用下使坯料成为有特定形状和尺寸的制件工具。广泛用于冲裁、模锻、冷镦、挤压、粉末冶金件压制、压力铸造，以及工程塑料、橡胶、陶瓷等制品的压塑或注射成型加工中。模具具有特定的轮廓或内腔形状，应用具有刃口的轮廓形状可以使坯料按轮廓线形状发生分离（冲裁）。应用内腔形状可使坯料获得相应的立体形状。模具一般包括动模和定模（或凸模和凹模）两个部分，二者可分可合。分开时取出制件或塑件，合拢时使坯料注入模具型腔成型。模具是精密工具，形状复杂，承受坯料的胀力，对结构强度、刚度、表面硬度、表面粗糙度和加工精度都有较高要求，模具生产的发展水平是机械制造水平的重要标志之一。

特点：①单件生产，制造成本高。模具不能像其他机械那样可作为基本定型的商品随时都可以在机电市场上买到，因为每副模具都是针对特定的制件或塑件的规格而生产的，由于制件或塑件的形状、尺寸各异，差距甚大，其模具结构也是大相径庭，所以模具制造不可能形成批量生产，重复加工的可能性很小。②单件制造加工时间长，工序多。但客户对时间的要求要快，因为模具是为产品中的制件或塑件而定制的，作为产品，除了质量、价格因素外，很重要的一点就是需要尽快投放市场。③技术性要强。模具的加工工程集中了机械制造中先进技术的部分精华与钳工技术的手工技巧，因此，要求模具工人具有较高的文化技术水平，以适应多工种的要求。

（三）企业管理落后于技术的进步

企业如果想要在如今的环境中生存和发展，那么就必须具有最先进的管理意识。该管理意识的建立在于要善于利用科学技术的积极作用。科学技术对于企业的发展来说是一把双刃剑。因此，这就需要企业擦亮双眼根据自身的情况选择适合自己的发展资源，从而提高企业的现代化转型发展。综上所述，在如今的发展中转型发展已经是必然的趋势。

数字化信息化水平还较低。国内多数模具企业数字化信息化大都停留在 CAD/CAM 的应用上，CAE、CAPP 尚未普及，许多企业数据库尚未建立或正在建立；企业标准化生产水平和软件应用水平较低，软件应用的开发跟不上生产需要。

模具标准件生产供应滞后于模具生产的发展。模具行业现有的国家标准和行业标准中有不少已经落后于生产（有些模具种类至今无国标，不少标准多年未修订）；生产过程的标准化还刚起步不久；大多数企业缺少企标；标准件品种规格少，应用水平低，高品质标 准件还主要依靠进口，为高端汽车冲压模具配套的铸件质量问题也不少，这些都影响和制 约着模具企业的发展和质量的提高。

综上所述，提升模具企业的管理及财务管理是各模具企业提升竞争力的重要因素。

二、模具企业的财务管理目标

从模具企业发展的角度来看，模具企业如果想要得到未来的发展就需要建立完整的财务管理目标。无论在哪个行业财务管理目标都是它们进行日常经济活动的基础。如果一个企业没有完整的财务目标，那么它也不会具有完整的发展体系，也不会在如今的发展过程中取得崇高的发展地位。这也从侧面反映出了企业如果想要做好做强，那么就需要具有最先进、最完整的财务管理目标。综上所述，模具企业如果想要提高自身的社会地位就需要根据自身的实际发展情况建立符合国家创新要求的财务管理目标。那么该目标主要体现在哪些方面呢？

（一）企业利润目标最优化

（1）提高效能，降低成本

（2）提高财务信息化程度，提高接单报价的准确性

模具产品往往是单件产品报价制，通过单件产品的报价，在源头上把控收入的毛利。

（3）提高单个项目的管理，精确项目核算

模具产品从接单到设计、加工、预验收、试制、终验收，周期长，跟进的难度大，如 果中间再有改模等，项目的周期就更长，故项目管理得好可直接提高公司的利润。

（二）公司股东回报最优化

（1）股东回报最优化产生的核心条件是良好的财务发展环境。该环境可以为股东提供更多的收益。

（2）适当增加财务杠杆，灵活使用各项债务资金。

（三）公司价值最大化

增加社会责任，提高研发经费，制造出更多符合社会进步需要的产品，保障企业长 远经营，公司实现价值最大化。前述两个目标最终需要服从公司价值最大化的目标。

模具企业目前状况是小而多的，大家都在较低层次的竞争，故需要配合业务的发展战 略来制定具体的不同阶段的财务管理目标。首先是生存，接下来是发展，再通过资本市场 的放大效应进行并购重组，完成产业的整合及发展，最后达到公司价值最大化。

三、模具企业的预算管理

全面预算管理是企业全面发展、增强企业综合实力的保障，也是企业发展和投资方向 的总体引导，目前模具制造企业在全面预算上主要存在以下几个问题：首先，预算管理的意识不够全面，预算管理的片面性，导致参与预算的部门不能有效地进行预测结果 的编制，容易出现部门指标与预算指标不统一的现象，企业管理者无法进行准确的财务分 析，不利于实现企业资金的合理分配。其次，在预算编制的制定上，很多企业忽视了当前 企业的发展状况，不能有效地分析自身的短板和长处，导致在实现预算目标的过程中不能 有效地进行财务控制，使预算管理脱离实际。在制造企业财务管理中，还存在预算机制不 明确的现象，不能有效地执行，预算机制的可行性差，过于追求财务指标，忽视了预算的 可行性，在实际生产过程中不能根据企业的发展状况进行随时调节，以及偏差的修正。

模具企业预算需结合行业特点及企业自身的情况进行编制，具体有效的预算方法主要 分为以下几个步骤：

（1）业务预算：财务部门统一制定相关的表格，可通过 IT 信息系统或表格化，交由 业务部门填制，核心的要素是分月、分客户、分订单编制客户的预算，包括金额，订单的 加工时间及完成交付的时间，并且做到跟上年度的结合，主要是订单实现销售等计划。

（2）生产预算：根据业务预算，财务部门统一制定相关的表格，交由生产制定部门 根据业务订单计划，编制生产计划，生产计划表核心要素是分月、分订单、分工艺流程进 行生产计划预算，模具是单件非标准化生产，故需要按订单分单个模，并把单个模作为项 目进行归集。

（3）采购预算：财务部门统一制定相关的表格，交由采购部门根据生产计划预算制度 采购预算，主要分材料品种及供应商、采购数量及采购金额等内容。

（4）各项费用预算：财务部门统一制定相关的表格，分别交由各部门进行制造费用 及管理费用和销售费用的预算，制造费用能直接计入订单或项目的尽量计入项目中进行 归集。

（5）各项投资的预算：根据销售及生产计划，公司需要增加的各项资产投资或其他 厂房等投资预算，分月投资计划及付款计划等内容。

（6）资金的预算：主要根据销售预算及销售政策，预算现金的收入，再根据生产预 算及采购预算和采购政策，做出每次的现金收支情况，再加入需要融入及还款的金额，从 而也完成财务费用预算。

（7）财务部门或各级独立子公司完成汇总编制，形成公司的年度预算，并向公司进行汇报，如不能达到公司目的，需由上到下进行二次调整，再由下到上进行再一次申报汇总，根据企业的实际情况可能需要进行多次来回。

预算的核心是指导公司业务的开展，提早做好资金规划，确保年度经营目标的完成。

预算的过程跟进，每月结算后需要按每个模具项目同原来的预算进行核对，确保公司经营在预算范围内，并及时修订预算中不合理或预算条件已变化的情况。

预算的考核，通过预算考核可以落实到具体的负责人。

四、模具企业的资金管理

模具行业是单件、非标准化的生产，相对于其他产品，加工周期长，最终验收时间也长，加工设备价值高，属于资金密集型及技术密集型，这也就决定了其在生产经营过程中需要更多的现金来作为强有力的保障，故多数模具企业需要通过更多的融资渠道来获取资金。然而，就目前金融市场的发展情形来看，制造业企业可融资的渠道越来越少。因此，许多制造业企业目前依靠债务筹资或者银行贷款的方式进行生产经营活动。综合来看，资金的管理就显得尤为重要，管理好公司的收入及支出是管理资金的重点，可从以下四个方面进行管控。

（一）应收款项的管控，保障公司的资金流入及时可控

（1）建立相关的管理组织，确保每一单款项均能落实到人，从而承担组织保障。

（2）建立完整的客户档案，对客户进行信用评级并进行授信，客户信用等级及信用额度可以通过制定《客户信用管理制度》进行明确相关的规则。

（3）通过授信政策，对销售的过程进行管理，核心合同签订前参与到客户的信用政策中（简单来说是回款的政策）。

（4）对账：每月财务人员需要对所有的客户进行一次往来账核对，以确保数据准确，同时也起到了催收的作用。

（5）对于即将逾期的款项应提前跟催，以避免产生逾期；对于已逾期的应注明逾期原因及预计回款时间，若因客户原因产生的逾期款，应根据其逾期天数及逾期金额制订相应的催款计划，采取不同的催收政策进行催收，同时按逾期的严重性来制定相关的催收政策。

（6）对相关的人员建立相应的奖罚机制，确保员工回款的主动性。

（二）存货的管控

（1）制订完整的生产计划，合理安排用料。

（2）与供应商建立核心供应商关系，做好供货周期的管理，降低备货量。

（3）加强在制品的管控，确保在制品或制件能及时输出。

（4）定期盘点并及时清理不良或呆滞存货。

（5）对供应商的采购支付政策，通过同销售回款做到协同，确保收付相对平衡。

（三）现款（含银行存款）的管控

（1）与主要的开户银行签订现金管理协议，统一管控各银行及各地的账号，所有款项集中归集，使现金得到充分有效的使用。

（2）跟上社会科技的进步，所有的结算均采用网上银行或电票，减少或不用现金及纸票的进行收支，安全又提高资金的流通效率。

（3）建立银行及现金日报表制度，每天跟进库存资金的情况。

（4）争取做到零现金管理，主要是充分利用各金融机构的授信政策，争取做到法人透支的授信模式，平时账上余额为零，实际可以透支，类似信用卡，通过这个模式，可以将库存资金降到最低，再通过现金管理系统还可以做到各下属机构也能透支，财务部门需要建立相应的透支额度标准。

（四）融资的管理

企业发展到一定的规模的标志是企业融资。该融资的产生有利于加强企业之间的联系，从而有利于企业之间进行发展经验的交流。同时模具行业由于它自身特点的原因需要具备完整的融资体系

（1）权益资本不能低于 35% 左右，也就是控制公司总体的负债率在 65% 以下，继而确保公司债务融资符合大多数商业银行对制造业的债务率的要求。

（2）两家以上的战略合作银行，3～4 家的普通合作银行提供日常债务融资，同时建立 1～2 家的融资租赁的合作，确保一些重大设备可采用一些中长期的融资。

（3）与投行或金融机构合作，不定期发行一些中长期的债券，从而确保一些中长期的固定债务融资。

（4）根据业务发展规划，做好各项融资计划，使长、中、短结合。

（5）与社会上各类金融机构保持良好的合作关系，及时获取金融市场的信息。

（五）模具企业的成本管理

模具企业的成本管理可以看成项目的成本管理，因为模具行业的特点是单个项目进行生产，每个产品都不一样，是非标准化的产品。

（1）首先做好模具接单的报价，通过 IT 系统，固化报标的各项工艺及材料标准，形成报价机制的及时性和准确性，并及时修订有关的标准。

（2）起用项目管理系统（IT 化），保障项目能够独立核算，精确计算每个项目的实际成本，并与报价预算进行对比跟进，确保生产过程中的各个流程在预算内，如有

变化，及时进行分析，必要时返回修改预算标准。

（3）项目完成后，完成每个项目结算，独立计算项目的收益情况，确保每个项目在公司的可控范围内。

模具企业的财务管理，主要是根据行业的特点，重点做好资金的周转管控，提高融资能力，降低融资成本，管好项目成本，再结合资本的运作，做好产业的并购，完成公司的快速整合及业务的发展。

第二节　事业单位财务管理

财务管理属于事业单位内部管理的重要板块，有效的财务管理可以规避财务风险，给事业单位的顺利发展奠定基础。但是，当前事业单位在财务管理环节显露出一些不足，需要我们及时采取相应的措施将其解决。

一、事业单位财务管理的作用

（一）有效协调单位各部门之间的工作

事业单位的内部各个部门间紧密联系，而财务部门在每个部门中都有着决定性作用。因此，事业单位唯有强化内部财务管理，才能有效协调每个部门之间的工作，提高事业单位的工作效率。

（二）保障单位的资产安全

事业单位获得发展资金的途径是财政拨款，因此，内部财务管理工作做好了，可以使单位的管理行为更加规范，促进单位各个部门工作的顺利开展，保障单位资产的安全，及时规避财务风险，有效遏制贪腐行为，从而使资金发挥最大的作用。

（三）提高会计信息的准确性

制定完备规范的会计工作系统并将其高质量地施行，明确分工，发挥各个岗位之间的相互制约和监督功能，呈现准确可靠的会计信息，是事业单位内部会计控制的重要组成部分，事业单位一旦忽略了内部会计控制，缺乏科学合理的内部会计控制制度，会计信息在传播过程中就容易与实际不符，造成会计信息缺乏准确性。此外，如果单位欠缺对内部会计控制制度的实行力度，就会阻碍有关规章制度发挥整体效能，并且很难获取准确的会计资讯。因此，唯有强化内部财务管理，才能提供可靠准确的会计信息，为单位做出准确的决策做准备。

（四）促进事业单位的健康发展

事业单位不以获取大额利润为目的，在财产的预算、使用以及审核层面是通过财务部门的计划控制来完成的。科学完备的财务管理体系可以促进事业单位对资金的充分使用和配置，使资金被更为科学地分配，确保我国事业单位多项工作有序开展。

二、事业单位财务管理存在的问题

（一）领导对财务管理体制的重视度不高

如今，很多事业单位领导层的财务管理知识水平有限，对建立系统规范的财务管理体制的重视程度不高。还有些事业单位领导者强调财务管理就是财务的收支或者部门预算控制，认为已经设置部门预算就不用再建立会计内控系统，事业单位会计部门的首要工作就是做好有关的付款工作和账簿记录工作，单位资金是由财政统一划拨的，无须财务人员做其他工作。

（二）内部控制制度不完善

有些事业单位内部管理体制不完备，甚至没有设置专业的财务管理部门。与此同时，财务人员与会计人员职务分配欠缺合理性，出现一人负责很多岗位、岗位交错、岗位责任不清等问题，造成财务管理工作效率偏低，更有甚者会存在投机取巧、营私舞弊等违法违规行为。

（三）财务管理手段不够先进

如今，仍然有事业单位在实行财务管理环节中遵循以往落后的会计处理方法，这不但限制了内部会计控制效果，降低了控制效率，而且给会计信息的实时共享带来了阻碍，导致内部会计控制的整体效能无法正常发挥。另外，即便有些事业单位顺应时代发展，增加了会计信息软件，但在选择和开发软件功能时仍存在很多不足的地方，加之财务人员业务能力不是很强，很难显现信息软件的功能优点，从而给财务管理的管控信息化造成影响。

（四）欠缺完备的监督评价机制

如今，仍然有些事业单位没有建立对于内部财务管控的监督考评机构，虽然有的事业单位设立了这个机构，但机构的整体效能有待加强。事业单位内部会计控制监督考评大体包含两方面的内容：一是以财政部门为首的外部监督。二是以内部审计机构为首的内部监督。在外部监督中，财政部门的职责是监督财政资金使用的合法性，单位经济行为的规范性等。但是，在现实中各个部门单独完成任务，忽略了相互之间的合作，没有整体核查被监督单位的内部会计控制制度是不是完备、是不是高效实行。

内部审计部门片面地注重会 计资讯的准确性，缺乏对内部会计控制制度实效性的关注，给单位的会计事务与经济活动 的监督效率造成了不良的影响。

三、对事业单位财务管理的建议

（一）领导层加强对财务管理的重视

事业单位的领导层要改变原来的思想，抛弃以往对单位财务管理的浅显认知，更深层 次地领悟科学的财务管理体制对于提高事业单位工作效率、推动事业单位快速发展的重要 意义，积极地落实财务管理体制的构建工作。

（二）构建岗位、职位分离制度

针对不能相容的事务，应当指定不同的人员去处理，以降低假账、坏账出现的概率。 与此同时，这种做法还可以使员工在工作中互相制约，防止出现弄虚作假的情况。在财务 工作中，要特别注意负责记录和审核的人员同付款人员岗位分离，这三者之间不能存在利 益关系。

针对预算内财务工作的日常开支，必须经过各有关部门的签字确认后才可以进行实行，业务结束之后，要带着有关凭据，经部门负责人审核后才可向财务部门申请报账。原始凭 证的审查要谨慎并妥善保存，会计人员在登记之前也要查验凭证，确认账目准确真实后才 能记录明细账与总账。

（三）提高会计人员的专业素养

首先，对事业单位会计工作人员进行必需的思想政治教育，保证全体会计工作人员都 具有较高的思想领悟和职业道德素养，严格依照规章制度办事；其次，只要存在与道德标 准、规章制度相违背的行为，就要给予必要的惩罚，以此在会计工作人员中形成较强的 震慑力，督促其提供真实准确的会计讯息；最后，建立完备的激励体制，对于业绩优秀的 会计工作人员，要给予其适当的物质奖励或精神奖励，调动其积极性，激发其工作热情，使其从头到尾能够依照会计规章制度及时完成领导分配的工作任务，为内部会计控制的无 障碍实行提供坚实的基础。

（四）优化事业单位的会计管理制度

从严实行会计制度，提高会计核算质量。强化对各种会计凭据的科学化、正规化管理，保障会计凭据填制清晰、准确、正式；强化对各种单据的管理，仔细审查各种外部单据的 可靠性、规范性；改进单据流转程序，实现开票、复查、审核收付款每个岗位的适当分隔，增强会计处理程序的规范性，提高会计核算质量。

（五）构建并完善监督评价体系

事业单位唯有构建并完善内部财务管控监督评价体系，才有可能推动内部财务管控制度顺利实行。在外部监督中，财政部门以及政府审计部门要尽量展示自身的权威性，时常 监督审查单位内部会计控制制度的实行情况，还要向专门的机构咨询有关内部会计控 制制度的建立与实行的宝贵建议，避免内部财务管控制度太过形式化。在内部监督中，事 业单位要秉持正确的理念，最大限度地发挥内部审计应有的作用，在内部财务管控体系中 确认内部审计的重要作用。提高内部审计功能的地位，构建独立和科学的内部审计部门，以便实时发现问题并解决问题。全面监控评价内部会计控制的设立、实施整个程序，从严 按照相应的规章制度来进行活动，推动内部会计控制制度的高质量实行。唯有把外部审计 和内部审计充分联系在一起，形成强大的监督合力，才能促使外部审计与内部审计共同对 单位内部会计控制进行系统的监督评价。

通过前文所述可知，财务管理是事业单位内部管理的关键构成部分，科学的财务管理 手段对单位的健康顺利发展有着不可估量的作用。因此，事业单位若想提升自身的竞争实 力，维持优势地位，必然要适应时代发展，与时俱进，转变领导层原有的思想观念，构建 岗位、职位分离制度，不断提高会计人员的专业素养，完善账务管理制度以及监督评价体 系，为事业单位内部会计事务的顺利开展提供稳固的基础。

第三节　跨境电商的财务管理

随着互联网技术的飞速发展和经济发展的深度全球化，我国的跨境电商产业迅速崛起，截至 2016 年底，中国跨境电商产业规模已经超过 6 万亿元，年均复合增长率超过 30%。跨境电商产业在传统外贸整体不景气的经济环境下依然强势增长，本节在此背景下，阐述了财务管理对于跨境电商运营的重要意义，并分析了跨境电商企业在财务管理方面面 临的问题，如会计核算工作不规范、缺少成熟的跨境电商财务 ERP 系统，以及跨境电商 税务问题等，针对跨境电商财务管理面临的问题提出相应的财务管理提升方案，从而促进 跨境电商企业财务管理的不断完善。

一、财务管理对于跨境电商运营的重要意义

从世界发展的角度来看，跨境电子商务的产生是世界进步的必然要求。因此对于跨境电子商务来说，它内部的财务管理制度主要体现在哪里？首先，相关财务政策的实践性。众所周知，实践是检验真理的唯一标准，因此跨境电子商务财务管理的准确

性需要该财务政策具有实践性。其次，财务相关人员的意识发展。财务人员要始终坚信只有跨境电子商务得到发展，他们的收入水平才会提高。最后，建立完整的财务问题解决措施。该解决措施要从跨境电子商务的实际情况出发，要保障该措施的科学性。综上所述，如果跨境电子商务没有完整的财务管理政策，那么它在国际上也不会有发展地位。

二、跨境电商在财务管理上的问题

（一）会计核算工作缺乏规范性

从会计的发展角度来看，跨境电子商务存在许多的问题。这些问题的源泉都是来源于跨境电子商务对于会计核算内涵的不正确认知。那么跨境电子商务该如何正确地认识到会计核算的内涵呢？首先他们要知道会计核算是进行会计管理的基础性条件，同时会计核算的核心思想是通过真实有效的财务数据为企业的发展提供线索的。其次他们也要了解会计核算是从哪几个方面进行，并且从这几个方面入手以确保跨境电子商务更准确地把握会计核算的内涵。同时跨境电子商务对会计核算内涵的准确掌握可以增强跨境电子商务的财务管理体系。财务管理体系的增强主要体现在以下几个方面。其一，跨境电子商务内部监管机制更完善。其二，跨境电子商务所需要的综合型人才得到培养。其三，跨境电子商务内部的财务记录体系得到发展。综上所述，完整的会计核算要求对于任何企业来说都是有极大意义的，该意义主要体现在企业内部的财务管理制度上。然而对于跨境电子商务来说主要体现在其内部财务记录的制度上，因为财务的记录可以反映出数据的真实性。

社会的发展是对于人的发展同理，对于跨境电子商务来说如果想要提升自身的会计核算能力，那么就需要发展相关人员的思想道德与技术含量。从相关人员的思想道德角度出发，跨境电子商务该如何培养适合会计核算的人？培养的主要措施在于加强相关人员的会计道德素质，即遵守会计道德法律规范。从技术含量的角度出发跨境电子商务该如何培养优秀的人才？其培养措施主要是指要鼓励相关人员积极考取证书，并且要唤起相关人员对于财务知识的学习意识。

（二）缺乏成熟的跨境电商财务 ERP 系统

跨境电商的产生，是社会经济发展的必然要求。但是相对于其他行业来说，跨境电商没有完整的发展体系，同时也不具有相应的软件设施。因此这就需要从不同的主体出发对跨境电商的服务软件进行开发与建立。从国家的角度出发，国家要为跨境电商财务软件的开发提供纸质文件。从各类行业的角度出发，他们不能排挤跨境电商这个新兴的产业，而是应当发挥自己前辈的作用帮助跨境电商建立属于他自己的财务软件。综上所述，没有完整的财务软件，就不会有成熟的业务产生。

（三）跨境电商税务问题

随着跨境电商的发展，其自身存在的问题也日渐显露出来。其中最主要的问题是国家对其税务的征收问题。跨境电商的发展模式不同于一般企业的发展模式，一般企业的发展模式都具有明确的财务支出与收入，以便于国家对其税务的征收，而跨境电商在这方面明显欠缺，这也就导致了国家无法对其进行准确的税务征收。针对于这个问题国家必须做出相应的应对措施，不能因为其本身的性质而不对其征收税务。同时跨境电商也可能存在对税务的错误认知，他们可能认为国家对于税务的征收，会减少他们的收益，这个想法是不正确的。因为国家在对其征收税务的同时，也对其发展具有相应的保护措施。因此跨境电商要改正自己的错误思想积极向国家纳税。综上所述，跨境电商税务的征收问题主要体现在两方面，一方面是电商本质内涵，另一方面是电商对于税务征收的错误想法。

三、跨境电商财务管理提升方案初探

（一）规范会计核算工作

如何在跨境电商行业中落实会计核算是值得我们思考的问题。在发展的前提并没有得出准确的答案，但是在现在的发展过程中已经存在具体的落实措施。一是跨境电商要严格遵守国家的会计制度。但是由于我国的会计管理制度是随着社会的发展而改变的，因此这就需要跨境电商具有更新的意识。要随时随地跟上国家的发展步伐。并且跨境电商要积极地贯彻与落实国家的相关会计准则，从而提高其内部建设的发展速度。二是跨境电商要学习成功企业的内部财务管理制度。学习他们对于财务报表的编制经验，同时也要学习他们财务记录的方法。因为财务数据真实的来源是依靠实实在在的记录，如果跨境电商没有财务数据的记录，那么就无法判别其财务数据的准确性。三是提高跨境电商财务人员的综合素质，培养有扎实的财务管理知识及实践经验，既懂信息网络技术，又了解国际会计准则与各国税务，熟悉相关法律法规的复合型人才。跨境电商行业的发展间接的对其内部的工作人员提出了更高的要求。因为对于跨境电商来说，它并没有许多成功的案例供人们探讨与研究，其所有的经营规律都需要重新摸索。所以为了减少错误的发生频率，一方面就需要相关的工作人员提高自身内在的知识技能。另一方面企业也应加大财务人员继续教育的投入，如加强财务管理人员在电子商务运营模式、现代科学信息技术、国际财务、税务、法规等方面的培训学习，拓展财务人员的视野与专业范围，加强对财务人员及财务管理工作的重视。财务管理工作是跨境电商企业做大做强、实现战略发展目标的重要支持。

（二）选择合适的跨境电商 ERP 软件

对于跨境电商来说它的发展需要具有其自身特色的财务软件。并且该软件的核心处理系统必须是最先进的，因为该软件建立的主体是新兴的产业，即跨境电商。同时对于该软件的建立不能只局限于国家的看法，而是要综合不同的学者与企业家的意见和建议，从而将他们的看法相结合并根据跨境电商的实际运营情况设计该财务软件。该财务软件区别于传统财务软件的主要原因在于它对于信息的收集与处理是最及时，最准确的。该软件的建立与实施是跨境电商发展的里程碑。同时建立该软件的意义主要体现在哪里？首先体现跨境电商的发展地位上。该财务软件的建立，有利于提高跨境电商的国际地位。其次体现在技术手段的创新上。该软件的建立，预示着跨境电商的科技含量是高于其他企业的。最后体现在数据的收集上。该软件的建立，确保了跨境电商财务数据的科学性。综上所述，适合跨境电商发展的财务软件的建立是国家进步的体现，也是社会发展的必然要求。所以无论从哪个角度出发，无论体现何种目的，跨境电商个性的财务软件的建立都是目前最需要完成的大事。

（三）跨境电商税务问题的解决途径

跨境电商的发展给我国带来了极大的意义。该意义主要体现在两方面，一方面是提高了我国的国际影响力，另一方面是向世界展示了我国如今企业发展的状况。因此针对该意义，国家对于跨境电商的税收问题应当在合理的范围内放宽政策。例如：对中大型的跨境电商企业增加税收优惠政策。同时从国家的角度出发，国家也建立了相应的法律法规对跨境电商企业税务的优惠问题。综上所述，对于跨境电商合理的税收政策可以间接地提高我国的国际发展地位，也可以将我国的财务管理文化供其他国家欣赏和借鉴。

从跨境电商表面的含义，我们可以知道，这个行业对于我们之前行业发展来说是新产生的。因此对于该行业发展的政策与体系很多都没有经过社会实践的检验，所以这就需要跨境电商在实际的经营活动中根据自身的情况，去适应国家制定的相关政策，从而提高自身的工作效率。

从以上论述中我们可以看出跨境电商具有无法阻挡的发展趋势。跨境电商的发展已经成为世界更加紧密联系在一起的必然要求，所以各国对于跨境电商行业的发展也就展示了他们在国际中的地位与影响力。对于我国来说，我国该如何更加准确地促进跨境电商行业的发展。首先在环境上，国家要为跨境电商发展提供良好的经济环境与社会环境。其次在人才培养上，国家要将跨境电商行业的基础知识融入各大高校的学习体系中。最后在财务管理体系建设上。跨境电商行业要善于利用会计核算和预算的功能从而提升自身的财务管理能力。综上所述，我国跨境电商行业的发展与其他行业的发展之间是相互作用的而不是单独的竞争关系。因此我国跨境电商行业的地位提升，也可以提升其他行业的国际地位。

第四节　高校基建财务管理

在人们生活水平不断提高的同时，社会对教育行业的要求也在不断地提高，需要学校为社会提供大量的人才，以及科研人员研发出更多科研技术。基于对人才与科技急需的大背景下，建基财务管理工作逐渐步入高等学校的财务管理任务中，但由于刚开始实施，各类制度还不是很完善，可能会出现许多问题，进而阻碍学校在建设过程中的发展，因此要想办法解决。

一、高校基建财务管理存在的问题

（一）重核算，轻监督

高等院校的具体工作中也存在着许多错误的管理问题。比如好多学校根本没有设立独立的财政管理部门，都是将这部分工作随意交给一个高层人员来代为办理，这就会使账务记录不标准、条例混乱，也没有与之相对应的审计部门来监督，这就会导致学校中可以接触到财物的人员造成贪污、私用等不良风气，因为没有专业的人员理财，也没有专门的监管人员来进行监督管理，就会使贪污的人员什么都不惧怕，肆意妄为，贪污的方式主要是对上面拨款修建教学设施的资金虚报，并且在施工时偷工减料，将多出来的钱放进自己的腰包，如果一直放任不管，他们就会越来越贪婪，最后对学校和学生都产生非常恶劣的影响。

（二）财务管理制度不健全、执行不到位

由于高等院校是学生从校园步入社会的一个重要的过渡时期，因此国家会对大学校园进行很多的项目投资以及活动建设，这就使高等院校会涉及许多与政府相交接的财务工作，为了将复杂的财务捋顺，学校应该聘请专业的财管人员来对学校里复杂较多的财务任务进行管理，财务是整个院校发展的重要命脉，因此一定要严格对待这一项任务，也要设置相对应的稽查与审计部门，避免财务人员贪污受贿或者私自挪用国家分配的资金，每一个部门负责哪一部分工作，一定要事先说明，等到出现问题的时候找相对应的部门来负责，明确部门负责的工作就可以使各部门的人员在进行工作时，恪守本分、尽职尽责，不会出现部门交叉时，互相推卸责任找不到负责人的这种混乱现象。学校在制定好各种规章制度之后，一定要实际落实，不能光在纸上提出而不真正地去实施，只有真正地将所制定的这些措施落实下去，才可以发现哪里有问题，然

后针对相对应的问题，提出解决方案，这样有利于学校长远的发展。

（三）财务管理软件支持效率低

我国当前的科研技术非常先进，教学设施更新换代、教学系统不断优化，就连财务管理都可以实现无人化，学校只需要安装相应的软件，然后将学校的各个项目支出和收入输入进去，就可以计算出具体的账目。但这种机器智能的记账方式存在太多的弊端，它只能完成简单的计算功能，没有办法对具体的细目进行分析和解决，而且将学校的全部财务信息都上传到网络上，也是会对学校产生较大的风险。如果想要进行更精准的计算，就需要在继续支付高额的软件费用，想要解决的问题也未必得到解决，所以还是应该雇佣专业的财政人员来管理账目，才是最安全保险的方式。

二、完善高校基建财务管理的对策

（一）财务人员要积极参与基建全过程，发挥监管作用

财政管理在整个学校的管理工作中是最重要的一个环节，经济是所有工作的基础，只有将基石打好，才可以在上面建起高楼大厦。在学校进行项目研究的过程中，需要主要的人员都参加到会议中来，当然不能少了财政管理人员，因为在项目拨款和招生引资的过程中都需要记录进出账目，除了财务人员还需要有监督人员在场，两者之间是一种对立统一的关系，监管部门监督财务人员恪守本分，做好学校的资金进出，他们两个相互形成一个完整的财政体系。

（二）完善并严格执行高校基建财务管理制度

高校的基建财务管理制度的完善是保证基建财务管理工作的标准。所以要严格按照相关制度要求，并作为制度制定的依据，在掌握财管技能之后，将知识与自身的真实状况相结合，做出精准的估计和预算，然后让监督人员进行核实，保证预算中不会出现重大错误，最后提交给公司的董事会审阅，再落实到具体的项目上。在具体工作开展以后，相关负责人要恪守本分，不可出现偷工减料、贪污受贿等行为，一旦发现必须按制度执行惩罚措施。有罚就有赏，如果在工作中，能力突出且积极上进，就要按照制度上的奖赏措施来对人员进行奖励，激励人员继续努力，也可以给其他人树立一个榜样。

（三）升级改造基建财务管理软件，完善高校信息化建设

学校在财务上面的工作很多，没有办法面面俱到，也不可能聘请太多的财管人员，因此适当地使用理财监管软件也不是不可以的。但是要将购买软件的资金做一个预算，不能超出太多。理财监管软件可以代替财管人员进行一些简单的记账工作，只需要有

人在旁边进行监管就可以了，这大大缩小了学校在财管这方面的支出，也减轻了相关人员的工作任务，同时也对学校的财务进行了审计与监督。总的来说，合理使用理财监管软件和相关人员相结合的方式，可以很好地提高工作质量，对学校的全面发展起着积极作用。

总的来说，高校如果想要得到长远较好的发展，就一定要将基础建设财务管理的工作做好。只有将学校的财务体系捋顺清晰，才可以在做什么事情的时候都有一定的数据理论做支撑，让各个部门都独立分开，出现问题的时候才能及时找到相关的部门及人员来把问题进行解决，将具体的任务分配在每个人的头上，大家就会保持认真谨慎的工作态度。

第五节　民营企业的财务管理

民营企业不是国家的企业，是社会上从事经商的人自己开立的公司，在公司起步之前，需要准备好充足的资金和人员储备，有的公司需要在社会上募集，因此在民营经济在财管的职能是非常重要的。近几年我国的中小微企业发展迅速，国家也鼓励人们自主创业，因此加大了对这类公司的鼓励政策，民营经济为我国的整体经济做出了巨大的贡献，给城市中的人们提供了许多就业岗位和住所，使人们的生活水平得到提高。伴随着公司不断壮大，越来越多的问题也就扑面而来，许多的公司因为财管工作不到位，而导致破产和倒闭。

一、民营企业加强财务管理的重要性

民企的制度本身就不完善，更应该注重财政这方面的管理工作。一个公司是否可以在这个残忍的市场中生存下来，主要看的就是是否可以为社会创造财富，不断地适应这个瞬息万变的市场，因此财政的管理工作是非常重要的，做好财务监管的工作，会使公司的整体效率和质量都得到提高。财政管理在公司中可以创造很多价值：比如可以令流动资金更好地运转，将资金发挥到最大、最优的状态，为公司带来财富；专业的财管人员是具有设计公司账目体系的能力的，不仅可以将公司进、出都记录好，还可以合理规划一笔资金从开始到结束应该如何分配、使用；最重要的是财管人员可以精准地计算出一个公司一年的大概支出，这可以为公司提供很好的参考价值。

二、民营企业财务管理中存在的问题

（一）企业管理存在缺陷

这种企业是非国家性质的，没有经过专业的机构去组织，一般是熟悉的人合伙开的公司，没有聘请专业的管理人员。因此公司内部疏于管理，只追求收益最大化，就会忽视了很多实质性的问题。比如没有企业文化来熏陶员工，公司内部的结构不合理，部门和部门之间没有明确的界限，缺少财管和审计部门，就会使公司账目混乱，员工之间利益纠葛严重，长此以往会使公司出现大贪小贪的不良风气，最后导致公司流动资金都被掏空，没办法继续运转。

（二）财务制度不健全

一般的民营企业，都是由认识且熟悉的伙伴聚集在一起合伙开设的，或者是家族企业演变而来，对于独立部门分开管理的观念还没有形成，经常一人在公司内部担任多个角色。会出现这样的现象，领导者也是管理者，执行者也扮演着监督者，每个负责人并没有作明显的区分，这就会导致权力的交叉，使下设部门的工作变得混乱无序。许多公司的最高决策人并不掌握专业的知识与技能，只是因为投入的资金较多，所以占有最多的股份可以行使最多的表决权，这种方式非常不利于企业的发展。长此以往，会导致公司内部秩序混乱，资金使用不明，逐渐使公司内部变得腐烂不堪，如果这时管理者再想介入管理，也是非常困难的，最后就会导致企业的破产与消亡。

（三）缺乏科学性投资

很多企业只是一时心血来潮创建了公司，并没有提前制定完善的体制，这样就会使整个公司都处于一个零散的状态。投资人手里掌握较多的资金，却没有投资方向和专业知识，只是跟着大部分人，什么热门就做什么、大家都做什么什么就是赚钱行业，并没有考虑自己是否适合，是否掌握这方面的技能，只是单纯地去开公司，就会导致公司正式启动之后，内部外部的工作都没做好，造成还没开始就结束的境况。还有一些合伙人一同来进行经营，想做的产品小众化、未经过市场调查，就会使公司开始之后出现亏损，最后走向倒闭。

（四）运营资金控制薄弱

一直以来，我们都知道风险是与收益成正比的，如果想要获得等多的收益，就需要公司有承担一定风险的能力。民企的盈余资金一般都不敢去投资基金类产品和股票类产品，因为这种先进的投资理念，大部分的经营者并没有掌握，他们会选择利息相对较少，但风险不大的投资方式来运转自己的资金，但是这样的话，会使公司的流动资金没办法流动起来，也就会使资金的利用率不高，所创造的收益较少。

（五）利润分配不合理

民企一般呈现出发展快、消亡快的特征，这主要是因为民营企业在开始之前没有做好足够的准备工作，没有经过专业人员的指导和相关知识技能的培训，所以公司领导者对自己要做的产业一知半解，如果公司里的最高领导人都不深入了解自己的产业，一个公司是不会走长远的。再者就是，公司没有聘请专业人员担任专业职位的意识，使部门之间相互交叉，利益分配不均。员工之间拉帮结伙，相互袒护，使员工工作没有动力，不想着怎样提高工作质量，只想着讨好上级、与关系员工搞好关系，进而会使整个公司内部腐败，阻碍企业进步。

三、解决民营企业财务管理问题的对策

（一）更新管理理念，提高素质

民企缺少先进的技术和人才，这需要公司的高管人员先形成专业的监管意识，然后通过会议和讲座的形式传达给下设的各个部门及每个员工。在一个团体中，要想得到长远的发展，就必须先更新管理层的思维，让管理层的人综合素质提高上来，才能逐渐提高公司整体的素质，因为普通员工一般做的是服从上级布置的任务，一致的行事风格也按照部门主管来行事的，因此提高管理层的素质是最重要的。

（二）扩大民营企业的融资规模

目前我国的民企大多都从一些小型的借贷公司借款，因为门槛低、要求少。民企一般都是规模较小的公司，资产较少、承担风险的能力较弱，因此没办法从公立银行借到资金，为了鼓励民营公司的发展，需要国家发挥自己的职能，对小型公司的借贷降低门槛，让他们也可以花费较少的利息借到自己需要的资金，不断壮大自己的公司，为我国整体的经济创造价值。

（三）加强财务控制体系，建立财务管理制度

每个公司都要制定自己公司的规章制度，古话说得好，"没有规矩，不成方圆。"无论是处于怎样的社会团体中，都要制定规矩来约束人的行为。公司制定规章制度不仅是为了公司的整体利益，每个员工的基本权益也可以得到保障，将公司涉及的每一部分内容都在纸上明确地写出来，在真正实施的过程中，不可以架空公司制度，就按照制度上标明的规定来约束员工。每个人都要遵守公司制度，如果发生违反规定或者重大错误的员工，不可以包庇，要按照规定追究其责任。

（四）增强管账人员的建设，提高管账人员的素养

公司如果想要提高全体员工的素质就需要先从高级管理人员抓起，先转变他们的管理观念，然后才对各部门的专业负责人进行培训学习，让他们的专业技能以及综合素养得到提高，才可以在布置具体任务的时候对下设的基础人员进行指导与帮助。例如财务部门在招聘财务部门人员的时候，应该进行严格的筛选，让具备从业资格的人员出示他们的从业证书以及获得过的奖项或者工作经验的证明，保证这些证件的真实性，然后对招聘人员进行面试，确保人员可以担任此项工作再录用，这样就可以提升公司在财务部门的专业管理能力。

（五）加快企业会计电算化建设，提高会计工作效率和质量

会计电算化的发展，提高了工作效率，同时也减轻了会计人员的工作量。它可以使会计工作标准化，从而提高会计工作的质量。企业应结合自身的特点，选择合适的财务软件，同时应制定出电算化控制制度，保证计算机系统能够正常稳定运行。每个职位的工作职员 必须有合理的分工和彼此约束 。

在快速发展的现代市场中，大大小小的公司层出不穷，但大多呈现出发展较快，消亡较快的现象。如果想要避免自己的公司朝着这个方向发展，就必须重视企业财务管理这一部分，及时找出公司现在所存在的问题，并想出补救方案。

第七章　内部会计控制概论

第一节　内部控制概述

一、内部控制的概念

内部控制是指一个单位为了实现其经营目标，保证资产的安全完整，保证会计信息资料的正确可靠，确保经营方针的贯彻执行，保证经营活动的经济性、效率性和效果性，而在单位内部采取的自我调整、约束、规划、评价和控制的一系列方法、手续与措施的总称。"内部控制"是外来语，其理论的发展经过了一个漫长的时期。最早，内部控制制度思想认为内部控制应分为内部会计控制和内部管理控制（或称内部业务控制）两个部分，前者在于保证企业资产、检查会计数据的准确性和可靠性；后者在于提高经营效率、促使有关人员遵守既定的管理方针。西方学术界在对内部会计控制和管理控制进行研究时，逐步发现这两者是不可分割、相互联系的，因此在20世纪80年代提出了内部控制结构的概念，认为企业的内部控制结构包括"合理保证企业特定目标的实现而建立的各种政策和程序"，并且明确了内部控制结构的内容为控制环境、会计制度和控制程序三个方面。在20世纪90年代美国提出内部控制整体框架思想后，西方学者对内部控制的认识才逐步统一起来。

1992年美国一个专门研究内部控制问题的委员会，即COSO委员会发布了《内部控制的整体框架》报告。该报告指出内部控制是由一个企业董事会、管理人员和其他职员实施的一个过程，其目的是提高经营活动的效果和效率，确保财务报告的可靠性，促使与可适用的法律相符合而提供一种合理的保证。尽管这一定义包含的内容很宽泛，但也存在一定的片面性，如报告缺乏保障资产的概念，对风险强调得不够等。为此，COSO委员会在2004年10月颁布的《企业风险管理—总体框架》（简称ERM）中对内部控制的定义做了更加细化的阐述，指出内部控制的定义包括以下内容：（1）

是一个过程；（2）被人影响；（3）应用于战略制定；（4）贯穿整个企业的所有层级和单位；（5）旨在识别影响组织的实践并在组织的风险偏好范围内管理风险；（6）合理保证；（7）为了实现各类目标。对比1992年报告的定义，ERM概念要细化得多，不仅明确了对保护资产概念的运用，将纠正错误的管理行为明确地列为控制活动之一，还提出了风险偏好、风险容忍度等概念，使得ERM的定义更加明确、具体。本章的内部控制概念，即遵循ERM框架中对内部控制的界定。

二、内部控制的目标及作用

（一）内部控制的目标

内部控制的目标是指内部控制对象应达到的目标或欲达到的效果。从内部控制产生、发展的过程看，早期内部控制的目标是比较狭隘的，多局限于资金和财产的保护，防止欺诈和舞弊行为。而随着全球经济一体化的发展，企业兼并的浪潮一浪高过一浪，公司规模不断扩大，股权进一步分散，所有权和经营权更加分离，使得在现代企业制度下的内部控制已不是传统的查弊和纠错，而是涉及企业的各个方面，内部控制目标呈现出多元化趋势，不仅包括保证财产的安全完整，检查会计资料的准确、可靠，还将促进企业贯彻的经营方针以及提高经营效率纳入其中，这也是公司治理对内部控制提出的要求。在1994年《内部控制—整体框架》中，内部控制有三个目标：经营的效果和效率、财务报告的可靠性和法律法规的遵循性。在2004年10月颁布的《企业风险管理—总体框架》中，除了经营目标和合法性目标与内部控制整体框架相似以外，还将"财务报告的可靠性"发展为"报告的可靠性"。ERM将报告拓展到"内部的和外部的""财务和非财务的报告"，该目标涵盖了企业的所有报告。除此之外，新COSO报告提出了一类新的目标——战略目标。该目标比其他三个目标更高，企业的风险管理在应用于实现企业其他三个目标的过程中，也应用于企业的战略制定阶段。

（二）内部控制的作用

现代内部控制作为一种先进的单位内部管理制度，已在现代经济生活中发挥着越来越重要的作用。企业内部控制制度的完善严密与否，执行情况的好坏，直接关系到企业的兴衰成败、生死存亡。内部控制是企业提高经营效益、稳健发展的有效手段。企业规模越大，业务越复杂，其重要性就越为显著。建立健全的内部控制，并恰当运用它，有利于减少疏忽、错误与违纪违法行为，有利于激励进取，促进企业有效发展。

随着社会主义市场经济体制的建立，内部控制的作用会不断扩展。目前，它在经济管理和监督中主要有以下作用：

1. 提高会计信息资料的正确性和可靠性

企业决策层要想在瞬息万变的市场竞争中有效地管理经营企业，就必须及时掌握各种信息，以确保决策的正确性，并可以通过控制手段尽量提高所获信息的准确性和真实性。因此，建立内部控制系统可以提高会计信息的正确性和可靠性。

2. 保证生产和经管活动顺利进行

内部控制系统通过确定职责分工，严格各种手续、制度、工艺流程、审批程序、检查监督手段等，可以有效地控制本单位生产和经营活动顺利进行、防止出现偏差，纠正失误和弊端，保证实现单位的经营目标。

3. 保护企业财产的安全完整

财产物资是企业从事生产经营活动的物质基础。内部控制可以通过适当的方法对货币资金的收入、支出、结余以及各项财产物资的采购、验收、保管、领用、销售等活动进行控制、防止贪污、盗窃、滥用、毁坏等不法行为，保证财产物资的安全完整。

4. 保证企业既定方针的贯彻执行

企业决策层不但要制定管理经营方针、政策、制度，而且要狠抓贯彻执行。内部控制则可以通过制定办法、审核批准、监督检查等手段促使全体职工贯彻和执行既定的方针、政策和制度，同时，可以促使企业领导和有关人员执行国家的方针、政策。在遵守国家法规纪律的前提下认真贯彻企业的既定方针。

5. 为审计工作提供良好基础

审计监督必须以真实可靠的会计信息为依据，检查错误，揭露弊端，评价经济责任和经济效益，而只有具备了完备的内部控制制度，才能保证信息的准确、资料的真实，并为审计工作提供良好的基础。总之，良好的内部控制系统可以有效地防止各项资源的浪费和错弊，提高生产、经营和管理效率，降低企业成本费用，提高企业经济效益。

归纳起来，内部控制主要有以下作用：

（1）统驭作用

内部控制涉及企业中所有机构和所有活动及具体环节，由点到线、由线到面、逐级结合、统驭整体。一个企业虽有不同的部分，但要达到经营目标，必须全面配合，发挥整体的作用。内部控制正是利用会计、统计、业务部门、审计等各部门的制度规划以及有关报告等作为基本工具，以实现综合与控制的双重目的，因此，内部控制具有统驭整体的作用。

（2）制约与激励作用

内部控制是对各种业务的执行是否符合企业利益及既定的规范标准予以监督评价。适当的控制使企业各项经营按部就班，以期获得预期的效果。由此可见，内部控制对管理活动能发挥制约作用；严密的监督与考核，能真实反映工作业绩，稳定员工的工作情绪，激发员工工作热情及潜能，提高工作效率，因此，内部控制也能发挥激励作用。

（3）促进作用

无论是管理还是控制，执行者必须依据企业既定计划或政策目标，依据一定的规律对全部活动加以注意，发挥所长、力避所短，了解组织职能与各部门的相互关系，公正地检查和合理地评估各项业务。也就是说，执行者在运用内部控制手段时要重视制度设计、控制原则、了解业务部门的实际工作动态，从而及时发挥控制的影响力，促进管理目标的达成，因此，内部控制具有促进作用。

第二节　内部会计控制基础知识

一、内部会计控制的概念和目标

（一）内部会计控制的概念和分类

1.内部会计控制的概论

内部控制作为一项重要的管理职能和市场经济的基础工作，是随着经济和企业的发展而不断发展的动态系统。内部控制包括内部会计控制和内部管理控制两个子系统。而内部会计控制是一项十分重要的管理手段。它通过一系列制度的制定，工作组织的规划，程序的编排以及采取恰当的措施，来保证会计主体的财产不受损失和有效使用，保证会计数据的完整可靠，保证国家财经政策和内部管理制度的贯彻执行，作为内部控制的核心——会计控制尤为重要。

会计控制由"会计"与"控制"两个词复合而成。会计是经济管理的重要组成部分，它是通过收集、处理和利用经济信息，对经济活动进行组织、控制、调节和指导，促使人们权衡利弊、比较得失、讲求经济效果的一种管理活动。经济的发展和经济活动的复杂，要求会计不断地强化其对客观经济活动的调节、指导、约束和促进，也就是所说的会计控制职能。控制是现代会计的一项基本职能，这已成为人们的共识，也是人们对会计认识由现象到本质逐渐深入的必然结果。会计控制是会计管理活动论的必然结果，也是会计管理活动论的重要内容。

根据上述控制的含义，将"会计"与"控制"两者结合起来，可将会计控制理解为：会计管理部门为使会计主体的资金运动达到既定目标而对约束条件所采取的一系列有组织的活动。它包括预测、决策，制定利润和成本目标，进行费用和资金预算及分解，组织实施、考核等环节。

2. 内部会计控制的分类

根据控制主体的不同，会计控制可划分为外部会计控制和内部会计控制。外部会计控制是指企业外部单位如国家、有关部门、中介组织等在被授权或者受托的情况下，对单位的会计工作和会计资料及其所体现的经济活动进行审查监督系统；而内部会计控制是指单位为提高会计信息质量、保护资产安全、完整，确保有关法律、法规和规章制度的贯彻执行而制定实施的一系列控制方法、措施和程序。内部会计控制不仅包括狭义的会计控制，还包括资产控制和为保护财产安全而实施的内部牵制。内部会计控制一般可以分为以下三种控制，即基础控制、纪律控制和实物控制。

（1）基础控制

基础控制是通过基本的会计活动和会计程序来保证完整、准确地记录一切合法的经济业务，及时发现处理过程和记录中出现的错误。基础控制是确保会计控制目标实现的首要条件，是其他会计控制的基础，主要包括凭证控制、账簿控制、报表控制、核对控制四个方面的内容。

（2）纪律控制

纪律控制就是为保证基础控制能充分发挥作用而进行的控制，它主要包括内部牵制和内部稽核。内部牵制是一种以事务分管为核心的自检系统，通过职责分工和业务程序的适当安排，使各项业务内容能自动被其他作业人员核对查证，从而达到相互制约、相互监督的作用。它主要通过两种方式实现：从纵向看，每项经济业务的处理都要经过上、下级有关人员之手，从而使下级受上级监督，上级受下级制约；从横向看，每项经济业务的处理至少要经过彼此不相隶属的两个部门的处理，从而使每个部门的工作或记录受另一个部门的牵制。内部牵制的核心是不相容职务的分离，所谓不相容职务，是指集中于一个人办理时，发生错误或舞弊的可能性就会增加的两项或几项职务。从广义上讲，内部稽核包括由单位专设的内部审计机构进行的内部审计和由会计主管及会计人员进行的内部审核。内部审计是企业内部一种独立的审核工作，以检查会计、财务及其他业务作为对管理当局提供服务的基础。它是一种管理控制工作，其功能在于衡量与评定其他控制工作的效率。与内部审计不同，内部审核则是由会计主管及会计人员事前或事后，定期或不定期地检查有关会计记录，进行相互核对，确保会计记录正确无误的一种内控制度。此外内部审计与内部稽核的不同之处还在于，前者依据审计的有关法规进行，是内控制度的重要组成部分，是全面审查内控制度的专门组织；而后者主要依据会计法规进行，是会计控制制度的重要内容。除了内部牵制和内部稽核外，纪律控制的内容还包括来自企业领导，其他横向职能部门及广大职工的内部监督。

（3）实物控制

实物控制是指为了保护企业实物资产的安全完整所进行的控制。一般包括以下几个方面的内容：①建立严格的入库、出库手续。②建立安全、科学的保管制度。其中，安全保管要求在选择库址、仓库设施、安全保卫方面都要有相应的制度；科学保管要求对财产物资分门别类地存放在指定仓库，并且在必要时应进行科学的编号，以便于发料、盘点。③财产物资要实行永续盘存制，随时在账上反映出结存数额。④建立完善的财产清查制度，妥善处理清查中发现的问题。⑤建立健全档案保管制度等。

基础控制、纪律控制、实物控制是相互联系、不可分割的，对任何一方面的疏忽都会影响其他控制作用的有效发挥。总体来说，基础控制侧重于保证会计信息的质量，实物控制侧重于保护财产物资的安全完整，而纪律控制则是前两者得以最终实现的保障。

（二）内部会计控制的目标

目标是指人们在从事某项活动时预期所要达到的境地或结果。任何管理行为都是有目的的行为，内部会计控制作为一项管理活动也不例外。内部会计控制的目标是指内部控制对象应达到的目的或欲达到的效果。我国财政部颁布的《内部会计控制规范—基本规范》中明确指出，内部会计控制应当达到以下目标：

1. 规范单位会计行为，保证会计资料真实、完整。

2. 堵塞漏洞，消除隐患，防止并及时发现、纠正错误及舞弊行为，保护单位资产的安全、完整。

3. 确保国家有关法律法规和单位内部规章制度的贯彻执行。

这些目标从内部控制角度体现了不同利害关系人的利益要求，但随着公司制度的确立及发展，研究内部会计控制的目标仅仅从这三个方面来考虑是不完善的。在现代企业制度中，股东（所有者）与管理当局（经营者）之间存在着利益不一致，信息不对称、契约不完备的"三不"问题，会计作为一个信息系统在现代公司治理机构中扮演着信息提供者的重要角色，必然成为所有者干预和控制经营者的手段之一。但由于存在着"内部人控制"，会计信息的生成在很大程度上由管理当局把持，他们可能出于自身利益的考虑编制虚假的信息来欺骗所有者。

因此，在现代公司治理结构下，内部会计控制的职责就是要协调所有者和经营者之间的利益和矛盾，找到两者的平衡点，其根本目标应该是加强企业内部经营管理，提高企业经营效率，实现企业价值最大化。企业经济效益的提高和价值最大化的实现既是所有者控制经营者的目的之一，也是经营者切实履行受托经济责任的目标。在现代公司治理结构下，按照这一根本目标构建的内部会计控制才能真正发挥作用。

二、内部会计控制的原则、内容和方法

（一）内部会计控制的原则

内部会计控制的原则是指企业建立和设计会计控制系统并且实施时，应当遵循并依据的客观规律和基本法则。内部会计控制原则的制定必须以会计控制的目标为依据，并要有助于目标的实现；同时，原则的制定要有助于切实指导会计控制的方法，成为会计控制系统顺利运行、控制工作顺利开展的保障。从会计控制在现代公司治理结构和企业内部管理中的地位来分析，会计控制应当遵循以下几条原则：

1. 合法性原则

内部会计控制的设计和实施应当符合国家有关法律、法规的规定和单位内部实际情况。

2. 广泛性约束原则

广泛约束性是指内部会计控制制度对单位内部每一位成员都有效，都必须无条件地被遵守，任何人都无权游离于它之外、凌驾于它之上。单位内部会计控制制度作为单位内部的规章制度，一旦制定实施，上至单位负责人，下至普通职工，都必须人人遵守。单位管理层尤其是单位负责人必须带好头，以身作则，大力宣传，形成一个良好的氛围，以实际行动充分调动各个部门和每位员工的主动性和积极性，真正做到人人、事事、时时都能遵循内部会计控制制度。否则，内部会计控制制度即使制订得再合法、再完美，也只是一纸空文，发挥不了内部会计控制的作用。

3. 全面性原则

会计控制是对企业内部一切与会计相关活动的全面考核控制，并非对会计工作质量的局部性控制，因此不能"就会计论会计"，否则就会影响会计管理职能的发挥。因此，在设计会计控制系统时应以会计为中心，覆盖生产经营、管理等各环节，实施全面控制。

4. 重要性原则

作为企业的高层管理人员，应当将注意力集中于那些在业务处理过程中发挥作用较大、影响范围较广、对保证整个业务活动的控制目标至关重要的关键控制点上，抓住了关键点，就等于抓住了全局，因此，重要性原则就是要选择关键控制点，实施重点控制。

5. 内部牵制原则

内部牵制是指在部门与部门、员工与员工及各岗位间所建立的互相验证、互相制约的关系，其主要特征是将有关责任进行分配，使单独的一个人或一个部门对任何一

项或多项经济业务活动无完全的处理权，必须经过其他部门或人员的查证核对。从纵向来说，至少要经过上下两级，使下级受上级的监督，上级受下级的牵制，各有顾忌，不敢随意妄为；从横向来说，至少要经过两个互不相隶属的部门或岗位，使一个部门的工作或记录受另一部门工作或记录的牵制，借以相互制约。

会计控制体系的设计应当保证凡涉及企业内部会计机构、岗位设置及职权划分事项，坚持不相容职务相分离的原则，确保不同机构和岗位之间权责分明、相互制约、相互监督。

6. 成本效益原则

成本效益原则是从事任何经济活动都要遵循的一项基本原则。单位建立和实施会计控制所花费的代价不应超过因此而获得的收益，即力争以最小的控制成本获得最大的经济效益。管理当局在设计会计控制时，要有选择地控制，并要努力降低因控制所引起的各种耗费。

7. 动态的信息反馈原则

任何企业的会计控制都是针对企业所处的特定的内、外部环境和正常的经营活动所设计的，其作用很可能因环境的变化和业务性质的改变而削弱或失效。因此，必须对现行会计控制中的薄弱环节或存在的缺陷及不再适用的规章制度、措施、方法等进行修正、完善，以确保其有效性。

（二）内部会计控制的内容

按照《内部会计控制规范——基本规范（试行）》的规定，内部会计控制的内容主要包括货币资金、采购与付款、销售与收款、工程项目、对外投资、成本费用、担保等经济业务的会计控制。

1. 货币资金控制

货币资金是单位资产的重要组成部分，是流动性最强的一种资产。因此，货币资金的管理自然是内部控制的重点内容之一。对货币资金的控制，最主要的目标是保证货币资金的安全、完整。企业应建立良好的货币资金内部控制制度，以保证因销售等应收入的货币资金及时足额回收，并得以正确地记录和反映；所有货币资金的支出均能按照经批准的用途进行，并及时正确地予以记录；库存现金和银行存款等记录报告准确，并得以恰当保管；正确预测单位正常经营所需的现金收支额，确保有充足又不过剩的现金余额。

2. 采购与付款控制

单位应当合理设置采购与付款业务的机构和岗位，建立和完善采购与付款的会计控制程序，加强请购、审批、合同订立、采购、验收、付款等环节的会计控制，堵塞采购环节的漏洞，减少采购风险。

3. 销售与收款控制

单位应当在制定商品或劳务等的定价原则、信用标准和条件、收款方式等销售政策时，充分发挥会计机构和人员的作用，加强合同订立、商品发出和账款回收的会计控制，避免或减少坏账损失。

4. 工程项目控制

单位应当建立规范的工程项目决策程序，明确相关机构和人员的职责权限；建立工程项目投资决策的责任制度，加强工程项目的预算、招投标、质量管理等环节的会计控制，防范决策失误及工程发包、承包、施工、验收等过程中的舞弊行为。

5. 对外投资控制

单位应当建立规范的对外投资决策机制和程序，通过实行重大投资决策集体审议联签等责任制度，加强投资项目立项、评估、决策、实施、投资处置等环节的会计控制，严格控制投资风险。

6. 成本费用控制

单位应当建立成本费用控制系统，做好成本费用管理的各项基础工作，制定成本费用标准，分解成本费用指标，控制成本费用差异，考核成本费用指标的完成情况，落实奖罚措施，降低成本费用，提高经济效益。

7. 担保控制

单位应当加强对担保业务的会计控制，严格控制担保行为，建立担保决策程序和责任制度，明确担保原则、担保标准和条件、担保责任等相关内容，加强对担保合同订立的管理，及时了解和掌握被担保人的经营和财务状况，防范潜在风险，避免或减少可能发生的损失。

（三）内部会计控制的方法

内部控制的方法即是指实施内部控制所采取的手段、措施及程序等。内部控制的方法多种多样，针对不同的经济业务和不同的控制内容可以采取不同的内部控制方法，即使同样的经济业务，不同的单位、不同的时期，所采用的控制方法也不完全相同。此外，对同一经济业务或控制内容，也可同时采用几种不同的控制方法。

《内部控制控制规范——基本规范》中提到内部会计控制的方法主要包括不相容职务相互分离控制、授权批准控制、会计系统控制、预算控制、财产保全控制、风险控制、内部报告控制、电子信息技术控制等。

1. 不相容职务相互分离控制

这种控制方法要求单位按照不相容职务相互分离的原则，合理设计会计及相关工作岗位，明确职责权限，形成相互制衡机制。

所谓"不相容职务"是指那些如果由一个人担任，既可能发生错误或舞弊行为，又可能掩盖其错误或舞弊行为的职务。换言之，对不相容的职务，如果不实行相互分离的措施，就容易发生舞弊等行为。如物资采购业务，批准进行采购与直接办理采购即属于不相容的职务，如果这两个职务由一个人担当，即出现该员工既有权决定采购什么，采购多少，又可以决定采购价格、采购时间等，没有其他岗位或人员的监督、制约，就容易发生舞弊行为。不相容职务分离的核心是"内部牵制"假设。因此，单位在设计、建立内部控制制度时，首先应确定哪些岗位和职务是不相容的，其次要明确规定各个机构和岗位的职责权限，使不相容岗位和职务之间能够相互监督、相互制约，形成有效的制衡机制。不相容职务主要包括授权批准、业务经办、会计记录、财产保管、稽核检查等职务，要求公司、单位按照不相容职务分离的原则，合理设置会计及相关工作岗位，明确职责权限，形成相互制衡机制。

2. 授权批准控制

授权批准是指单位在办理各项经济业务时，必须经过规定程序的授权批准。这种控制方法要求单位明确规定涉及会计及相关工作的授权批准的范围、权限、程序、责任等内容，单位内部的各级管理层必须在授权范围内行使职权和承担责任，经办人员也必须在授权范围内办理业务。

授权批准形式通常有一般授权和特别授权之分：一般授权是指授权批准处理常规性的经济业务，这些规定在管理部门中采用文件形式或在经济业务中规定一般性交易办理的条件、范围和对该项交易的责任关系；特别授权指授权处理非常规性交易事件，比如重大的筹资行为、投资决策、资本支出和股票发行等，如审批权限。特别授权也可以用于超过一般授权限制的常规交易。

3. 会计系统控制

会计系统控制要求公司单位依据《会计法》和国家统一的会计制度，制定适合本单位的会计制度，明确会计凭证、会计账簿和财务会计报告的处理程序，建立和完善会计档案保管和会计工作交接办法，实行会计人员岗位责任制，充分发挥会计的监督职能。

会计系统控制主要是通过对会计主体所发生的各项能用货币计量的经济业务进行记录、归集、分类、编报等而进行的控制。其内容主要包括：（1）建立会计工作的岗位责任制，对会计人员进行科学合理的分工，使之相互监督和制约；（2）会计业务处理流程；（3）设计良好的凭证格式，规定合理的传递流程；（4）账簿格式、登记规则和程序，账簿体系和钩稽关系；（5）报表格式、体系、钩稽关系，编报要求和方法、结账规则和程序；（6）会计科目体系及核算内容的说明；（7）成本计算方法及核算程序。

4. 预算控制

预算控制又称为全面预算控制，是内部控制的一种重要方法，它要求公司单位加强预算编制、执行、分析、考核等环节的管理，明确预算项目，建立预算标准，规范预算的编制、审定、下达和执行程序，及时分析和控制预算差异，采取改进措施，确保预算的执行。预算内资金实行责任人限额审批，限额以上资金实行集体审判，严格控制无预算的资金支出。

5. 财产保全控制

这种方法要求单位限制未经授权的人员对财产的直接接触，采取定期盘点、财产记录、账实核对、财产保险等措施，确保各种财产的安全完整。

财产保全控制主要包括接近控制、定期盘点控制、妥善保管会计记录和保险：

接近控制主要是指严格限制无关人员对资产的接触，只有经过授权批准的人员才能接触资产。接近控制包括限制对资产本身的接触和通过文件批准方式对资产使用或分配的间接接触。一般情况下，对货币资金、有价证券、存货等变现能力强的资产必须限制无关人员的直接接触。

定期盘点是指定期对实物资产进行盘点，并将盘点结果与会计记录进行比较，盘点结果与会计记录如不一致，可能说明资产管理上出现错误、浪费、损失或其他不正常现象，应当及时采取相应的措施加强管理。

妥善保管会计记录首先要限制接近会计记录的人员，其次应妥善保存，减少被盗、被毁的机会，再次对重要记录要备份。

保险指通过财产保险减少损失。

6. 风险控制

要求公司单位树立风险意识，针对各个风险控制点，建立有效的风险管理系统，通过风险预警、风险识别、风险评估、风险分析、风险报告等措施，对财务风险和经营风险进行全面防范和控制。

7. 内部报告拉制

要求公司单位建立和完善内部报告制度，全面反映经济活动情况，及时提供业务活动中的重要信息，增强内部管理的时效性和针对性。

8. 电子信息技术控制

要求运用电子信息技术手段建立内部会计控制系统，减少和消除人为操纵因素，确保内部会计控制的有效实施；同时要加强对财务会计电子信息系统开发与维护、数据输入与输出、文件储存与保管、网络安全等方面的控制。

电子信息控制的内容包括两个方面：一是实现内部控制手段的电子信息化，尽可能地减少和消除人为操纵的因素，变人工管理、人工控制为计算机、网络管理和控制；二是对电子信息系统的控制，具体讲既要加强对系统开发、维护人员的控制，还要加强对数据、文字输入、输出、保存等有关人员的控制，保障电子信息系统及网络的安全。

三、内部会计控制的设计

（一）企业内部会计控制制度有效性的特征

通常一套有效的内部会计控制制度至少应具备以下几个特征：

1. 具有标准性

内部会计控制制度应该有一个考核评价的标准，它既能作为衡量各岗位及人员工作业绩的主要依据，也适用于内部会计控制制度有效性的考核和评价。

内部会计控制制度的标准可以分为定量标准和定性标准两大类：

（1）定量标准

主要有实物标准、价值标准、时间标准：实物标准如产量、销售量等；价值标准如成本费用、销售收入、利润等；时间标准如工时定额、工期等。

（2）定性标准

定性标准一般都难以量化，如组织机构设置是否合理就很难量化。尽管如此为了使定性标准便于掌握，有时也应尽可能采用一些可度量的方法，建立有效的控制标准。管理者在设计内部会计控制制度时，首先必须建立和确定内部会计控制制度的目标和标准，对每一项具体的工作都应有明确的时间、内容、要求等方面的规定，包括综合性、概括性的目标和具体的分类目标，如利润计划、时间定额、标准成本等，以确保内部会计控制制度整体效用的发挥。为此，一是要尽量建立客观的衡量方法，对绩效应用定量的方法记录并加以评价，将定性的内容也应尽可能具体化；二是管理人员要从企业整体的角度来观察和分析问题，避免个人的偏见和成见，特别是在绩效的衡量阶段。

2. 具有适用性

由于各个单位的管理目标、性质、特点及具体任务不同，单位的规模、组织结构、人员构成与素质也各不相同，其内部会计控制制度就有很大区别。大中型企业与小型企业组织结构、经营业务内容存在较大的区别，这就决定了其内部会计控制制度的繁简程度也不一样。

因此，管理当局在建立内部会计控制制度时，既要考虑到国家在一定时期的经济发展水平和宏观调控政策，更要根据本单位的经营业务特点与内外环境的实际情况，绝不能生搬硬套、盲目采用，否则，必将影响内部会计控制的有效性。

3. 具有全局性

企业作为一个有机整体，内部会计控制作为管理过程的一部分，应该与整个管理过程相结合，并对企业的整个管理活动进行监督和控制。因此，管理当局在设计和实施内部会计控制制度时，要从企业的整体利益出发，着眼于全局，注意内部会计控制制度的严密性与协调性，以有效组织、协调各业务活动及有关各方为单位整体目标的实现而努力，保证各责任中心的目标同单位总目标一致，各责任者的利益与单位的整体利益相一致。

4. 具有及时性

内部会计控制制度的目标之一就是保证相关信息的准确性与可靠性。现实情况复杂多变，单位的计划执行中有时会出现失常或发生未预料事件等特殊情况，因此，控制信息不仅要准确，更要及时，否则，内部会计控制系统可能会失效。一个真正有效的内部会计控制整体框架不仅应能反映其实施中的失常情况，而且还应该能够预测或估计未来可能发生的变化，及时发现可能出现的偏差，这一方面要求内部会计控制系统能及时准确地提供控制所需的信息，另一方面要尽可能采用前馈控制方式或预防性控制措施，一旦发生偏差，就对以后的情况进行预测，使控制措施针对未来，更好地避免时滞问题，使纠偏措施的安排具有一定的预见性。

5. 具有灵活性

所谓灵活性即内部会计控制的基本结构要在相对稳定性的同时保留相当大的弹性，以便适应未来的修订和补充。这就要求管理当局在制定内部会计控制制度时，一要考虑到各种可能的情况而拟定各种应付变化的选择方案和留有一定的后备力量，并采用多种灵活的控制方式和方法，以使内部会计控制能保证在发生某些未能预测到的事件的情况下，如环境突变、计划失败、计划疏忽等，控制仍然有效；二是要充分发挥各职能部门的积极性和能动性。内部会计控制制度过松会给不法分子以可乘之机，导致内部会计控制制度失效，但控制制度过严，又会使经营管理活动失去生机与活力，影响员工积极性和主动性。有效的内部会计控制框架应允许各级管理人员针对其管辖的业务领域，制定具体的执行措施或实施办法，并可根据变化的情况，自行修订已不适应的规章制度和控制措施，而后上报备案，以保证内部会计控制制度有效地发挥其应有的功能。

（二）企业内部会计控制制度的设计重点

1. 以防为主，查处为辅

各企业建立内部控制制度主要是为了防止单位的经营管理发生无效率和不法行为。因此，判断一项内部控制制度设计的好坏，首先应根据其防止错弊发生的效果来衡量，其次再考虑其对已发生的不法事件的揭露和处理情况。预防控制是一种事前和事中控制，例如企业在组织控制、人事控制、程序控制、纪律控制中所制定和实施的各种政策、规定、预算、程序、手续等都属于预防性控制。进行预防控制首先应规定业务活动的规则和程序，并在企业内部设置有关的规章制度，保证业务活动能够有条不紊地进行，同时尽量避免经济运行中的错误、舞弊或浪费现象，例如任用值得信任和有能力的人员，防止故意越轨行为而实行的职责分工；为防止资源不恰当使用而进行的明确授权；为防止发生不正当业务而建立的文件、记录以及恰当的记账程序；为防止将资产不恰当转换或占为己有而实施的资产实物控制等。在实行预防控制时还要注意，一定要预测到差错发生概率的高低及其可能造成的影响，并根据具体差错的特性采取有效措施，特别要注意多重措施和综合措施的采用。

当然，任何企业的管理者并不能完全保证事先制定的规则、程序、制度等能够得到有效的执行。为此，在坚持预防为主的前提下，还必须采取内部稽核、内部审计等方式，加大对事后不法或无效率行为的查处力度，多方面、多渠道堵塞漏洞，充分发挥制度的控制效能。例如，在企业成本控制中，根据事先制定的成本目标或既定的标准和预算，对企业各责任中心日常的生产经营活动，采用专门的方法进行严格的计量、监督、指导和调节，并根据发生的偏差，及时采取有效措施来指导和调节其行为。事后查处一般多是在错误或问题发生以后再进行检查或采取行动，其所造成损失往往无法弥补，只是对以后的业务有所裨益。管理者在设计内部控制制度时，应注重预防性控制的事前和事中的引导匡正作用，尽量降低错弊发生的可能性及其所造成的损失。

2. 注重选择关键控制点

内部控制的全局性要求企业必须建立一个能涵盖其经营管理活动全过程的内部控制整体框架。但对主管人员来说，随时注意内部业务活动的每一个环节，通常是浪费时间精力且没有必要的。内部控制工作的效率性也决定了管理者应当也只能将注意力集中于业务处理过程中发挥作用较大、影响范围较广、对保证整个业务活动的控制目标至关重要的关键控制点上，这同样适用于内部会计控制。

选择关键控制点的能力是管理工作的一门艺术，有效的控制在很大程度上取决于这种能力。目前在内部控制设计中运用比较普遍且比较有成效、能够帮助主管人员选择关键控制点的方法很多，诸如计划评审技术（又叫网络计划技术）、价值工程（VE）等，各企业管理者可结合其实际情况酌情选用。在具体选择关键控制点时，还应考虑以下几个环节：

（1）选择关键的成本费用项目

成本控制制度是企业内部会计控制制度的一个重要组成部分，其合理性与有效性直接关系到企业的经济效益。传统的成本控制只是强调事后的分析和检查，主要侧重于严格执行成本开支范围和各项规章制度。随着市场竞争的加剧和产品寿命周期的缩短，现代企业尤其是加工制造业，其内部成本控制的重点应逐渐转移到产品投产前的事前控制，做好经营预测，通过开展价值工程活动，对产品的成本与功能关系进行分析研究，找出支出最大或节约潜力最大的产品或项目，然后利用因素分析法，找出主次因素，将影响成本费用项目的主要因素作为关键控制点，并采取适当的控制措施，从而达到既能保证产品的必要功能，降低产品的寿命周期成本，又能满足消费者的需求，提高企业产品的经营管理水平和市场竞争力的。

（2）选择关键的业务活动或关键的业务环节

应着重选择那些对企业竞争力、盈利能力有重大影响的活动或最易发生错误与舞弊且可能造成重大损失的环节进行监督和控制。一般情况下将单位的主要业务分解为以下几个循环：销售与收款循环；采购与付款循环；生产循环；工薪循环；筹资与投资循环；其他重要业务，如货币资金等。

（3）选择主要的要素或资源

人、财、物、时间、信息技术等是企业赖以生存和发展的重要资源或要素，尤其是随着知识经济时代的来临，人力资源及信息对企业发展的重要性更为突出。市场竞争归根结底是人才的竞争，企业经营战略发展的各个阶段必须有合格的人才作为支撑点，物流构成企业最基本的业务活动，信息是企业各项经营决策的重要依据，技术则是企业生产经营的重要保障。各项要素共同构成一个有机的系统。选择重要的要素或资源必须确保能抓住问题的关键，选择的依据就是对企业的竞争力、盈利能力影响重大或具有较大的节约潜力。

需要加以说明的是，不同的经济业务活动有着不同的关键控制点。在某项经济业务活动中属于关键控制点，而在其他业务活动中则有可能属于一般控制点，反之亦然。管理者应当根据管理或内部控制目标的具体要求、业务活动的类型、特点等来选择和确定其内部会计控制的关键控制点。

3. 注重相互牵制

相互牵制是以事务分管为核心的自检系统，通过职责分工和作业程序的适当安排，使各项业务活动能自动地被其他作业人员查证核对。内部牵制主要包括：

（1）体制牵制

体制牵制是指通过组织规划与结构设计，把各项业务活动按其作业环节划分后交由不同的部门或人员，实行分工负责，即实现不相容职务的适当分离，以防止错弊的发生，例如在企业内部分别设置会计、出纳、验收、仓库保管等岗位，明确其各自的职责与权限。体制牵制主要采取程序制约，例如，规定会计凭证的处理程序和传递路线，一方面把单、证、账、表整个记录系统连接起来，使其能够及时、完整、准确地反映单位各项经济业务活动的全过程；另一方面则把各职能部门连成一个相互制约、相互监督的有机整体，从而也达到了相互牵制的目的。

（2）簿记牵制

簿记牵制即在账簿组织方面，利用复式计账原理和账簿之间的钩稽关系，互相制约、监督和牵制，一般主要是指原始凭证与记账凭证、会计凭证与账簿、账簿与财务报表之间的核对。

（3）实物牵制

实物牵制即指对某项实物须由两个或两个以上的人员共同掌管或共同操作才能完成。

（4）机械牵制

机械牵制主要采取程序制约，即利用既定的标准或业务处理程序来控制各个部门、岗位或人员。例如，规定会计凭证的处理程序和传递路线，一方面把单、证、账表整个记录系统连接起来，使其能够及时、完整、准确地反映单位各项经济业务活动的全过程；另一方面则把各职能部门连成一个相互制约、相互监督的有机整体，从而也达到了相互牵制的目的。

（三）构建企业内部会计控制体系的思路

1. 建立内部会计控制制度

企业内部会计控制制度应包括：适当的内部单据以便集中责任；按照各主管和主要职员个别责任分类的会计科目表；会计方针和程序手册以及流程图；财务预算，包括详细的经营预算。

（1）适当的内部单据

记载所有部门的作业，必须具有设计良好的表格和单据制度。如果没有这种文件，实质上就无从记载或控制业务部门的作业。内部所填制的单据也可以控制资产自甲部门转往乙部门的会计责任这类文件的副本提供凭证轨迹，一旦资产在部门间移动而发生任何短缺，凭证就是追究责任的焦点。

内部单据如由利益相互对立的两部门共同参与编制，可靠性就将大为提高。例如，生产部向存储部领取原料，生产通知单上经两部门的职员分别签字、盖章。后者具有"查明通知单上数量并未少列"的动机，否则就须负担货品短少的责任；同时，生产部也具有查明"计入制造成本的原料并未多列"的意愿。

（2）文件的顺序编号

将文件加以顺序编号是普遍适用的内部控制方法。连续数字控制了所发文件的号码，支票、销货发票、订货单、股票和许多其他商业文件都应按照这种方式加以控制。某些文件（例如支票）或须按月或按周检查所发文件的编号中每一个号码，其他像顺序编号的单据，只要注意每天所发的最后一个编号，就可凭以计算当天发行单据的总面值达到控制的目的。未曾发出但已预先编号的单据，应该随时加以适当的保管和运用数码控制。

（3）会计科目表

会计科目表就是将所使用的账户（会计科目）加以分类后编列成表，并附有每一账户内容、目的的详细说明。在许多情况下账户分类不过是一份清单，分别列举即将在财务报表中出现的项目。比较好的方法是将会计科目表当作内部控制的工具，内中分设各类账户以记载职员、主管的个别责任。例如，零用金应单独由一位职员保管；如果利用账户以衡量个别责任，则应就零用金部分单独设立账户。

（4）会计方针和程序手册

任何企业组织不论规模大小，都具有一套如何办理、记载和汇集交易事项的规定方法。这种程序应用书面说明，以活页流程图的方式印制，并应随手续的变动而修改。会计程序以书面载明，管理当局的决策才能有效地一贯实施。同类交易事项的统一处理为产生可靠的会计记录、报表所需要，而交易的统一处理，也只有在全体职员完全熟悉日常交易事项的标准处理程序后才有可能。

（5）财务预算

美国会计师协会在系统编拟预算指导中表示，企业的财务预算就是对未来一期（或多期）最可能的财务状况、经营成果和财务状况变动的估计，因而可成为管理当局评估实际绩效的标准。

最简单、最普通的预算形式就是现金预算，即财务主管按照收入来源与支出目的，预算大约在一年内现金收付的流动情形。现金预算的主要目的，在确保随时备有足够的资金可供偿还到期的债务。此外，明确预期收入的来源和去向，可以使截留收入的欺诈舞弊易于揭发。同样地，详细计划现金支出，也可威慑任何尝试篡改现金支付记录和可能盗用公款的人员。

较为广泛的预算包括：

①销售预算。包括按产品、地域的销货估计——根据以往销售业绩的分析、价格和营业量的目前趋势，以及对于新产品、销售区和推销术的评价而拟编。

②生产预算。按照销售预算中所需要的数量，详细列举各项产品所需原料的数量和成本、人工以及在某种产量下的间接费用。

③销售成本预算。配合预定销售量并按产品、区域，估计销售成本、广告、运输、赊销、收账和其他费用，分别列作变动、半变动、固定等成本。

④厂房设备预算。包括取得新设备、保养现有设备的估计所需金额。

⑤现金预算。包括现金收入、付出、短期投资、借款、偿债的估计。

⑥财务预算。所包括的期间内的估计损益表、资产负债表和财务状况变动表。

整套预算是由编制下年度估计财务报表的汇总而成，并附有企业中各单元（诸如各区域、各部门、分支机构）的详细分析。在下年度中，应按月编制损益表，以比较预算数字和实际经营的结果。两者间的重大差异，应附详细的解释并将差异的责任予以认真地确认。

总之，预算是一种控制工具，借此可以建立整个企业明确的绩效标准。未能达到标准，即应通过差异报告提请各相关阶层的经理人员注意。

2. 财务风险的控制

企业的风险来自两个方面：经营风险和财务风险。其中，经营风险是企业在不使用债务或不考虑投资来源中是否有负债的前提下，企业未来收益的不确定性，它与资产的经营效率直接相关；财务风险，是指由于负债筹资而引起的到期不能偿债的可能性。由于不同的筹资方式，表现为偿债压力的大小并不相同。主权资本属于企业长期占用的资金，不存在还本付息的压力，从而其偿债风险也不存在；而债务资金则需要还本付息，而且不同期限、不同金额、不同资金使用效益的资金，其偿债压力并不相同。因此，风险控制的一项重要内容是如何确定不同债务筹资方式下的风险，并据此进行风险的回避与管理。

由于财务风险是针对债务资金偿付而言的，因此，从风险产生的原因上可将其分为两大类：一是现金性财务风险，是指企业在特定时点上，现金流出量超出现金流入量，而产生的到期不能偿付债务本息的风险；二是收支性财务风险，是指企业在收不抵支的情况下出现的不能偿还到期债务本息的风险。

针对不同的风险类型，规避财务风险主要从两方面着手：

（1）对于现金性财务风险，应注重资产占用与资金来源间的合理的期限搭配，搞好现金流量安排

为避免企业因负债筹资而产生的到期不能支付的偿债风险并提高资本利润率。理论上认为，如果借款期限与借款周期能与生产经营周期相匹配，则企业总能利用借款来满足其资金需要。因此，按资产运用期限的长短来安排和筹集相应期限的债务资金，是回避风险的较好方法之一。

（2）对于收支性财务风险，应做好以下三方面的工作

①优化资本结构，从总体上减少收支风险。收支风险大，在很大意义上是由于资本结构安排不当形成的，如在资产利润率较低时安排较高的负债结构等。在资本结构不当的情况下，很可能由于出现暂时性的收不抵支，使企业不能支付正常的债务利息，从而到期不能还本。因此，优化资本结构，可从两方面入手：一是从静态上优化资本结构，增加企业主权资本的比重，降低总体上债务风险；二是从动态上，从资产利润率与负债利率的比较入手，根据企业的需要与负债的可能，自动调节其债务结构，加强财务杠杆对企业筹资的自我约束。

②加强企业经营管理，扭亏增盈，提高效益，以降低收支风险。无论是企业债务的总量或是期限上，只要企业有足够的盈利能力，加强经营，提高效益，企业的收支性财务风险就能降低。

③实施债务重整，降低收支性财务风险。当出现严重的经营亏损，收不抵支并处于破产清算边界时，可以通过与债权人协商的方式，实施必要的债务重整计划，包括将部分债务转化为普通股票，豁免部分债务，降低债息率等方式，以使企业在新资本结构基础上，起死回生。

3. 优化内部会计控制的环境

（1）营造外部环境

内部会计控制制度建设，企业是重点，国有企业是重中之重。因此，营造外部环境，首先，从政府角度，对内部会计控制制度的制定、指导、督查和处罚等只能归口财政。审计、税务、工商行政管理、银行及主管部门等无须介入，以免再度形成多头管理、重复检查等现象。其次，社会中介机构要把对单位内部会计控制制度的检查作为查账的重点，并做出客观公正的评价，但没有处罚权。反过来说，如果所做的评价不够客观公正，应给予适当处罚。另外，为了充分发挥会计控制的作用，应改变现行会计管理体制，由所有者委派财务总监，领导会计机构及会计工作，财务总监对所有者负责，会计人员对财务总监负责。公司业务运行则由经营者全权负责，财务总监与经营者相互配合相互监督，通过财务总监使所有者与经营者达到激励相容。财务总监制的会计管理体制下，会计控制的范围不仅仅是账、证、表的相互核对与审阅，还应包括业务流程的标准化设计与控制；业务处理过程不相容职务的控制；事后的复核与分析控制；财产清查核对控制。除此而外，各公司可根据自己的业务特点结合经营战略、管理方法设置其他必要的控制点。通过关键控制点的有效运行实现会计控制的目标——维护所有者权益，使会计提供的信息具有相关性与可靠性。

（2）营造内部环境

完善法人治理结构，是指设计出一套使经营者在获得激励的同时又受到相应的约束，以保障所有者权益的机制。激励与约束的有效结合，将使经营者行为与所有者目标实现最大限度的一致。对经营者的约束，所有者可以利用业绩评价，或通过董事会利用公司章程规定经营者的权限范围，还可以派出监事会直接监督经营者的代理权，以维护所有者权益；对经营者的激励可以尝试推行年薪制与股票期权计划，使经营者利益与股东利益相结合。

构造一个良好的企业氛围，具体包括：

①员工诚实，有正确的道德观，企业有描述可接受的商业行为、利益冲突、道德行为标准的行为准则。

②员工具有胜任工作、适应企业管理要求的能力。

③企业设有董事会或审计委员会，且独立于管理层。

④企业有正确的管理哲学和经营方式，如管理层对人为操纵的或错误的记录的

态度。

⑤企业建立的组织结构，能够使信息到达合适的管理阶层。

⑥企业有明确的授予权利和责任的方式，如关键部门的经理的职责有充分的规定。

⑦设有人力资源政策，并得以贯彻实施，如有关于雇佣、培训、提升和奖励雇员大政策。

提高管理者的专业管理知识，企业内部会计控制水平的高低很大程度上取决于管理者的管理水平，管理者的管理理念与管理风格决定了企业的控制方式。要想使企业迈上专业化轨道，管理者必须以专业化、国际化的管理知识取代经验型、勇气型、家族式的管理，必须接受专门的管理培训，学习系统的管理知识。

充实内部会计控制人员的知识结构，财务人员要真正担当起内部会计控制的重任，更新知识，提高操作能力就显得刻不容缓。没有相应的知识支持，内部会计控制不可能完全到位，同时内部控制主要是做人的工作，需要相应的知识、指挥和协调工作能力，培养这样的"全才"，应采取一定的措施，组织有关专家、学者和企业家就内部控制建设的理论和实务进行经验交流，推广先进企业的做法，并对有关人员进行培训。

4. 提高会计人员的业务素质及职业道德

（1）提高会计人员的业务素质及职业道德，是治理会计信息失真、使会计控制有效发挥作用的重要条件。所有的内部控制都是针对"人"这一特殊要素而设立和实施的，再好的制度也必须由人去执行，员工既是内部控制的主体，又是内部控制的客体，可以说，会计人员的品行与素质是内部会计控制效果的一个决定因素。人员品行与素质包括企业对员工价值观、道德水准和业务能力（包括知识、技术与工作经验）的要求。其中管理者的素质与品行起着重要的作用。制度是由人制定的，内部会计控制的有效性无法超越那些建立、管理与监督制度的人的操守及价值观。

（2）提高会计人员业务素质及职业道德的途径

内部会计控制的成效关键在于会计人员业务素质的高低程度与职业道德的好坏，为了保证职工忠诚、正直、勤奋、有效的工作能力，从而保证内部会计控制的有效实施，可以采取以下措施：

①从人事部门做起，建立一套严格的招聘程序，对所招聘人员的业务素质与职业观有一个全面的考核与评估，并酌情对以前的工作情况进行调查，以更全面地了解一个人的做事方式、道德品质等情况，保证应聘的人员符合招聘的要求。在员工未正式上班之前，就让他们去感受企业的文化；了解公司的规章制度、组织结构及相应的工作环境：明确自己的工作范围、工作职责，以便更好地适应环境、投入工作。

②制定员工工作规范：对每一个工作岗位、工作人员，都应该有详细、成文的工作岗位、工作职责描述；制定每一位员工的年度工作计划，年度评估标准，用以引导

考核每一位员工的行为。

③定期对员工进行培训：会计专业知识的培训，专业技能的培训，企业文化、职业道德、社会道德的培训，创造进一步深造学习的机会。

④加强考核和奖罚力度，应定期对职工业绩进行考核，奖惩分明。

⑤工作岗位轮换，可以定期或不定期地进行工作岗位轮换，通过轮换及时发现存在的错弊情况，使会计人员对整个会计工作有更全面、更深入的了解，可促进会计人员本身的发展，也有助于会计工作的提高、改善。

会计职业道德完善升华是指在实施企业内部会计控制的过程中，通过"他控"和"自控"，促使职业会计人员进一步树立并增强正确的会计职业良心和职业责任感，进而达到会计职业道德不断完善与升华的一种状态。从某种意义上而言，内部会计控制的过程，也是会计职业道德的自律过程。

因而，就职业会计人员而言，能够促使其会计职业道德的不断完善与升华，是实施企业内部会计控制的最高目标和精神境界。

（四）设计内部会计控制制度的方法

单位内部会计控制制度设计方法主要有文字说明方式和流程图方式两种：

1. 文字说明方式

文字说明方式就是用文字说明会计控制设计的有关内容，这种方法是内部会计控制设计中使用最多的方法。

2. 流程图方式

流程图方式是指用一定的图形反映各项业务的处理程序，这种方法一目了然，更容易被人们理解和掌握，大大有利于提高工作效率。

第八章 内部控制的演进与评价

内部控制的发展由来已久，许多学者以及各国的很多组织和机构在不同时期都从自己的立场出发根据自己的目的和要求提出了很多理论和实务做法。由于美国的内部控制已比较成熟，所以，本部分以美国内部控制理论的纵向发展为主线，以几个关键性事件为标志，系统地讨论了六个不同时期、不同组织确定的内部控制概念体系：内部牵制制度，内部控制制度，内部控制结构，内部控制整合框架，内部控制系统的框架，财务报告内部控制。

第一节 内部控制的演进

一、内部牵制

虽然内部控制的实践可以追溯到公元前 3000 多年前的美索不达米亚文化时期，但是在古代，社会生产力处于手工劳动阶段，技术水平低，交通、通信不便，人与人之间社会联系的成本高、有效性低。经济组织和社会活动一般以家庭为基本单位进行，规模小，结构简单。因此，那时的管理基本上是建立在个人观察、判断和直观基础上的传统经验管理。尽管管理思想源远流长，但没有形成系统的管理理论，也不可能提出内部控制的概念。到了 15 世纪，资本主义得到了初步发展，复式记账法的出现推动了管理和内部控制的发展，以账目间的相互核对为主要内容、实施职能分离的内部牵制开始得到广泛的应用。

工业革命后，机器劳动取代手工劳动使社会生产力取得了飞跃发展，新的经济组织——工厂制度普遍建立，组织规模扩大，内部结构复杂。组织运作所要求的连续性、规范性、精确性使管理难度空前增大，管理成本人为上升，大量工厂的经营不善和破产倒闭使传统的经验管理遇到了挑战，改进管理、降低组织活动的成本成为当务之急。于是以小瓦特、欧文、亚当·斯密、巴贝奇等人为代表，开始真正重视组织管理理论的研究，从此生产计划、技术和劳动分工、设备的合理使用、劳资关系等成为管理者的研究专题，管理思想从经验直觉进入了较系统的研究。但在此之后，尽管工厂制度及其管理经验从英国推广到其他国家，但由于缺乏持续的技术和组织创新动力，因此管理理论没有很大的进展，这种情况直到美国铁路企业出现后才开始改变。铁路企业的组织管理创新成为后来制造业企业组织管理创新的基础。企业管理理论的进一步发展和完善形成了涉及组织结构、职责分配、业务程序、内部审计等许多方面的控制体系。但是，尽管"内部控制在这期间已在管理实践中完成了其主体内容的塑造过程，但其各项构成要素和控制措施只是散见在企业各项管理制度、惯例和实务中"，管理者并没有从理论上进行总结，也没有提出内部控制的概念。

R.H 蒙哥马利在 1912 年出版的《审计—理论与实践》一书中指出，所谓内部牵制是指一个人不能完全支配账户，另一个人也不能独立地加以控制的制度。也就是一名员工与另一名员工必须是相互控制、相互稽核的。柯氏会计辞典认为内部牵制是"为提供有效的组织和经营，并防止错误和其他非法业务发生而制定的业务流程，其主要特点是以任何个人或部门不能单独控制任何一项或一部分业务权力的方式进行交叉检查或交叉控制"。内部牵制隐含两个假设：两个或两个以上的人或部门无意识地犯同样错误的可能性很小；两个或两个以上的人或部门有意识地串通舞弊的可能性大大低于单独一个人或部门舞弊的可能性。它要求在企业经营管理中凡涉及财产物资和货币资金的收付、结算及其登记工作，应当由两个或两个以上的员工来处理，以便彼此牵制，查错防弊。从内容上看，它主要包括四项职能：

1. 实物牵制，例如把保险柜的钥匙交给两个以上的工作人员，不同时使用两把以上的钥匙，保险柜就打不开；

2. 物理牵制，例如仓库的门不按正确程序操作就打不开，甚至会自动报警；

3. 分权牵制，例如把每项业务都分别由不同的人或部门去处理，以预防错误和舞弊的发生；

4. 簿记牵制，例如定期将明细账与总账进行核对。

在我国财政部 2001 年 6 月印发的《内部会计控制规范》中就规定了五种不相容职务：授权批准、业务经办、会计记录、财产保管、稽核，要求合理设计会计及相关工作岗位，明确职责权限，形成相互制衡机制。人们对内部牵制的理解基本上已经达成共识，在现代内部控制理论和实务中，它仍占有基础的地位，成为内部控制设计的一个指导原则。

可以说在审计介入内部控制理论的研究之前，作为现代内部控制雏形的内部牵制制度，主要目的就是查错防弊，控制的主要形式是通过人员之间职能的牵制实现对财产物资和货币资金的控制。它是基于企业经营管理的需要，在当时生产规模较小和管理理论比较原始的条件下，通过总结以往的经验在实践的基础上逐渐形成的。所以，内部控制的最初发展并不是为审计服务的，完全是从管理的角度出发的，而且，在这个时期，从一定意义上说，管理和控制是两个基本等效的概念，它们在含义上是基本一致的。

二、内部控制制度

随着人们逐渐认识到内部控制在企业管理中所起到的重要作用，它逐渐引起了管理人员和审计人员的关注。尽管注册会计师审计起源于 16 世纪的意大利，但是，直到 19 世纪末，审计人员在改进审计方法的探索中，才开始了对内部控制的研究。他们从本行业的需要出发，把内部控制从企业管理活动中抽象出来，赋予新的含义，并从实践上升为理论。

1934 年美国《证券交易法》首先提出了"内部会计控制"的概念，指出：证券发行人应设计并维护一套能为下列目的提供合理保证的内部会计控制系统：①交易依据管理部门的一般和特殊授权执行；②交易的记录必须满足 GAAP 或其他适当标准编制财务报表和落实资产责任的需要；③接触资产必须经过管理部门的一般和特殊授权；④按适当时间间隔，将财产的账面记录与实物资产进行对比，并对差异采取适当的补救措施。

1936 年美国会计师协会在《独立注册会计师对财务报表的审查》公告中，首次提出审计师在制定审计程序时，应审查企业的内部牵制和控制，并且从财务审计的角度把内部控制定义为"保护公司现金和其他资产，检查簿记事务的准确性，而在公司内部采用的手段和方法"。

1949 年美国会计师协会所尽审计程序委员会在其专门报告《内部控制：协调制度的要素及其对管理和独立公共会计师的重要性》中首先对内部控制下了一个被认为比较权威的定义："内部控制包括组织的计划和企业为了保护资产，检查会计数据的准确性和可靠性，提高经营效率，以及促使遵循既定的管理方针等所采用的所有方法和措施。"该报告是从企业经营管理的角度来定位内部控制的，内容不局限于与会计和财务部门直接有关的控制，还包括预算控制、成本控制、定期报告、统计分析、培训计划和内部审计以及技术与其他领域的经营活动，比较客观地从理论上给出了内部控制的内涵。这个定义得到了公司经理们的普遍赞同，也就是说审计界给出的内部控制定义从当时管理者的角度来说也是适用的。

众所周知，审计界提出内部控制概念的目的是满足财务审计的需要，与管理人员对内部控制的理解和要求是不可能一致的，因此，他们认为 1949 年的定义内容过于广泛，超出了审计人员评价被审计单位内部控制所应承担的职责。迫于这种压力，为了满足财务审计人员在审计中对内部控制进行检查的业务需要，AICPA 所属的审计程序委员会1953年10月颁布了《审计程序说明》第19号，对内部控制定义做了正式修改，把内部控制分为会计控制和管理控制：

（一）会计控制

会计控制"由组织计划和所有保护资产、保护会计记录可靠性或与此相关的方法和程序构成。会计控制包括授权与批准制度；记账、编制财务报表、保管财务资产等职务的分离；财产的实物控制以及内部审计等控制"。

（二）管理控制

管理控制"由组织计划和所有为提高经营效率、保证管理部门所制定的各项政策得到贯彻执行或与此直接相关的方法和程序构成。管理控制的方法和程序通常只与财务记录发生间接的关系，包括统计分析、时动分析、经营报告、雇员培训计划和质量控制等"。1963年，审计程序委员会在《审计程序公告第33号》的结论是：独立审计师应主要检查会计控制。会计控制一般对财务记录产生直接的、重要的影响，审计人员必须对它做出评价。管理控制通常只对财务记录产生间接的影响，因此，审计人员可以不对其作评价。但是，如果审计人员认为，某些管理控制对财务记录的可靠性产生重要的影响，那么他要视情况对它们进行评价。

第一次修正后的定义，大大缩小了注册会计师的责任范围，但对于"会计控制"要"保护资产和保证财务记录可靠性"仍然会发生误解，即"决策过程中的任何程序和记录都可以包括在会计控制的保护资产概念中"。为了避免这种宽泛的解释，进一步明确注册会计师在审计中的对评价内部控制的责任，1972年美国注册会计师协会（AICPA）对会计控制又提出并通过了一个较为严格的定义："会计控制是组织计划和所有与下面直接有关的方法和程序：①保护资产，即在业务处理和资产处置过程中，保护资产遭过失错误、故意致错或舞弊造成的损失；②保证对外界报告的财务资料的可靠性。

1972年，美国注册会计师协会《审计程序说明》的制定者，循着不同的路线进行研究和讨论，对管理控制和会计控制进行了重新定义。

1. 会计控制

会计控制由组织计划以及与保护资产和保证财务资料可靠性有关的程序和记录构成。会计控制旨在保证：经济业务的执行符合管理部门的一般授权或特殊授权的要求；经济业务的记录必须有利于按照一般公认会计原则或其他有关标准编制财务报表，落实资产责任；只有在得到管理部门批准的情况下，才能接触资产；按照适当的间隔期限，将资产的账面记录与实物资产进行对比，一经发现差异，应采取相应的补救措施。

2. 管理控制

管理控制包括但不限于组织计划以及与管理部门授权办理经济业务的决策过程有关的程序及其记录。这种授权活动是管理部门的职责，它直接与管理部门执行该组织的经营目标有关，是对经济业务进行会计控制的起点。

注册计师在开展其审计工作时所运用的会计控制概念，是一种纯技术的、专业化的、适用范围具有严格规定性的、防护色彩很浓的概念，这种以会计控制为主的定义，虽为独立审计界认可，却屡屡遭到管理人员代言人的攻击。他们指出，这些定义把精力过多地放在纠错防弊上，过于消极和狭窄。凯罗鲁斯先生对于代表独立审计界观点的《特别咨询委员会关于内部会计控制的报告》，只表示有保留地同意。他认为，该报告对内部会计控制范围的讨论受现存审计文献的影响太大。凯罗鲁斯主张，内部控制范围和目标应予以扩展，以便它们更能够适应管理部门的需要。他极力主张，审计准则委员会所纳入"内部会计控制环境"的某些因素应该是设计合理、运行有效的内部会计控制系统不可分割的一个组成部分。

这些因素包括:（1）组织计划;（2）责任的确定和授权;（3）预算程序和预算控制,（4）员工雇用计划和财务人员培训计划;（5）保证所有参与经济业务授权、记录、保护资产、报告财务信息的职员保持较高的行为道德水准的方法和措施。从管理人员（和其他有关第三方）的角度来看，会计控制和管理控制之间的区别并不大，甚至根本没有区别。特别是那些置身于企业经营活动的人，他们很难接受这种区分。1980 年 3 月在"内部审计师协会"代表大会的发言中，凯罗鲁斯先生把美国注册会计师协会在 1958 年将 1949 年的内部控制定义区分为会计控制和管理控制的行为描绘为"将美玉击成了碎片"。他声称，在这块美玉完全修复以前,我们不可能有一个对管理人员有用、为管理人员理解的内部控制定义。

与 1949 年的定义相比，这些定义过于消极，仅仅从财务审计的角度出发，范围过于狭窄，把过多的精力和目标放在了查错防弊上，人为地限制了内部控制理论和实践的发展。1977 年开始生效的《反国外贿赂法》也采纳了审计中内部控制的含义，其广义的目标是保护财产和记录的可靠性，其具体的目标包括交易的授权、交易的记录、资产接触控制、资产数量和记录比较的会计责任，从法律法规的角度支持了这种内部控制的定位。最终的结果就是审计角度的内部控制与管理者期望的内部控制之间的差距越来越大。

三、内部控制结构

从克雷特对安荣事件（Graig Vs Anyon，1925，第一起针对注册会计师责任的诉讼）开始，注册会计师涉嫌的案件虽然成千上万，但真正进入诉讼爆炸时期，却是在

20 世纪 60 年代以后，这不能仅仅解释为一种巧合。从财务审计实务的需要出发，为了减轻实务中注册会计师审计时评价内部控制的责任，审计界把内部控制的定义限制在一个较小的范围内，从表面上看来是减轻了审计师的责任和工作量，但是，从另一个角度来说，它恰恰增加了审计风险。因为，把内部控制的范围定得很小，从审计师角度来看，只要这个范围的业务活动没有问题，就可以根据审计准则实施审计，范围以外的可以不予考虑，等于自己主观上给审计责任画了一个较小的"圈"。但是，审计师是要面对广大投资者的，广大投资者画的"圈"却要大得多，从广大投资者的角度来看，审计并不能仅仅是一种鉴证历史的行为。这种主观认识（进一步来说是利益）上的矛盾导致审计的期望差越来越大。从 20 世纪 60 年代以来，大量公司倒闭或陷入财务困难所引发的审计诉讼爆炸就可以证实这一点，而且，很多案例的判决结果也有力地支持了"深口袋"理论。

由于审计诉讼爆炸导致审计风险增加以及对内部控制研究由一般向具体的深化，AICPA 在 1988 年的第 55 号审计准则公报《会计报表审计中对内部控制结构的关注》中，用"内部控制结构"取代了"内部控制"，不再区分会计控制和管理控制，而是确立了一种控制结构，指出"企业的内部控制结构包括为合理保证企业特定目标而建立的各种政策和程序"，并指出内部控制结构包括控制环境、会计制度和控制程序三个要素：

（一）控制环境

指对企业控制的建立和实施有重大影响的一组因素的统称，反映董事会、管理者、业主和其他人员对控制的态度和行为，主要包括管理哲学和经营方式、组织结构、董事会及审计委员会的职能、授权和分配责任的方式、管理控制方法、内部审计、人事政策与实务等；管理者监控和检查工作时所用的控制方法，包括经营计划、预算、预测、利润计划、责任会计和内部审计等。

（二）会计系统

指公司为汇总、分析、分类、记录，报告业务处理的各种方法和记录，包括文件预先编号、业务复核、定期调节等；一个有效的会计制度包括以下内容：鉴定和登记一切合法的经济业务；对各项经济业务适当进行分类，作为编制报表的依据；计量经济业务的价值以使其货币价值能在财务报表中记录；确定经济业务发生的时间，以确保它记录在适当的会计期间；在财务报表中恰当地表述经济业务及有关的揭示内容。

（三）控制程序

指为合理保证公司目标实现而建立的政策和程序，它包括适当授权、恰当的职责分离、充分的凭证和记录资产和记录的实物控制、业务的独立检查等。会计系统是内部控制结构的关键因素，也是审计师要直接利用的因素。控制程序是保证内部控制结构有效运行的机制。

内部控制结构概念特别强调了包括管理人员对内控的态度、认识和行为等控制环境的重要作用，认为这些环境因素是实现控制目标的环境保证，要求审计师在评估控制风险时除关注会计系统和控制程序外，应对企业面临的内外环境进行评价。将内部控制环境这一总括性的要素纳入其中，这个定义从内容范围上有所扩大，不但涉及会计控制，而且也包含了更多管理控制的内容，与1953年审计师可以只评价会计控制而可以不评价管理控制的提法大相径庭。但是，内部控制依然被认为是"各种政策和程序"，仍然是作为从企业管理中抽象出来为审计服务的一个工具。

四、内部控制整合框

1985年，由AICPA、美国审计总署及管理会计师协会共同赞助成立了反对虚假财务报告委员会，即Tread Way委员会，该委员会所探讨的问题之一就是舞弊性财务报告产生的原因，其中包括内部控制不健全问题。两年之后，Tread Way委员会提出报告，并提出了很多有价值的建议。虽然Trad way委员会未对内部控制提出结论，但它的报告立刻引起了很多组织的回应。基于Tread Way委员会的建议，其赞助机构又组成了一个专门研究内部控制问题的委员会［由美国注册会计师协会（AICPA）国际内部注册会计师协会（IIA）、财务经理协会（FED、美国会计学会（AAA）、管理会计学会（IMA）共同组成］，即COSO委员会。

1992年，COSO委员会提出了报告《内部控制—整体框架》，该报告被认为是内部控制理论的最新发展和完善。报告认为"内部控制是受董事会、管理当局和其他职员的影响，旨在取得：①经营效果和效率；②财务报告的可靠性；③遵循适当的法律等目标而提供合理保证的一种过程。""经营过程是指通过规划、执行及监督等基本的管理过程对企业加以管理。这个过程由组织的某一个单位或部门进行，或由若干个单位或部门共同进行。内部控制是企业经营过程的一部分，与经营过程结合在一起，而不是凌驾于企业的基本活动之上，它使经营达到预期的效果，并监督企业经营过程的持续进行。内部控制只是管理的一种工具，并不能取代管理。"

内部控制整体框架主要包括以下内容：

（一）控制环境，构成一个单位的氛围，影响内部人员控制其他要素的基础。包括：

1.员工的诚实性和道德观。如有无描述可接受的商业行为、利益冲突、道德行为标准的行为准则；

2. 员工的胜任能力。如雇员是否能胜任质量管理要求；

3. 董事会或审计委员会。如董事会是否独立于管理层；

4. 管理哲学和经营方式。如管理层对人为操纵的或错误的记录的态度；

5. 组织结构。如信息是否到达合适的管理阶层；

6. 授予权利和责任的方式。关键部门的经理的职责是否有充分规定；

7. 人力资源政策和实施。如是否有关于雇佣、培训、提升和奖励雇员的政策。

（二）风险评估

风险评估指管理层识别并采取相应行动来管理对经营、财务报告、符合性目标有影响的内部或外部风险，包括风险识别和风险分析。风险识别包括对外部因素（如技术发展、竞争、经济变化）和内部因素（如员工素质、公司活动性质、信息系统处理的特点）进行检查。风险分析涉及估计风险的重大程度、评价风险发生的可能性、考虑如何管理风险等。

（三）控制活动

控制活动指对所确认的风险采取必要的措施，以保证单位目标得以实现的政策和程序。实践中，控制活动形式多样，可将其归结为以下几类：

1. 业绩评价，是指将实际业绩与其他标准，如前期业绩、预算和外部基准尺度进行比较：将不同系列的数据相联系，如经营数据和财务数据，对功能或运行业绩进行评价。这些评价活动对实现企业经营的效果和效率非常有用，但一般与财务报告的可靠性和公允性相关度不高。

2. 信息处理，指保证业务在信息系统中正确、完全和经授权处理的活动。信息处理控制可分为两类：一般控制和应用控制。一般控制与信息系统设计和管理有关，如保证软件完整的程序、信息处理时间表、系统文件和数据维护等；应用控制与个别数据在信息系统中处理的方式有关；如保证业务正确性和已授权的程序。

3. 实物控制，也称为资产和记录接近控制，这些控制活动包括实物安全控制、对计算机以及数据资料的接触予以授权、定期盘点以及将控制数据予以对比。实物控制中防止资产被窃的程序与财务报告的可靠性有关，如在编制财务报告时，管理层仅仅依赖于永续存货记录，则存货的接近控制与审计有关。

4. 职责分离，指将各种功能性职责分离，以防止单独作业的雇员从事或隐藏不正常行为。一般来说,下面的职责应被分开:业务授权(管理功能)、业务执行(保管职能)、业务记录（会计职能）、对业绩的独立检查（监督职能）。理想状态的职责分离是，没有一个职员负责超过一个的职能。

（四）信息与沟通

信息与沟通指为了使职员能执行其职责，企业必须识别、捕捉、交流外部和内部信息。外部信息包括市场份额、法规要求和客户投诉等信息。内部信息包括会计制度，即由管理当局建立的记录和报告经济业务和事项，维护资产、负债和业主权益的方法和记录。有效的会计制度应是：

1. 包括可以确认所有有效业务的方法和记录；

2. 序时详细记录业务以便于归类，提供财务报告；

3. 采用恰当的货币价值来计量业务；

4. 确定业务发生时期以保证业务记录于合理的会计期间，在财务报告中恰当披露业务。

沟通是使员工了解其职责，保持对财务报告的控制。它包括使员工了解在会计制度中他们的工作如何与他人相联系，如何对上级报告例外情况。沟通的方式有政策手册、财务报告手册、备查簿，以及口头交流或管理示例等。

（五）监督

监督指评价内部控制质量的进程，即对内部控制改革、运行及改进活动评价。包括内部审计和与单位外部人员、团体进行交流。

该报告在 1994 年进行了修订，在 COSO 报告第二卷"对外部关系人报告"的修正说明中指出："防止未经授权而取得、使用或处置资产的内部安全控制是一个为预防或及时发现对财务报告有重大影响的未经授权的资产的取得、使用或处置提供合理保证的过程，上述过程受企业的董事会层及其他人员的影响"。"当董事会和管理阶层能合理的保证，对财务报告有重大影响的未经授权的资产取得、使用或处置能被预防或及时发现时，则这类内部控制可被判断为有效。"1996 年，美国注册会计师协会发布《审计准则公告第 78 号》（SAS78），全面接受 COSO 报告的内容，并从 1997 年 1 月起取代 1988 年发布的《审计准则公告第 55 号》（SAS55）。新准则将内部控制的定义为："由一个企业的董事长、管理层和其他人员实现的过程，旨在为下列目标提供合理保证：财务报告的可靠性；经营的效果和效率；符合适用的法律和法规"。

与以往的内部控制理论及研究成果相比，COSO 报告提出了许多新的、有价值的观点。主要体现在：

1. 明确了建立内部控制的"责任"

COSO 报告认为，不仅仅是管理人员、内部审计或董事会，组织中的每一个人都对内部控制负有责任。拥有这种组织思想有利于将企业的所有员工团结一致，使其主动地维护及改善企业的内部控制，而不是与管理阶层相互对立，被动地执行内部控制。

2. 强调内部控制应该与企业的经营管理过程相结合

COSO 报告认为，经营过程是指通过规划、执行及监督等基本的管理过程对企业加以管理。这个过程由组织的某一个单位或部门进行，或由若干个单位或（及）部门共同进行。内部控制是企业经营过程的一部分，与经营过程结合在一起，而不是凌驾于企业的基本活动之上，它使经营达到预期的效果，并监督企业经营过程的持续进行。不过，内部控制只是管理的一种工具，并不能取代管理。

3. 强调内部控制是一个"动态过程"

内部控制是对企业的整个经营管理活动进行监督与控制的过程，企业的经营活动是永不停止的，企业的内部控制过程也因此不会停止。企业内部控制不是一项制度或一个机械的规定，企业经营管理环境的变化必然要求企业内部控制越来越趋于完善，内部控制是一个发现问题、解决问题、发现新问题、解决新问题的循环往复的过程。

4. 强调"人"的重要性

COSO 报告特别强调，内部控制受企业的董事会、管理阶层及其他员工影响，透过企业之内的人所做的行为及所说的话而完成。只有人才可能制定企业的目标，并设置控制的机制。反过来，内部控制影响着人的行动。

5. 强调"软控制"的作用

相对于以前的内部控制研究成果而言，COSO 报告更加强调那些属于精神层面的事物，如高级管理阶层的管理风格、管理哲学、企业文化、内部控制意识等"软控制"的作用。再完善的企业制度都会有漏洞，仅仅靠企业制度安排还是不行的，应该在强化企业制度安排的同时，还要注重人的问题，因为企业制度是人制定的，而且需要人来执行，人的问题不解决好，再好的企业制度安排，也都无法保证企业高效地稳定发展。

所谓注重人的问题，就是注重对人的价值理念的提升，也就是注重对企业文化的提升。企业文化既不是指企业搞文化活动，也不是指企业搞形象设计，而是指人的价值理念，即人们在价值理念上对企业制度安排及企业发展战略的认同，是人的内在自我约束。正因为企业文化是人的自我内在约束，因而应该在注重作为人的外在约束的制度安排的同时，还要注重从强化人的内在约束上考虑问题。例如，就诚信理念来说，我们不仅仅要强调信守契约的诚信，而且还要强调信息不对条件下的诚信，以及在坚持追求自己利益的同时，还要考虑当事者对方利益的诚信。从美国企业出问题的现象来看，美国企业对于前一种诚信确实是坚持了，但是后两种诚信则恰恰没有坚持。因此，应该注重对企业文化的提升。

企业文化包括三大内容，一是经营性企业文化，即企业在经营活动中所应有的价值理念；二是管理性企业，即企业在管理活动中所应有的价值理念；三是体制性企业文化，即企业在体制运转中所应有的价值理念。我们强调提升企业文化，就是指应该从这三个方面提升企业文化。我国企业文化还仅仅处于起步地位，因而更应该注重对企业文化的提升。我国企业出问题的重要原因，就是没有良好的企业文化，例如我国国有企业之所以平均主义的大锅饭严重，就是因为人们没有等级差别理念，即人的能力差别决定了人们的分工差别及收入差别的理念。人们之间的能力差别是很大的，这种巨大的能力差别，当然应该导致人们之间的分工差别和收入差别，因而不能搞平均主义大锅饭。总之，我们应该从美国企业出问题的现象中，看到企业文化提升的重要性，加强对企业的企业文化的建设。

6. 强调风险意识

COSO 报告指出，所有的企业，不论其规模、结构、性质或产业是什么，其组织的不同层级都会遭遇风险，管理阶层须密切注意各层级的风险，并采取必要的管理措施。

7. 糅合了管理与控制的界限

在 COSO 报告中，控制已不再是管理的一部分，管理和控制的职能与界限已经模糊。

8. 强调内部控制的分类及目标

COSO 报告将内部控制目标分为三类：与营运有关的目标、与财务报告有关的目标以及与法令的遵循性有关的目标等。这样的分类高度概括了企业控制目标，有利于不同的人从不同的视角关注企业内部控制的不同方面。

9. 明确指出内部控制只能做到"合理"保证

COSO 报告认为：不论设计及执行有多么完善，内部控制都只能为管理阶层及董事会提供达成企业目标的合理保证。而目标达成的可能性，尚受内部控制之先天条件的限制。

10. 明确指出内部控制应当符合成本与效益原则

内部控制并不是要消除任何滥用职权的可能性，而是要创造一种为防范滥用职权而投入的成本与滥用职权的累计数额之比呈合理状态（即经济原则）的机制。

COSO 报告把内部控制视为企业经营过程的组成部分，是管理的一种工具，是一种提供合理保证的过程，这与内部控制结构中"各种政策和程序"的提法相比有了一定的进步。从其具体内容来看，内部控制整体框架中包括了控制环境、风险评估、控制活动、信息和沟通、监督五个部分，如果详细地分析一下其具体内容，我们就会发现内部控制的内容已经涵盖了企业经营管理的很多方面，而且从整体上来看，已经形成一个系统，再把内部控制视为管理的一种工具，实在有些勉强和不协调。

五、内部控制系统的框架

巴塞尔银行监管委员会 1998 年 9 月在其报告《银行组织内部控制系统的框架》中提出了内部控制框架的目标和任务以及内部控制程序的主要构成要素。

（一）内部控制框架的目标及作用

内部控制是由董事会，高级管理层及所有职员参与的过程。它不是指在某一特定时点执行的程序或政策，而是指银行内部在各方面持续操作的过程。董事会和高级管理层负责建立适当的文化以促进有效的内部控制程序，并且监控其持续有效性。而且，组织里的每个人必须参与这个过程。内部控制的主要目的有以下几个：

1. 行为的效率和效力（绩效目标）：

2. 金融和管理信息的可靠性、完整性和及时性（信息目标）；

3. 遵守适合的法律和规则（遵守目标）；

内部控制的绩效目标是指银行使用其资产和其他资源的效力和效率以及保护银行免遭损失。内部控制程序致力于确保组织的职员高效、完整地实现目标，不存在无意识和额外的消耗或者把其他利益（如职工、卖主或消费者的利益）置于银行的利益之前。信息目标是指编制银行组织决策所需要的及时、可靠和相关的报告。他们同时要提交可靠的年度报表、其他财务报告书及相关财务状况的披露，以及向股东、监督人和其他外部团体所做的报告。经理、董事会、股东和监督者所获得的信息应是十分可靠和完全的，以便根据这些信息做出决策。可靠性是与财务报表相关的，指的是编制公允呈报的、基于公认与明确定义的会计原则和规则的报表。遵循目标确保所有银行业务都遵守适合的法律与规则、监督要求和组织的政策与规程。为了保护银行的特权和名誉，这个目标必须实现。

（二）内部控制程序的主要构成要素

内部控制程序，从历史观点上说，是为了减少欺诈、盗用和过失行为发生的机制，现在已变得更广泛，涉及银行组织面临的各种风险。目前已经公认一个健全的内部控制程序对银行实现既定目标的能力以及维持经济生存的能力非常重要。

内部控制由五个相关要素组成：

1. 管理监督和控制文化

（1）董事会

原则 1：董事会应当有责任批准和定时审核银行的全部商业策略和重要的政策；了解银行经营中的主要风险，为这些风险设定可以接受的水平，确保高级管理层采取必要的措施来识别、计量、监督和控制这些风险；批准组织结构，确保高级管理层对内部控制系统的有效性进行适时监督。董事会对确保充分、有效内部控制系统的建立和维持负最终责任。

（2）高级管理者

原则2：高级管理层应当有责任执行董事会批准的战略和政策；制定措施来识别、计量、监督和控制银行业务所引发的风险；维持一个能够清晰分配责任、权力和报告关系的组织结构；确保委托责任的有效完成；设定适当的内部控制措施；监督内部控制系统的充分性和有效性。

（3）控制文化

原则3：董事会和高级管理层有责任倡导高水平的伦理道德和正直诚实的标准，在组织内部建立一种文化，强调并向所有层次员工展示内部控制的重要性。银行系统里的所有员工需要了解他们自己在内部控制程序中的作用，并全力投入其中。

2. 风险识别和评估

原则4：一个有效的内部控制系统要识别和持续地评估那些能够对实现银行的目标产生反面影响的重大风险。这种评估应当涵盖银行和整个的银行组织所面对的所有风险（如信用风险，国家和转移风险，市场风险，利率风险，流动性风险，经营风险，法律风险和声誉风险）。需要对内部控制做出修订以适当的致力于任何新的或以前没有控制到的风险。

3. 控制活动和职责分离

原则5：控制活动应当是银行日常活动的一个组成部分。一个有效的内部控制系统要求建立一个适当的控制结构，在企业的每一层次定义出控制活动。这些控制措施包括：高水平的复核；对不同部门或部分的适当的活动控制；实物控制；检查是否遵守了披露限制以及没有遵守的后续措施；批准和授权制度；确认和协调制度。

原则6：有效的内部控制系统要求建文适当的职责分离，没有给员工分配相冲突的职责。应当识别存在潜在利益冲突的领域，使之最小化，并进行谨慎的、独立的监督。

4. 信息与沟通

原则7：一个有效的内部控制系统不但需要与决策有关的事项和环境的外部市场信息，也需要充分的、全面的内部财务、经营和遵循情况的数据。信息应当可靠、及时、可以取得，并且以一致的形式提供。

原则8：一个有效的内部控制系统要求银行所有的重要活动具有可靠的信息系统。这些系统，包括那些拥有和使用电子形式数据的系统，必须是安全的，进行了独立的监控，并且得到了充分地应对意外事故安排的支持。

原则9：一个有效的内部控制系统需要有效的沟通渠道，以确保所有的员工充分地理解和遵守影响他们职责和义务的政策和程序，其他相关信息也要同时到达适当的人员。

5. 监督活动与纠正缺陷

原则 10：应当在持续的基础上监控银行内部控制的整体有效性。重大风险的监控不仅是业务政策和内部审计的定期评价，也是银行日常活动的一个组成部分。

原则 11：内部控制系统应当有一个有效的、全面的内部审计，它应当由独立操作、适当培训和有能力胜任的员工执行。内部审计职能部门，作为内部控制系统监控的组成部分，应当直接向董事会或它的审计委员会和高级管理层报告。

原则 12：内部控制缺陷，无论是被业务政策、内部审计发现，还是被其他控制员工发现，应当及时地向适当的管理层报告，并迅速采取措施处理。重大的内部控制缺陷应当向高级管理层和董事会报告。

（三）监管当局对内部控制系统的评价

原则 13：监管者应当要求所有的银行，无论其规模大小，应当建立一个与其性质、复杂程度和借贷活动固有的风险相一致的内部控制系统，并且对银行环境和条件的变化做出反应。如果监管者确认某一银行的内部控制系统对其特定的风险状况来说是不充分或无效的（比如，没有涵盖本文献中的所有原则），他们应当采取适当的行动。

六、SEC 的财务报告内部控制

美国证券交易委员会（SEC)2003 年 6 月提出了财务报告内部控制的概念。财务报告内部控制是指由公司的首席执行官、首席财务官或者公司行使类似职权的人员设计或监管的，受到公司的董事会、管理层和其他人员影响的，为财务报告的可靠性和满足外部使用的财务报表编制符合公认会计原则提高合理保证的控制程序。

财务报告内部控制的具体控制政策和程序主要包括：

1. 保持详细程度合理的会计记录，准确公允地反映资产的交易和处置情况；

2. 为下列事项提供合理保证：公司对发生的交易进行必要的记录，从而使财务报表的编制满足公认会计原则的要求；公司所有的收支活动经过公司管理层和董事会的授权；

3. 为防止或及时发现公司资产未经授权的取得、使用和处置提供合理保证，这种未经授权的取得、使用和处置资产的行为可能对财务报表产生重要影响。

第二节　内部控制整合框架的探讨

在国外关于内部控制研究的文献中，一般认为，内部控制可以把公司保持在实现利润目标和完成公司使命的轨道上，并且使这个过程中的意外减到最小。它们使管理层能够处理迅速变化的经济和竞争环境、多变的顾客需求和偏好，并重新构筑未来的增长。内部控制可以提高效率，减少财产损失的风险，并有助于确保财务报表的可靠性和与规章制度的符合性。内部控制被赋予服务于多重重要目标，越来越被视为解决各种潜在问题的有效方法，就内部控制理论目前的发展来看，比较典型的要数COSO的内部控制整合框架，它提出的内部控制由五个要素组成：控制环境、风险评估、控制活动、信息与沟通、监督。COSO框架把建立、加强或削弱特定政策、程序及对其效率产生影响的各种因素概括为控制环境，其中囊括了管理思想和经营方式、组织结构、审计委员会、责任授权和划分的方法、人力资源管理等多项内容；把企业确认和分析与其目标实现相关风险的过程概括为风险评估，作为管理风险的基础；把为了确保其指令被贯彻执行，管理当局制定的各种措施和程序概括为控制活动，一般包括授权和批准、职责划分、设计和运用恰当的凭证、恰当的安全措施、独立的检查和评价等；把企业在一定的时间内以一定的形式确定、收集和交换信息，从而使员工能够行使责任的过程概括为信息和沟通；把评估内部控制运行质量的过程和管理当局用来督查会计系统和相关控制程序的手段概括为监督。

一、内部控制的含义和目标

内部控制最原始的含义就是不同的事由不同的人负责。这个简单的提法引起了企业家、立法者、管理者和其他各方之间理解上的混乱。由此而产生的错误沟通和不同的期望引发了各种各样的问题。COSO报告针对管理层和其他各方不同的需要和期望，在承认各方对内部控制的理解存在差异的前提下，通过内部控制整体框架的提出，希望达到两个目的：

1.确立一个服务于不同各方需要的一般定义；

2.提供一个企业和其他各方（大型的或小型的，公共的或私人的部门，盈利的或非营利的）可以评价它们的控制系统并确定如何加以改善的标准。

内部控制从广义上定义为由企业的前事会、管理层和其他员工实施的一个过程，目的是为下列目标的实现提供一个合理的保证：经营的效果和效率；财务报告的可靠性；与法律和法规的符合性。第一类目标致力于企业基本的商业目标，包括绩效和利润目标以及资源的安全保护。第二类目标涉及编制可靠的公开财务报表，包括中期财务报表、简略财务报表以及从这些报表中选取的根据，比如收益情况公告、公开报告。第三类目标是要符合相关的法律和法规。这些明确而又交叠的目标表明了不同的需要，提供了一个各方直接关注的重点来满足各种需要。

内部控制系统运行在不同的效能水平上。可以分别从三类目标的每一类来判断内部控制的有效性。如果董事会和管理层能够合理保证：他们了解企业经营目标的完成程度；公布的财务报表编制可靠；生效的法律和法规都得到了遵守，那么内部控制就是有效的。尽管内部控制是一个过程，但是，它的有效性是一个过程在一个或多个时间点上的状态或状况。

二、构成要素的相互关系

在 COSO 框架小，内部控制由控制环境、风险评估、控制活动、信息与沟通和监督五个相关的要素组成。它来源于管理层经营企业的方式，并且与管理过程结合在一起。

控制环境确立了一个组织的基调，影响其人员的控制意识。它是所有其他内部控制构成要素的基础，提供规则和结构。控制环境要素包括企业员工的正直性、伦理价值观和能力；管理哲学和经营方式；管理当局分配权利和责任，以及组织和人力资源开发的方式；董事会的关注和指导等。

每一个企业都面临着来自外部和内部的各种风险，必须进行评估。风险评估的前提条件是确立与不同的水平相联系并且内部协调一致的目标。风险评估就是对与实现目标有关的风险进行识别和分析，为决定如何控制风险形成根据。因为经济、行业、法规和经营条件是持续变化的，企业需要识别和处理与变化有关的特殊风险。

控制活动是有助于确保管理指令得以执行的措施和程序。它们有助于确保针对实现企业目标的风险采取了必要的行动。控制活动发生在整个组织中，发生在各个层次上，也发生在各种职能中。它们包括各种各样的活动，比如，批准、授权、查证、协调、经营绩效的复核、财产的保护和职责的分离等。

信息与沟通要求必须识别、获取潜在的信息，并以一定的方式在员工能够履行他们职责的期限内进行交流。信息系统产生报告，报告中包含经营、财务和与符合法规有关的信息，它使管理和控制企业成为可能。它们处理的不仅仅是内部产生的信息，而且还有有关外部事件、活动的信息，以及有必要通知企业决策层的情况和外部报告。有效的沟通也必须发生在一个更加广泛的意义上，自上而下、横向、自下而上在组织内流动。所有的人员必须从最高管理层收到明确的信息：控制的职责必须认真地执行。

他们必须明白自己在内部控制系统中的角色，必须明白个人的活动与其他人的工作是如何联系在一起的。他们必须有向上级管理层沟通重要信息的途径。此外，与外部各方的沟通也应当是有效的，比如，顾客，供应商、监管者和股东。

内部控制系统需要进行监督，它是一个评价系统实施质量的过程。这个过程是通过持续进行的监督活动、独立评估或者两者的结合来完成的。持续进行的监督发生在经营过程中，它包括通常的管理和监督活动，以及员工在履行他们的职责时所采取的其他活动。独立评估的范围和频率主要取决于风险的评估和持续监督程序的有效性。内部控制缺陷应当向上汇报，而且重大事件要报告给最高管理层和董事会。

在这些要素之间存在着协同和联合作用，形成了一个对变化的环境做出动态反应的完整系统。内部控制与企业的经营活动缠绕在一起，因为企业基本的目标而存在。如果把控制嵌入企业的基础结构并成为企业的一个重要组成部分，那么内部控制就会非常有效。"嵌入"式控制支持质量和授权主动性，避免不必要的成本，能够对变化的环境做出快速的反应。

三、内部控制的效用和局限性

在三类企业要努力实现的目标之间以及实现这些目标所需要的内部控制的构成要素之间存在着直接的联系。内部控制的所有构成要素都与每一类目标相关。从任何一类目标（比如，经营的有效性和效率性）来看，只有所有的五个构成要案都存在，并且有效地发挥作用，才能确定经营的内部控制是有效的。

从一般意义上来说，内部控制能够帮助企业实现它的绩效和利润目标，防止资源损失。它能够有助于保证可靠的财务报告，而且它能够有助于确保企业遵守了法律和法规，避免声誉损害和其他后果。总之，它能够有助于一个企业达到它的目标，并且避免这个过程中的隐患和意外。

但是，很多人产生了过大的、不合实际的期望。他们寻求绝对，认为：内部控制能够确保一个企业的成功，也就是说，它将确保实现基本的商业目标，或者至少将确保能够生存下去。尽管有效的内部控制只能有助于企业实现这些目标，但是，它能够提供给管理层有关企业向目标进展或者缺少进展的信息。内部控制不能把一个本来很差劲的管理者变成一个好的管理者。而且，政府政策或计划的变化、竞争者的行为或经济状况都可能超出管理当局的控制。因此，内部控制不能确保成功，甚至不能确保生存。

内部控制能够确保财务报告的可靠性和法律法规的符合性，这种想法也是不能获得保证的。一个内部控制系统无论构思和运行的多好，它都只能向管理当局和董事会提供实现企业目标的合理的，而不是绝对的保证。目标实现的可能性受到内部控制系统所有固有缺陷的影响，决策中的判断可能是错误的，事故的发生也可能是因为轻微的误差或错误引起的。而且，控制可能会被两个或更多个人的共谋绕过，管理当局也有能力越过控制系统。另一个限制因素是：内部控制系统的设计必须反映存在资源约束的现实，而且，控制的效益必须与控制所费的成本相联系来考虑。因此，尽管内部控制能够帮助一个企业实现它的目标，但是，它不是万能药。

四、内部控制的实施与参与

高级管理层、董事会、内部审计师、其他人员、立法者和监管者、职业组织等相关各方在内部控制的实施中发挥着重要的作用。

（一）高级管理层

首席执行官对内部控制负有根本的责任，他应当确保内部控制系统的"所有权"。与任何一个其他人不同，首席执行官确立"最高的基调"，这个基调影响着一个积极控制环境的正直、伦理以及其他要素。在大型公司里，首席执行官通过向高级经理提供领导职位和指导，并复核他们控制业务的方式来履行这项职责。而高级经理则把制定更加具体的内部控制措施和程序的职责分配给负责单位职能的人员。在小型公司里，首席执行官，通常既是所有者又是管理者，他的影响通常更直接。无论公司规模大小如何，在一个瀑布型的职责体系中，经理实际上就是他或她职责范围内的首席执行官。财务执行官和他们的职员尤其重要，他们的控制活动既可以直接穿过，又可以遍及企业经营以及其他各个要素。

尽管大部分高级行政人员认为他们基本上"控制着"他们的组织，但是，很多人也认为：在他们的公司里存在着一些尚处于初级控制阶段或者需要加强控制的区域（比如，一个分公司、一个部门或一个超越其他活动的控制要素）。参照这个框架，首席执行官以及主要的经营和财务官员能够把注意力集中在需要的地方，着手对控制系统进行自我评价。首席执行官需要把各业务部门的经理和主要的职能人员召集到一起，讨论如何对控制进行初步的评价，并做出指示，要求他们在初步评价过程中与其部门的主要员工讨论内部控制的相关概念，就他们的责任范围提供监督并报告以后的结果。还要初步复核公司或公司部门的政策和内部审计计划。无论其形式如何，应当确定初步自我评价是否有必要，以及如何继续进行一个更广泛、更深入的评价，它应当确信持续的监督过程是适当的。

（二）董事会

管理当局应向董事会负责，董事会进行治理、指导和监督。有效的董事会成员应当是客观、有能力和善于发问的。他们应当了解企业的活动和环境，而且要花费必要的时间来履行董事会的职责。管理当局所处的位置可以越过控制并且能够不理睬或拟制来自下属的信息沟通，这使蓄意不如实叙述成果的不诚实的管理当局能够掩盖它的劣迹。一个强有力的、积极的董事会，尤其是结合有效的向上沟通渠道和有效的财务、法律和内部审计职能，通常能够很好地识别和改正这些问题。董事会成员应当与高级管理层讨论企业内部控制的状况，并提出必要的监督。他们应当从内部和外部审计师那里寻求信息的输入。

（三）内部审计师

内部审计师在评价控制系统的有效性方面发挥着重要的作用，它有助于控制的持续有效性。因为其在企业中的特殊职位和授权，内部审计通常都发挥着重要的监督作用。内部审计师应当考虑他们关注内部控制系统的范围，而且要把他们的评价材料与评价工具进行比较。

（四）立法者和监管者

任何实际存在的问题都可能有误解和不同的期望，对内部控制的期望在两个方面存在很大的不同。第一，控制系统能完成什么，意见不同。一些学者认为内部控制系统能够或者应当防止经济损失，或者至少防止公司脱离正常轨道。第二，即使对内部控制系统能做什么、不能做什么以及"合理保证"概念的有效性取得一致意见，但是对于这个概念的含义以及如何应用它可能存在着完全不同的观点。监管者在一个所谓的控制失败发生之后，便有了"后见之明"，宣称维护"合理保证"。立法者或监管者与报告内部控制的管理层应当就一个通用的内部控制框架取得一致意见，包括内部控制的局限性。COSO整体框架就是起了这样一个作用，它有助于达成一致的看法。

（五）职业组织

对财务管理、审计和相关问题提供指导的职业组织在制定规则时应当根据这个框架考虑他们的准则和指南。从某种意义上来看，如果能够消除内部控制概念和术语上的差异，所有的各方都会受益。

（六）其他人员

从某种意义上说，内部控制是企业中每一个员工的责任，因此，应当成为每个员工工作说明的一个清楚的或含蓄的组成部分。经理和其他员工应当考虑如何根据这个框架执行他们的控制职责，与更高层的人员讨论加强控制的意见。实际上，所有的员工产生内部控制系统中所使用的信息，或者采取其他必要的行动以实现控制。而且，所有的员工应当负责向上沟通经营中的问题、不符合行为准则的行为，或者其他违反政策的行为或违法行为。

许多外部相关人员通常也有助于实现企业的目标，外部审计师，从独立和客观的角度来看问题，在履行他们职责的过程中，通过财务报表审计直接和通过向管理当局和董事会提供有用的信息间接有助于企业目标的实现。其他向企业提供实施内部控制有用信息的人有执法者、监管者、顾客和与企业交易业务的其他人、财务分析者、债券评级人和新闻媒体。但是，外部相关方不负责，也不是企业内部控制的一个要素。

第三节　内部控制的纵向比较

在对内部控制发展与经济环境变化的互动关系进行初步的探讨后，为了分析内部控制的本质，充分揭示和预测内部控制的发展趋势，需要对不同时期的内部控制理论进行比较。

分析上述内部控制的发展历程，不难发现内部控制遵循了一个由部分到整体、由简单到复杂、从零散向系统的发展过程，其包括的内容，涉及的范围和层面越来越多，内容越来越丰富。比较不同时期内部控制的目标，我们就会发现内部控制的目标呈多元化发展趋势，由最初的仅包括企业利益的单一目标逐渐融入了多个相关利益主体的目标。现代企业制度下的内部控制已不再是传统的查弊和纠错，而是涉及企业的各个方面，成为公司所有权结构的具体体现，这与企业组织形式的演化及管理理论的发展是一致的。以 COSO 框架为例，COSO 框架综合了企业管理层和其他相关各方不同的需要和期望，提出了一个服务于不同各方需要的内部控制的一般定义。其目标体系包括三类目标：第一类目标致力于企业基本的商业目标，包括绩效和利润目标以及资源的安全保护，其出发点是企业的生产经营，是为管理者服务的；第二类目标涉及编制可靠的公开财务报表，包括中期财务报表、简略财务报表以及从这些报表中选取的数据，比如收益情况公告、公开报告，其立足点是保护企业外部投资者的利益，是为外部投资者服务的；第三类目标是要符合相关的法律和法规，是为监管者服务的。也就是说这个目标体系中包含了至少三个方面的利益主体，但是，我们很清楚他们的利益是不一致的，而且更为重要的是内部控制的具体实施是在企业内部，直接对其施加影响的是企业管理者。内部控制的内容也逐渐突破企业内部管理控制的限制，开始向直接决定企业经营效率的治理控制扩展。

同时，我们也要看到，内部控制从内容侧重点和形式上都打上了审计行业或专业的烙印，被定义在与财务审计密切联系的"保证和防护政策、程序、过程"这样一个狭窄的范围内。笔者认为，以往内部控制含义范围较小可能是出于以下几个原因：

第一，最初的企业大多由自然人出资兴办，规模一般较小，经营范围狭小，组织结构简单，管理比较容易，更为重要的是出资者自己负责企业的经营管理，并独自享有权益，不存在委托代理的问题，也不会出现各股东之间利益的争夺。在这种情况下，管理活动简单直接，内部控制刚刚开始发展，其一般的含义也仅仅是指高级经理层以下生产经营活动的控制，其常用的形式就是通过人员之间职能的牵制实现对财产物资和货币资金的控制。

第二，随着生产的发展，企业的组织形式开始发生变化，由单一产权变成了多产权，比较典型的就是股份公司的出现。然而，在许多典型的股份制公司国家，比如英美，公司治理所依赖的是企业运作的高度透明和比较完善的立法和执法体制。这些强制性的外部措施为这种多产权的企业组织形式提供了充分的保障，或者说企业外部控制的充分性弥补了内部控制的不足，企业治理控制没有成为企业内部控制关注的问题。

第三，最早提出内部控制概念的是会计和审计人员，他们提出这个概念的目的在于提高审计效率，高效、低成本的完成审计任务。而且，由于在很长一段时间里审计主要以财务报表审计为主，其目的也只是对财务报表的合法性、公允性和一贯性发表意见，对企业内部控制的考虑也只是限于与财务报表有关的部分。所以，审计角度内部控制仅仅关注与财务报表有关的会计控制，很少关注管理控制的内容，企业治理控制的内容就更加罕见。这都从客观上导致了内部控制理论的狭隘性。

第四，内部控制理论与其他理论一样，它的产生与发展都是基于社会经济环境的一定需要。从内部控制发展和演变的过程来看，内部控制的发展最初是基于管理的某种需要，后来基本上是外部审计的推动，可以说，企业管理的发展和外部审计在内部控制理论和实践的发展中起到了巨大的推动作用。内部控制理论的每一个阶段性成果无不与企业组织形式的变化和利益相关者的价值目标取向一致，每当企业组织形式和利益相关者发生变化时，内部控制都会面临挑战。随着社会经济环境的变化，内部控制也必然会获得新的发展。

从历史发展的渊源来看，内部控制本身并不是因为审计而产生的，在审计没有提出这个术语之前，它已经有了长足的发展。而这个术语的提出也只是审计理论和实务界从业务需要出发，为了在保证审计质量的前提下提高审计效率，把企业管理中与财务报表审计有关的程序、制度抽象出来形成的一种为审计服务的工具。它是随着审计。业、审计行业的发展而发展的。所以，迄今为止，其研究组织、研究人员都是审计和会计的相关组织和机构；在内容上还仅仅限于审计理论和实务，对内部控制的定位还停留在与财务审计密切联系的"保证和防护政策、程序、过程"上。虽然随着内部控制的发展，其内容已经扩展到了企业的很大领域，但是，在内容和形式上审计专业或行业的烙印依然很深。

总之，审计不管是为了增进财务信息的价值还是为了促进股东和企业利益的最大化，还是分担社会风险，从本质来说它是一个评价客观事物的过程。因此，不管其采取的方式和方法如何，它都必须尽可能地客观。内部控制概念的提出是为了在保证审计质量的前提下提高审计效率，在实践上有其积极意义。但是，如果从缩小审计师的责任角度出发，仅仅从本行业或专业的角度去定义内部控制，就人为地限制了内部控制的范围，笔者认为这很可能会造成对客观事物的背离。也许从审计发展的最初阶段来看，它还适用，但是，从一个较长的时期来看，随着经济环境的变化，审计行业自身必将受到其不利的影响。而内部控制的发展过程恰恰就证明了这一点。我们要看到：内部控制正在逐渐突破审计行业或专业的限制，开始向企业管理和企业治理拓展，形成广义内部控制的发展趋势。而且，在新的经济环境下，随着管理和审计的创新发展，内部控制的发展必将经历一个新的飞跃。

第九章　内部控制的理论框架

实践证明，基于环境现状构建内部控制机制是一种被动性的做法，因此，在构建内部控制理论时必须充分考虑环境的变化和发展。经济环境发生了很大的变化，管理和会计服务本身对内部控制理论提出了新的挑战，重新构建内部控制理论，大势所趋。

第一节　社会经济环境的变化对传统内部控制的挑战

从整体上来看，目前的内部控制理论已不太适应新的经济环境，范围狭窄，内容简单，不能从系统整体的角度考虑问题；控制对象主要是有形物质资源，只注重企业的实物支持系统，较少关注企业独特的知识与技能、管理体制和员工价值观念对企业竞争能力乃至核心能力培植和提升的影响；控制方式和手段原始、单一，不适合知识经济条件下对知识资源的控制。理论的发展水平总是与一定的社会经济发展水平相联系的，社会经济环境发生了变化，理论也必将发生变化，内部控制理论也不例外。

管理理论和实践的发展既对内部控制提出了新的挑战，又为内部控制的发展提供了新的机遇。企业的规模越来越大，经营从小规模、单一化、地域化向集团化、多元化、国际化发展。企业所面临的各种问题，如产权问题、组织问题、流程问题、法律问题等越来越复杂，所需要的各种专业服务也越来越多。如何从整体的角度来协调各种资源的有效使用，实现企业的目标，成为他们日益关注的问题。企业发展的这种趋势促使他们重新审视对各种资源的管理和控制，重新建立各种资源的管理和控制措施，包括对物质资源、知识资源的控制。其中高级管理人员作为人力资源中最重要的一部分，在企业的生产经营中发挥着越来越重要的作用，对他们的控制和激励越来越成为企业控制的关键问题。而且，外部控制——市场、立法和执法体制对企业治理控制中的不确定性日益乏力，不能对企业中的问题进行有效的解决，所以，人们都寄希望于内部控制。同时，以人为本的管理、组织结构柔性化、管理信息化、知识管理等管理创新的出现，也为内部控制的发展提供了条件，使其能够吸收新的理论成果，借助新的管理手段和方法，进一步丰富自己的理论和实践。

会计服务业务的发展也迫切需要拓展和重构内部控制理论，以满足理论研究和实务的需要。会计服务业务范围的扩大急需理论的大力支持和指导，而原有的内部控制理论由于范围狭小，已不适应理论和实践的需要，迫切需要进行更新。在这种新的经济环境下，在管理和会计、审计业务不断发展的情况下，内部控制需要从理论上有所突破，打破其原有理论的狭隘性；从企业这个经济系统的整体出发，拓展内部控制研究的范围，充分借鉴经济学、管理学、控制论、信息论的最新发展成果，系统、全面、有效地构筑企业内部控制系统。内部控制如果还仅仅作为保护财物完整性的一种保护制度存在，不但不能适应企业管理的需要，而且，也会引起内部控制评价的片面性，导致审计风险的增加，其存在的理论价值也大大降低。为了适应经济环境的新变化，把内部控制建设成一个有效的控制系统，就必须扩展内部控制的内容，转变控制的重点，从控制物质资源转向控制知识资源，从对外保证型转向管理服务型，从低层次的制度、程序、环节控制转向系统整体的有机控制。

随着社会经济环境的变化，内部控制理论不断拓展，向更高更深层次发展成为一种必然趋势。尽管审计角度的内部控制和管理角度的内部控制因为双方目标的不一致，而有所差别。但是，随着企业管理自身的需要和会计服务范围的扩大，内部控制开始向管理靠拢，成为"管理的工具"。笔者认为，随着社会经济环境的变化和发展，不同角度对内部控制的理解有一种趋同的趋势，相信最终会形成一个较为系统的、宽泛的、各方可以研究和探讨的内部控制"通用平台"。

第二节　研究企业内部控制的前提假设

研究企业的内部控制必须明确企业、企业中的人、企业的环境的性质和特征。

一、企业的本质

企业是企业内部控制的载体和作用范围，研究企业内部控制必须明确企业的本质：

（一）企业是一个有机组成的系统

从表面上来看，企业通常由生产部门、管理部门、采购部门、销售部门、财务部门等部门组成，各部门内部以及各部门之间通过一定的业务流程进行各自的活动，维系着他们之间的有机联系，其整体效果就是形成一个系统，构成企业的整体。

从生产要素的角度来看，企业是一个由诸多生产要素有机构成的系统，各生产要素之间相互影响，相互作用，相互制约。要素结合为系统，系统作为有机联系的整体，就获得了各个组成部分所没有的新的特性，而这种新的特性是要素、系统整体和外部环境相互作用的结果。比如，人的劳动，生产原料，机器设备，厂房，土地等。

（二）企业是一个契约的集合

从契约经济学的角度来看，企业是一系列契约（合同）的组合，是个人之间交易产权的一种方式。货币资本所有者、人力资本所有者等各方主体通过正式契约或非正式契约结合在一起，都承诺贡献资源并期望从这种产权的交易中取得报酬，个体对自身利益的追求既会减少冲突，也会减少合作。契约关系是企业的本质，企业完全是一种法律假设，是一组个人契约关系的一个连接。这些契约相互交织在一起，彼此联系、彼此制约、彼此影响，构成一个契约的集合。

（三）企业是对市场的一种替代

有组织、有规模的正式企业并不是一开始就天然生成的，而是随着市场的发展而逐渐出现的。在社会经济中，首先出现的是市场，随后才出现企业这种组织形式。市场和企业在本质上是相同的，都是对交易的一种组织。同时由于契约是不完备的，所以就产生了交易成本。在市场和企业这种交易的组织形式下，交易成本是不同的。一般认为，通过企业这种交易的组织形式，一方面可以降低交易成本，另一方面可以实现某些外部性的内部化，从而，企业作为市场的一种替代物就出现了。

交易组织的形式取决于各种不同组织形式下交易成本的高低。最广泛意义上的交易成本包括那些不可能存在于一个克鲁梭·鲁滨逊（一个人）经济中的所有成本，这种定义是必要的，因为在联合生产的情况下，不同类型的交易成本通常只有在边际上才能区分开来。它们不仅包括那些签约成本和谈判成本，而且也包括度量和界定产权的成本、用契约约束权力斗争的成本、监督绩效的成本、进行组织活动的成本。在经济发展的最初阶段，信息技术不发达，自发的单个个体在市场中进行交易，其交易成本相对较高，由于交易成本在短期内难以实现大幅度的降低，于是，企业作为交易的另一种组织形式，由于其交易成本与市场条件下的交易成本相比较低，从而，对市场实现了一定程度的替代，即市场和企业的边界取决于交易成本的相对高低，如果通过企业把市场交易下的一些问题内部化降低了交易成本，那么企业代替市场就是有效的。但是，随着信息技术的发展，这种趋势发生了变化，信息是组织保持活力的源泉，因为信息能够在结构、技术和创新等方面提供决策依据，是连接供应商和顾客的生命线。信息技术对交易的组织形式产生了巨大的冲击，它直接影响到交易成本的高低。信息技术越发达，提供的信息的数量和质量就会越高，就可以减少不确定性，降低信息的不对称程度，从而交易成本就越低，或者说信息技术决定了交易成本很大的一部分内容。所以，随着信息技术的发展，交易处理系统（TPS）、管理信息系统（MIS）、执行信息系统（FIS）、决策支持系统（DSS）、局域网（LAN）、广域网（WAN）、

Intranet、Internet 等技术不断地在发展和完善，在新的信息技术条件下，以往市场条件下难以降低的交易成本得到了降低，而相对地，企业的内部管理成本也居高不下，或者说在企业这种交易的组织形式下，交易成本反而变得相对较高，因此，很多企业进行了结构重组和流程再造，一些生产活动重新以市场交易的形式进行，或者在企业内部采用市场的交易形式。比较典型的如虚拟团队通过计算机技术把地理上分散的团队成员联系起来去为实现共同的目标而工作：网络组织活动由总部执行，其他职能则外包给以电子方式与总部联系的独立的公司或个人。从而实现了市场对企业的替代。

二、人的特性

（一）有限理性

即人们只有有限的获取和处理信息的能力。正如西蒙所说的"愿望合理，但只能有限地做到"，但有限理性并不意味着非理性。

（二）效用最大化

效用最大化，即人们总是在一定约束条件下最大化自己的效用。

（三）机会主义

机会主义是指，人们具有一种狡诈的自私自利倾向，行为主体在交易活动中不仅追逐自利的目标，而且在追逐自利目标的同时使用策略性行为，这些策略性行为包括隐瞒真实信息、交易意图的不实陈述和欺诈等。机会主义作为一种潜在的行为倾向，只要条件具备，就会转化为现实的行为。

三、企业环境的特性

（一）不确定性

企业所面临的外部环境和企业自身的内部环境是不确定的，具有很强的随机性和变动性，任何决策和条件都具有一定程度的不确定性。

（二）信息不对称

所谓信息不对称是指这样一种情况，缔约当事人一方知道而另一方不知道，甚至第三方也无法验证，即使能够验证，也需要花费很大物力、财力和精力，在经济上是不划算的。

非对称信息可分为两类：一类是外生的非对称信息，是指自然状态所具有的一种特征、性质和分布状况，这不是由交易人所造成的，而是客观事物本来所具有的；在契约经济学中，自然状态是指随机事件，它是"自然"的外生选择，而不是经济行为者的内生选择。另一类是内生的非对称信息，它是指在契约签订以后，其他人无法观察到的，事后也无法推测的行为。内生的信息非对称又可以分为两类：一类是隐藏行动或隐藏行为，即非对称信息的发生可能是由于当事人的行动只被他自己知道，或只被一个契约中所有的签约人知道，而局外人不能观察到；一类是隐藏信息或隐藏知识，即信息分布是不平衡的，签约一方对他本人的知识（个人特征）很清楚，而其他人不知道或知之甚少，或者可能影响契约的自然状态的知识某个人知道而另外的人不知道。

第三节　企业内部控制的研究基点

在企业中，常常存在两类问题：一类是经常发生的、可迅速地、直接地影响组织日常经营活动的"急性问题"；另一类是长期存在的、会影响组织素质的"慢性问题"。解决急性问题，多是为了维持现状；而要打破现状，就必须解决慢性问题。在各级组织中，大量存在的是慢性问题，但人们往往只注意解决急性问题而忽视解决慢性问题。因为慢性问题是在长期的活动中逐渐形成的，产生的原因复杂多样。人们对于其存在已经"习以为常"，以至于适应了它的水平，不可能发现或者即使是已经发现也不愿意承认和解决由于慢性问题所带来的对企业素质的影响。

所以，传统内部控制理论的目标和内容都集中在如何防弊上，而这从企业生产经营发展的角度来说是不够的。在竞争激烈的市场经济条件下，企业的生产绝对不可能是维持现状，为了适应瞬息万变的市场，生产规模必然随着外部环境的变化而扩大或收缩。传统的内部控制的管理对象还仅仅停留在对物质资源的管理上，控制内容还停留在保护物质资源的安全上，对人力资源的重视程度还远远不够。随着人力资源的重要性逐渐被企业认识到，内部控制的范围和内容也逐渐扩大和发展。经营型企业存在的维系支柱是企业要盈利、要发展，而要使企业这个系统协调、有序、高效地运作，必须进行控制。"制"的目的在于保持其系统性和凝聚力；"控"是为了发展，是为了突破现状，企业的发展是在维持和进取中取得的。所以，"内部控制"的含义不应当仅仅限于内部的"约束、限制"。

所以，我们必须意识到，内部控制从本质来说是为企业的利益服务的，应当是企业中的一种客观存在，而审计行业对它的利用只能建立在它客观存在的基础上才有意义。内部控制的建设是由企业自身来进行的，执行也是由企业来执行的，所以，内部控制理论的研究的立足点必须从企业的角度出发，充分考虑企业的经济利益目标。只有这样，内部控制理论的研究才是从客观实际出发，才能与企业的实践相吻合，真正起到指导实践的作用。如果脱离这个基点，就很难保证它的实施存在有效的动力机制。

内部控制应当为企业的整体目标服务，不能仅仅限于防弊，更重要的在于促进和激励，这也就必须突破传统内部控制理论"单纯控制"的概念，或者说必须实现由"消极控制"向"积极控制"的转变。

第四节　控制的含义和管理的控制职能

关于"控制"的含义，《高级汉语大辞典》认为"控，引也。—《说文》"，"制"就是"约束、限定、管束"，对"控制"的解释是"掌握住对象不使任意活动或超出范围；或使其按控制者的意愿活动"。在传统意义上，我们对"控制"的理解更多地强调了"制"，即"约束、限定、管束"，掌握住对象不使任意活动或超出范围。然而，"控"的含义更重要，即"引"，使其按照控制者的意愿活动。"制"只是单纯、消极的约束和限制，而"控"则已经突破了单纯约束限制的概念，更强调了引导、推动的含义。企业好比斜坡上的球体，向下滑落是它的本性；要想使它往上移动，需要两个作用力：一个是止动力，保证它不向下滑，这好比"制"；一个是拉动力，促使它往上移动，这好比"控"，两个力缺一不可。"制"最多可以使之保持原样，却不能使之发展、前进，而"控"则可以使之发展、前进，同时也就止住了它下滑的力。无论是亨利·法约尔的计划、组织、指挥、协调和控制的五职能论，还是哈罗德·孔茨和西里尔·奥唐奈的计划、组织、人事、领导和控制的五职能论，以及今口流行的计划、组织、领导和控制的四职能论，"控制"都占有一席之地。斯蒂芬·P.罗宾斯把管理的控制职能定义为"监控各项活动以确保它们按计划进行并纠正各种重要偏差的过程"，并将其分为三个步骤：衡量实际绩效；将实际绩效与标准进行比较；采取管理行动来纠正偏差或不适当的行为。在现代管理活动中，无论采用哪种方法来进行控制，要达到的第一个目的（也就是控制工作的基本目的）是要"维持现状"，在变化着的内外环境中，通过控制工作，随时将计划的执行结果与标准进行比较，若发现计划内容的偏差，则及时采取必要的纠正措施，以使系统的活动趋于相对稳定，实现组织的目标。控制工作要达到的第二个目的是"打破现状"。在某些情况下，变化的内、外部环境会对组织提出新的要求。主管人员对现状不满，要改革、要创新，要开拓局面。这时，就势必要打破现状，即修改已定的计划，确定新的实现目标和管理控制标准，使之更先进、更合理。管理活动无始无终，一方面要使系统的活动维持在某一平衡点；另一方面还要使系统的活动在原平衡点的基础上，求得螺旋形上升。

第五节　控制的策略与模式

　　企业的高层和中层管理者可以在三种基本控制方法中进行选择：市场机制、官僚机构和小团队协作。

一、市场机制

　　市场控制机制源于企业利用竞争性价格来评价企业的产出和生产效率。采用市场机制要求企业的产出必须足够清晰，能用价格明确表示出来，还要求存在竞争，没有竞争，价格就不能精确地反映企业内部的效率。市场机制可以应用于整个组织的层次，也可以应用于产品分部。一些公司甚至要求内部各个部门之间以市场价格进行交易，在他们之间购买和销售产品和服务的价格同外部公司交易的价格是一样的。为了使市场机制发挥作用，内部单位也有购买外部公司产品或向外部销售的选择权。只有当公司、分部或部门的产出可以表示成货币形式并存在竞争的时候，才能使用市场机制。

二、官僚机构

　　官僚机构是利用规则、政策、权威层级、书面文件、标准和其他官僚机制来达到行为的标准化并进行绩效评价，其首要目的是标准化和对员工行为的控制。管理控制系统被广泛地定义为使用信息来保持和改变组织行为模式的惯例、报告和程序。大多数组织在很大程度上依赖财务会计手段作为衡量组织绩效的基础，但在今天这样一个竞争性和快速变化的环境中，公司的管理者意识到企业需要一个财务手段和经营手段相平衡的观点来成功地进行组织控制，一般来说，主要包括四个要素：预算、定期的非财务统计报告、薪酬系统和标准操作程序。

三、小团队协作

　　小团队协作就是运用诸如公司文化、共享价值观、承诺、传统、信仰等社会特征来控制行为。使用小团队协作的企业需要共享的价值观和员工之间的相互信任。当企业中问题的模糊性和不确定性都很高时，采取小团队控制是重要的，高的不确定性意味着企业不能用价格衡量其服务，事物发展变化的很快以至于规章制度不能用来约束每一个行为。小团队协作多用于小型的、非正式的或有着较强文化的组织。计算机网络的进一步应用（这种应用可能导致在整个组织范围内的信息民主化）可能会迫使许多公司减少对于官僚机构的依赖，而更多地依靠指导个人行为符合公司利益的共享价值观。

建立在严格的规则和密切的监督之上的传统控制机制，在高度不确定性和快速变化的情况下对行为的控制是无效的，那些转向分权化、扁平化组织、网络结构和员工参与等薪管理模式的公司通常选择小团队协作或自我控制。

相对小团队协作是一种被社会化到一个群体中去的方法而言，自我控制系统则来源于个人的价值观、目标和标准。企业试图把员工个人自我内在的价值和创作偏好归纳到符合组织的价值观和目标的路上去。通过自我控制，员工通常自己设定目标并自我监督绩效。

第六节　内部控制内涵的拓展

根据系统论的观点，系统是普遍存在的，只要由两个以上的要素（元素、部分或环节）所组成，要素和要素、要素和整体、整体与环境之间，存在着相互作用和相互联系，具有确定的功能就构成了一个具体的系统。整个自然界，从微观粒子到宏观天体，从无机界到有机界，从原生物到人类个体，都是由特定的要素组成的，是具有一定层次和结构并与环境发生关系的系统。企业也不例外，从企业的外部来看，企业就是一个经济系统，系统中的每一部分都发挥着自己的作用，管理者、一般人、财、物等相互影响，相互联系，彼此紧密地结合在一起。

基于上述的讨论，笔者从另一角度来解释内部控制：把企业视为一个系统，以它的运作需要一个有效的内在控制系统为研究起点，从加强企业资源的有效管理，提高企业效率和效益的角度来认识内部控制。企业是一个为了达到一定目的，由许多相互关联的要素（各种子系统或分系统）组成，并依靠各个要素之间的相互联系、相互作用有机结合在一起的复杂的耦合运行的人造经济系统。我们有必要对企业的经营活动及其过程实施控制，实现科学有效的管理，通过协调、资源配置、激励和绩效衡量将各个员工分散的努力团结起来，以提高企业的经济效益。这也要求我们在研究这个系统的控制时，必须把它视为多因素、多变量的有机整体，依据各要案或子系统对系统整体的作用程度，结合外部环境对系统的作用，选择最佳方案去安排系统的各组成要素或子系统。所以，为了更加有效地对企业这个系统实施控制，我们根据与系统（企业）相联系的紧密程度、对系统功能影响的大小，把联系不太紧密、影响较小的因素作为环境，把联系紧密、影响较大的因素作为系统的要素。更进一步根据控制机理的不同，把环境对企业系统的影响称为外部控制（主要是市场机制，主要包括产品市场、资本市场、劳动市场）；把企业系统要素之间为了达到系统目标的相互作用、相互制约称为内部控制（既包括与所有权相联系的企业治理控制，又包括与经营权相联系的企业管理控制）。针对企业这个经济系统来说，内部控制应当是作为经济控制系统而存在的，因此，可以把内部控制视为为了实现企业的目标，由存在于企业内部的具有约束、指导、激励功能的机制、制度、程序、氛围等因素，有机地组合在一起而形成的集合。单纯地把它归结为制度、方法、活动或工具，不能描述内部控制的实质，也不能满足企业管理的需要。如何协调、控制、激励每一部分，以实现企业的目标，是企业内部控制的目的所在，它应当是一种机制，一种控制系统。

根据系统的整体性原理和控制机制的差异，又可以把内部控制分为两个部分（或子系统）：企业治理控制和企业管理控制。控制的表现形式可以是一种程序，如通过控制主体（比如管理者）对控制客体（比如人、物质资源、经营活动）的一种约束、指导；也可以是一种机制，如建立某种激励机制，使经营者的努力与其报酬紧密联系起来，从而激励经营者自动地去努力工作；也可能是一种氛围，如通过建立企业文化和企业道德来唤起员工的工作热忱。这既是管理控制理论对"人治"控制的一种突破，也是"控制"本身的含义随着社会经济环境的变化而发生变化的一种表现。

从实质上来看，企业和市场一样，都是交易的一种组织形式，不同的只是交易成本的大小。一般来说，当市场的交易成本相对于企业较高时，一些原来在市场进行的交易就会转入企业内部进行，出现所谓的企业替代市场；同样，如果企业的交易成本相对于市场较高时，一些原来在企业内部进行的交易就会转入市场进行，出现所谓的市场替代企业。这种替代性或交易成本的差异主要是因为市场控制和企业内部控制的效率不同。如果内部控制的效率比市场控制的效率高，则企业内的交易成本要低于市场，交易在企业内进行是有利的，反之亦然。从这个意义上讲，企业内部控制和市场机制是以市场和企业界限为分界线的两种对等的控制模式或手段。但是，企业则是一个不完备的契约，当不同类型的财产所有者（企业所有人是一种特殊财产的所有者）作为参与人组成企业时，每个参与人在什么情况下干什么，得到什么，并没有明确的说明。所以，企业内部控制系统只有在对这些资源进行了有效的控制，存在相对效率的时候才会体现出企业相对于市场的优势，企业才有存在的必要。企业内部控制的效率决定企业内的交易成本，决定着企业和市场之间的替代关系，从而决定着企业和市场的界限。所以，只有在企业内部存在一个有效的控制机制，来弥补企业契约的不完备性，保证企业的正常运作和发展，才会有企业的存在和发展。这既是企业内部控制存在的理由，也是它的本质所在，它应当兼具制度、系统和控制机制等多重含义。

所以，笔者拓展后的内部控制是一个广义的概念，它涵盖了整个企业的范围，既包含了传统意义上的管理控制，而且还包括企业治理层面的控制以及企业文化等内容。对内部控制的含义在已有发展成果的基础上进行拓展，进行更系统、更广泛和更一般的解释，既是经济环境变化对内部控制的客观要求，也是内部控制理论自身发展的必然结果。尽管它与传统的解释和一般的看法存在一定的差异，但是也存在着紧密的联系，是对它们的继承和发扬。

第七节　内部控制的三个口径

一、内部控制的需求差异与分歧

在对内部控制理论作上述拓展之后，我们还注意到这样一个问题：内部控制理论尽管经过了很长时间的发展，但是各方由于利益和目的的不同，导致了各方在理解上的差异和概念上的混乱，没有形成一个统一的认识。COSO 框架的提出可以视为一种解决方法，但并不理想。为了既能适应新的经济环境，对内部控制理论进行拓展，又能满足各方的需要，笔者认为可以考虑把内部控制划分为三个口径，分别构建各自的理论体系，以促进内部控制理论研究的深入发展。

内部控制理论与实践的产生和发展已有很长一段历史，从最初的内部牵制，发展为内部控制制度，以及后来的内部控制结构，到今天开始被人们逐渐接受的 COSO 内部控制整体框架，可以把它们从总体上分为四个阶段。然而，研究这段历史的发展，就会发现内部控制的理论研究和实践始终是在一个混沌的状态中进行。尽管内部控制的研究对审计的发展起到了很大的推动作用是一个不容置疑的事实，但是我们也要看到存在的一些不容回避的问题和矛盾：参与内部控制研究的主要是审计组织和审计人员，但是只有通过企业管理人员的实际执行才能有效；内部控制的一些主要的论点和提法主要是从审计专业或行业的角度提出的，但是只有应用于企业的经营管理才会发挥作用；管理人员对审计人员关于内部控制的提法不甚满意，认为"将美玉击成了碎片"。而且，企业上层建筑的制衡，高级管理人员的约束、激励等问题日益重要，而我们的内部控制理论和实践却很少探讨这些问题，还停留在人员牵制等有形的控制上面。

理论的研究总是源于一定的需求，从总体上来说，内部控制理论的需求主要分为以下几个方面：

（一）审计人员

审计人员是内部控制理论研究的发起者，也是该理论发展至今最大的使用者。他们主要是为了提高审计的效率，降低审计的成本，从企业的内部控制中抽出与财务报表审计有关的部分形成自己的概念。所以，严格来说，审计角度的内部控制不能代表内部控制的全部。

（二）企业管理人员

企业管理人员需要一整套有效控制所辖资源的机制，以有效地使用企业的各种资源，实现企业的目标。他们尽管不是该理论的最先提出者，但却是内部控制的最高的应用者和实际执行者。

（三）外部监管者

外部监管者希望通过内部控制使企业遵守有关的法律法规，维护社会投资者和国家的利益，保持良好的市场秩序。

（四）投资者和潜在的投资者

所有权和经营权的分离，职业经理人的出现，使得实际的投资者"沦落"到了"出资者"的地步。他们对企业经营管理的直接关注越来越少，了解的具体经营情况也越来越少，更多地是面对年度和半年度的财务数据，他们希望在企业内部有一套能够保护他们利益的机制。潜在的投资者也希望通过了解企业的内部控制来分析企业管理水平的高低、风险控制能力的大小，据以估计投资风险的大小，从而做出自己的投资决策。

（五）其他

随着社会经济环境的变化，越来越多的利益相关者不再仅仅关注企业的财务报表，而是更多地关注企业的经营运作，它们也就自然产生了对内部控制理论的需求，比如，供应商，债权人等。

通过上述的分析，我们能够发现相关各方对内部控制的要求、使用存在很大的不同，从而引发他们对内部控制的理解在含义、目标、内容上存在很大的差异。产生这种差异的根本原因就在于他们的利益和目的是不一致的，利益的不一致导致了要求上的不一致，进一步产生了对内部控制理论规定性上的差异。这种理解上的差异不但在内部控制理论的研究上，而且在企业内部控制的构建实务中都不可避免地引起了混乱。能否有效地解决这个问题，关系到内部控制理论的进一步发展和企业内部控制的建立、健全和完善。

COSO 整体框架的提出可以说首先进行了解决这一问题的实践。1992 年，COSO委员会在报告《内部控制——整体框架》中指出"内部控制是受董事会、管理当局和其他职员的影响，旨在取得经营效果和效率、财务报告的可靠性、遵循相关的法律法规等目标而提供合理保证的一种过程"。后来在COSO报告第二卷"对外部关系人报告"的修正说明中又将"保障资产安全"作为一类新的内部控制目标加以定义。COSO框架的提出可以视为一种解决途径：制订一个各方都能接受的理论框架。然而，从其结果来看并不尽如人意，由于各方利益上的不一致，各方很难在理论上取得完全一致。所以，得出的这个理论框架往往是各方势力均衡后，对各方理论观点综合的结果，或者说只是由过去隐性的不一致变成了放在一起的显性不一致。各方在探讨内部控制时，还是"各抒己见"（其目标体系的多样性充分说明了这一点），没有达到形成这个框架的原定目的。由于各方的利益和目的不一致，不能在理论上达成共识，这是必然的，也是正常的。对于内部控制，为了各方既能顺利地在理论上进行沟通，又能按照各自的目的和要求进行研究和实际操作，在构筑一个大"沟通平台"（如COSO框架）的同时，是否可以考虑分别从不同的角度按照不同的目的和要求构筑不同的小"平台"，分别提出相应的理论体系以适应各方不同的需求呢？

笔者认为，可以根据研究范围、研究目的、研究方法的差异把内部控制划分为三个口径。内部控制实践最初的出现是企业自发的一种管理行为和方式，只是后来审计人员从自身的业务需要出发，正式提出了这个概念，并不断地从审计的角度进行完善。他们站在企业的外部，关注的范围主要是与财务报表有关的会计控制。管理人员关注的角度与审计人员是不一样的，他们关注的是如何有效地管理和控制企业的经营活动和占有的各种资源。他们对内部控制的理解在范围上要大于审计人员的范围，内容上要广阔得多，他们处于企业的内部，不但包括会计控制，还包括管理控制。外部监管者以及企业的现有投资者和潜在投资者从企业外部关注的是整个企业的运行状况，不但包括了会计控制、管理控制的内容，而且还包括了上层的治理控制等所有的内容。他们是从企业整体系统的角度来关注企业的发展，关注企业的成长，因为这些问题都会影响企业的运行，影响企业目标的实现，都会对投资者的利益构成威胁。而我们在讨论企业内部控制系统的构建时，也需要从整体系统的角度考虑，才能使所构建的内部控制系统更有效、更合理。

二、内部控制的三个口径

（一）小口径内部控制——从财务审计角度出发

注册会计师审计可以追溯到16世纪的意大利，但当时的审计方法还是详查法，以及后来发展到抽样法。到了19世纪末，审计人员在改进审计方法的探索中，才逐渐认识到内部控制在审计业务中的重要性。他们从财务审计的实际需要出发，把内部控制从企业管理活动中抽象出来，赋予新的含义，并从实践上升为理论，初步形成了小口径内部控制的概念。美国会计师协会1936年在《独立注册会计师对财务报表的审查》中，首次以书面形式提出审计师在制定审计程序时，应审查企业的内部牵制和控制，并且把内部控制定义为"保护公司现金和其他资产，检查簿记事务的准确性，而在公司内部采用的手段和方法"。

审计人员关注内部控制只是因为研究和评价被审计单位的内部控制有利于合理地确定审计测试的范围和审计程序，提高审计效率，节约审计成本；也可以均衡审计业务的工作量，避免审计业务过多地集中在年终。他们对内部控制的研究和认识自然而然地就局限在与财务报表审计有关的内容，而财务报表审计目标就目前来看不过是对财务报表的合法性、公允性、一贯性发表意见，所以对与财务报表审计关系不大的其他内容关注较少。1949年，美国会计师协会所属审计程序委员会在其名为《内部控制：协调制度的要素及其对管理和独立公共会计师的重要性》的专门报告中给出了一个内容广泛、比较权威的、令经理人比较满意的定义。但是，基于审计实务的需要，还是进一步地分解为会计控制和管理控制，规定审计人员只需对会计控制的评价负责，可以不考虑管理控制。所以，从财务审计角度来看的内部控制，只是一个与财务报表审计有关，或者说与审计业务有关的范围，希望关注更大范围的内容不可能，也不现实。正如我国《独立审计准则第9号——内部控制与审计风险》定义的那样，"内部控制是指被审计单位为了保证业务活动的有效进行，保证资产的安全和完整，防止、发现、纠正错误与舞弊，保证会计资料的真实、合法.完整而制定的政策与措施"。由于内部控制理论研究的目的不同，从而导致对其范围、内容认识的差异，这是不可避免的。

审计角度的内部控制满足了审计人员和审计业务的需要，同时也是企业内部控制建设的基本要求，因为它往往与政府监管机构规定的要求相似，比如，美国的《反国外贿赂法》、我国的《会计法》等都提出了建立内部控制的类似要求。从企业方面来看，主要是通过适当的业务权限设置和授权、准确的会计记录、及时的实物盘点以及公允的报告等程序和方法，保证企业经营和财务状况信息的可靠性，保障投资人财产安全，这一层内部控制制度可以认为是最具体、最基本的控制。

（二）中口径内部控制—从企业管理角度出发

从企业管理人员的角度来看内部控制，其内容就广泛得多。比较有代表意义的是，美国会计师协会所属审计程序委员会在其1949年的专门报告中给出的内部控制定义。这个定义内容广泛，不局限于与会计和财务部门直接有关的控制方面，还包括预算控制、成本控制、定期报告、统计分析、培训计划和内部审计等，以及属于其他领域的经营活动，从而赢得了广大经理人的赞成。但是好景不长，在把内部控制分为会计控制和管理控制之后，就"将美玉击成了碎片"，再也没有一个对管理人员有用、为管理人员所理解的内部控制的定义。但是，必须认识到内部控制的实践源远流长，可以追溯到公元前3000年以前的美索不达米亚文化时期，它是企业中的一种客观存在，并不是因为审计对它的利用才存在；从本质上来说，它是为企业的利益而服务的，而审计业务对它的利用只能建立在它客观存在的基础上才有意义。而且，内部控制的建设是由企业自身来进行的，执行也是由企业来执行的。所以，从管理层的角度来看的内部控制内容要比审计角度的内部控制在内容和范围上广泛得多，他们不大可能达成一致。

所以，审计角度的内部控制只是管理角度内部控制的一部分，只是基于目的的不同，才存在范围和内容上的差异。企业管理层所要建立的内部控制主要是通过检查和改进有关管理政策和程序，有效控制企业运行，不断提高企业的经营效率和效益，实现投资人投入资本的保值增值，从而解脱代理人的受托责任。企业管理层的内部控制是对企业的直接控制，它直接对企业生产经营中的各种资源（包括物质资源和知识资源）进行监督和控制，直接影响到企业的效益和效果，直接影响到企业目标的实现。这一层内部控制制度可以认为是最有直接效果的控制，它直接关系着代理人履行受托责任的成败。

（三）大口径内部控制—从企业系统整体的角度出发

对企业内部控制进行进一步的拓展，从企业系统整体的角度来定义内部控制，就是笔者对内部控制理论从系统论和经济学角度进行拓展后的含义，它的内容和范围就又比中口径的内部控制扩大了许多。它不但涉及企业生产经营活动的控制，还涉及直接影响经营效率的企业所有权控制问题，即对剩余索取权和剩余控制权的分配问题。因为企业所有权的控制问题将直接决定着企业的上层治理控制，直接影响着企业的效率。所以，大口径内部控制除了包括上面谈到的中口径的内部控制外，还应当包括企业的上层治理控制，即通过企业所有权的适当分配，建立适当的"委托—代理"契约关系，保证企业投资人的利益能够得到企业内部代理人的有效维护。这一层次的内容是企业最根本的控制，是为投资人服务的，是各方投资人实现对企业控制的有效工具，它驾驭着管理控制。由于上层的企业治理控制往往与企业的长期利益和长远发展相联系，相对来说更加重要，如果上层的控制不恰当，那将直接影响到管理控制的效果和效率。正如我国的现实所示，上层企业治理控制的不完善最终导致了下层企业管理控制的低效和薄弱，引发企业的低效率和亏损。企业治理控制和企业管理控制都是一个企业正常运作和发展不可缺少的控制机制，无论哪一个方面出现问题，企业的目标都很难实现，二者是不可分割的。COSO框架的五个组成要素中，第一个就是控制环境，其中就包括了上层治理控制的内容，但遗憾的是作为环境出现的，而没有融合为内部控制的一个有机组成部分。所以，笔者认为从企业系统整体的角度来看，大口径内部控制应当包括四个部分：企业治理控制，企业管理控制，管理信息系统，企业文化。

三、划分内部控制口径与层次的意义

把内部控制划分为三个口径可以很好地解决理论和实践在现实中存在的混乱，使内部控制理论的研究各成体系，各负其责。笔者认为将内部控制划分为三个口径可以产生以下几个方面的积极意义：

有利于内部控制理论研究的深化。三个口径的划分只是基于目的、范围和使用上的差异，并不存在绝对的本质上的不同。三个口径之间又存在着非常密切的联系，大口径的内部控制范围最大，是从系统的角度来考虑的，中口径和小口径内部控制是它的一个特定的部分。划分为三个口径后，理论研究和实务界各层次的人士都可以根据自己的需要，分别从三个口径深化对内部控制的研究，构建适合各自实际需要的内部控制体系，而不必都统一在一个通用框架下进行研究，避免了术语和概念上的混乱。

有利于内部控制实践的发展。内部控制的三个口径可以视为内部控制建设的三个阶段。企业在构建内部控制体系时，可以首先考虑小口径的内部控制是否已经建立健全，如果已经建立健全，再考虑中口径内部控制的建设。如果中口径内部控制的建设比较完备，就可以考虑从大口径内部控制的角度来评价和分析企业的内部控制体系是否有效、是否合理。把三个口径的内部控制建设作为企业建立健全内部控制的一个长期战略，分步骤、分阶段从低层向高层，从点到面逐步完善；在每一个阶段的建设中，都需要从企业整体的角度来考察企业内部控制的有效性和合理性。

第八节　内部控制的目标体系

一、内部控制的目标

目标是指"想要达到的境地或标准"，内部控制的目标就是内部控制所要达到的境地或标准。对于内部控制的目标往往有不同的理解，一般都反映在内部控制的定义中。除了在前文所提及的会计或审计组织提出的内部控制定义外，许多有名的学者在其著述中也提出了内部控制的目标。RJ 安德森在《外部审计》一书中，认为内部控制目标包括：保护资产；保证会计记录的可靠性；及时提供可靠的财务信息；盈利和尽量减少不必要的费用；避免异常风险；预防或查明错误和不正当行为；履行法律责任。《蒙氏审计学》提出了五个内部控制目标：完整性；真实性；准确性；一贯性；实物安全性。在安仁斯（ArenS）和洛贝克（LOebbeCke）合著的《审计学》中，提出了内部控制的七个目标，它涉及经济业务及其记录的真实性、业务授权、完整性、正确计价、正确分类、及时记录、相应登记和加总。我国的《独立审计具体准则第9号——内部控制与审计风险》指出，相关内部控制一般应当实现以下目标：保证业务活动按照适当的授权进行；保证所有的交易和事项以正确的金额，在恰当的会计期间及时记录于适当的账户，使会计报表的编制符合会计准则的相关要求；保证对资产和记录的接触、处理均经过适当的授权；保证账面资产与实存资产定期核对相符。

上述内部控制目标基本上也是从审计角度提出的。在前文中，我们通过对不同时期内部控制的比较研究，发现内部控制的目标呈多元化发展趋势，由最初的仅包括企业利益的单一目标逐渐融入了多个相关利益主体的目标。所以，从企业管理者或者从企业系统整体来看，内部控制的目标不但包括会计信息的准确、真实、完整和资产的有效保护，而且更要包括经济业务的正常运作、管理方针的顺利实现，概括起来就是为了提高企业的经营效率和经济效益。

二、内部控制目标体系的作用机制

关于内部控制的目标，美国注册会计师 David M.Willis 和 Susan S.Ligh 博士对其进行了实证研究，他们对 General Electric 等 78 家公司的管理者进行了调查。

根据这个调查结果，我们发现理论上的目标体系和公司管理层认可的目标体系并不一致，存在很大的差异。"验证财务报告的可靠性""保护资产安全""促使业务运营与管理政策的一致性"和"提升道德品行"基本上是从企业经营管理的角度出发的，或者说很大程度上体现的是 COSO 框架的第一类目标，而第二类、第三类目标体现的很少，或者说他们没有认为内部控制应当达到这些目标。之所以产生这种差异，笔者认为主要原因在于被调查者是企业的经营者，他们习惯于从自己的角度给出内部控制的目标，他们更多地是考虑对所辖资源（知识资源和物质资源）的控制问题，而对如何控制自己这一阶层，他们没有兴趣（谁也不愿意自己受到制约）。正如刚刚过世的诺贝尔奖获得者赫伯特·西蒙曾经指出的那样，人对一个问题的看法是由他或她所接触到的有关该问题的信息的内容和强度所决定的。

理论是对实践的理性认识，理论的基础是实践，但是，理论必须高于实践，才能服务实践，指导实践和预测实践。根据系统论的原理，系统的运行机制、它应发挥的功能以及所输入、转换与输出的内容、程序与方法等都应当服从于系统的总目标，系统的所有构成要素都是为了实现总目标而起作用的。所以，内部控制作为企业这个经济系统的控制机制，其目标也必须服从于企业的整体目标。更进一步讲，内部控制存在于企业生产经营活动之中，是企业管理的一个重要组成部分，应当完全是企业的一种主动行为。或者说只有服从于企业的整体利益,企业能够从中获益(或者减少损失),这种机制才能有效地发挥作用。因此,笔者认为,只有从企业的整体利益出发,直接与企业整体的目标相关的内部控制目标,才能使企业具备加强和改善内部控制的原动力。尽管我们不否认内部控制在形式和结果能够服务于不同的利益主体,但是,从实际运作的效果来看,内部控制的目标体系中的核心目标应当是保持、提高经营的效率和效益,为实现企业的整体目标提供一种保护、促进机制。而其他目标从本质上来说企业缺乏直接的利益制约机制,只有在企业外部环境或外部控制的作用下使这些目标与企业内部控制的核心目标建立起某种直接的联系,才可能真正成为内部控制实施中予以考虑的因素。

在一定的环境下,可以通过改变系统的内部状态,来调节或改变系统的行为,也可通过改变环境对系统的输入来改变系统的行为。鉴于受益权和控制权的不一致可能导致的低效率,在实现核心目标以外的其他目标时,第一种途径不是最好的选择。第二种途径,也就是通过改变环境因素对企业的输入来造成对内部控制核心目标的影响,从而促使企业产生实现核心目标以外其他目标的原动力。比如,可以考虑通过健全相关的法律法规,实施严格的检查和对有关的违法事项进行严厉的处罚,从而使企业产生一种潜在损失。如果内部控制不健全,出现了与其他目标有关的错弊,它就可能面临重大损失,从而使其他目标的实现成为企业实现其整体核心目标的一种潜在要求。如果想避免这种损失,就必须加强内部控制。如果这些外部机制不存在,即使我们把这些目标规定为内部控制的目标,其效果恐怕也是很差的。

许多学者和研究机构都从不同的角度提出了内部控制要达到的目标,但只是简单地进行了列示,并没有深入地探讨它们之间的关系,或者认为它们之间没有很重要的制约关系。但实际情况并非如此,这些目标之间存在有机的制约关系。随着相关利益者对企业的影响越来越大,内部控制的目标将会更加多元化,但是,只有把这些目标与核心目标建立起某种相关性,在实施中,才会真正实现这些目标。

第九节　内部控制框架的重新构建

一、内部控制的内容

关于内部控制的内容,比较成形的提法主要有以下几种。传统的两分法认为内部控制包括会计控制和管理控制。结构分析法认为内部控制结构包括:控制环境、会计制度、控制程序。《蒙氏审计学》第 10 版将会计控制的内容分为:(一)基础控制,包括:完整性控制、真实性控制、准确性控制、一贯性控制;(二)纪律控制,包括职责分工、监控;(三)实物控制。RJ 安德森在《外部审计》一书中,认为内部控制的内容包括:组织控制、系统开发控制、授权和报告控制、会计制度控制、附加保护控制、管理监督控制、文档控制。COSO 框架将内部控制分为控制环境、风险评估、控制活动、信息与沟通、监督五个部分。

除了理论界对内部控制的内容进行探讨外,实务界对内部控制也有自己的看法。美国注册会计师 David M.Willis 和 Susan S.Ligh 博士对 General Electric 等 78 家公司关于内部控制的内容进行了调查。

他们认为内部控制的内容包括:内部审计、政策及程序维护、可靠员工的选拔与培养、职责分离、道德规范与行为准则。我们发现它们所认可的内部控制内容主要是传统意义上管理控制(包括会计控制)的内容,几乎没有涉及企业治理控制的内容,笔者认为主要有以下几个原因:(一)被调查者主要是企业的经营管理人员,他们关注的焦点主要在经营管理;(二)在美国,企业运作的高度透明和比较完善的立法和执法体制为有效的企业治理提供了有力的保障,或者说市场这个相对比较完备的契约已经延伸到了企业的上层建筑,外部控制对内部控制进行了替代,而相对不完备的契约只是在管理控制部分比较突出。即便如此,在 COSO 报告中,还是把治理控制的影响作为内部控制的第一个组成部分(控制环境)单独列了出来。这说明他们已经开始关注企业内部控制深层次的原因和问题,或者说内部控制的内容要由管理控制向直接影响企业经营效率的企业治理控制扩展。

二、COSO 框架的缺陷

就内部控制理论目前的发展来看,比较典型的要数 COSO 的内部控制整体框架,它提出的内部控制由五个要素组成:控制环境、风险评估、控制活动、信息与沟通、监督。COSO 框架把建立、加强或削弱特定政策、程序及对其效率产生影响的各种因素概括为控制环境,其中包括管理思想和经营方式、组织结构、审计委员会、责任授权和划分的方法,人力资源管理等多项内容;把企业确认和分析与其目标实现相关风险的过程概括为风险评估,作为管理风险的基础;把为了确保其指令被贯彻执行,管理当局制定的各种措施和程序概括为控制活动,一般包括授权和批准、职责划分、设计和运用恰当的凭证、恰当的安全措施、独立的检查和评价等;把企业在一定的时间内以一定的形式确定、收集和交换信息,从而使员工能够行使责任的过程概括为信息和沟通;把评估内部控制运行质量的过程和管理当局用来督查会计系统和相关控制程序的手段概括为监督。COSO 框架的提出从一定意义上来说,是内部控制理论发展的具有代表性的成果，尽管 COSO 框架虽然得到了各方的认可，但是，仔细分析一下 COSO 框架的五个要素，笔者认为尚存在以下问题值得探讨：

（一）控制环境的内容性质不一、缺乏逻辑性

管理思想和经营风格可以划作环境因素，但组织结构是指组织内各组成要素之间相互联系、相互作用的方式或秩序，是各要素之间在时间或空间上排列和组合的具体形式，是企业内部控制的实施框架，所以，把它划为环境因素是不可取的；同样，审计委员会是实施框架中的一个实体，同样不应当作为环境因素。责任授权和划分的方法是一种控制手段或方式，是控制的一种实施，划作环境同样也不合适。随着知识经济的出现，知识资源在现在企业生产、管理中的作用越来越重要，企业管理的重心也开始向知识资源倾斜，而人力资源作为知识资源中的一个重要组成部分，它的管理和控制在企业中的重要性可想而知，仅仅作为一种控制环境因素也很难令人信服。

（二）没有提出一个有效地控制过程

有效的控制应当是一个带有反馈回路的闭环控制过程，在实施有目的的控制活动之前必须进行风险评估，并在控制活动中进行适当的关注；而反馈就是通过关注某一时点的结果，并将信息及时传递给控制主体，以纠正偏离目标的差错，这就是监督。因此，把一个控制过程分解为风险评估、控制活动和监督三个部分分别作为与控制环境同等地位的一个要素，缺乏一个划分的明确标准，在某种意义上来说割裂了它们之间的有机联系，也破坏了系统的整体性。

（三）内部控制整体框架还没有从根本上脱离会计、审计的范畴

它只是在以往以财、物为中心的内部控制基础上，在新环境和新需求的影响下，初步从"控制环境"的角度考虑了企业内的其他相关因素，还没有完全从企业系统整体的角度来考虑问题，将影响企业经营效率和效果的企业治理、人力资源管理等重要问题纳入内部控制系统；或者说，它还仅仅是一个框架，并没有形成一个有机的系统。

（四）横向视角与纵向实务的"分歧"

内部控制整体框架可以看作是对企业内部控制的一种横向解剖，它所提出的五个要素构成了内部控制的横切面，或者说从一个静态的角度来看的一种结果。但是，控制往往存在一定的层次，或者权力与职责的分配，往往需要通过一个过程来完成，或者说从纵向和动态的角度来看，内部控制的构成就又是另外一种景象，可以看到它的层次性、看到各层次之间相互影响相互制约的关系，也就更能寻找到当前企业内部控制失效的根本原因所在。而且，从横向的视角来分析内部控制从理论是可行的，但是，众所周知，到目前为止，所有企业的内部控制体系和控制过程都是纵向的，这种横向的分析对企业内部控制建设的指导性并不是最佳的，容易导致对内部控制理解和实务

应用上的"要素化"或"零敲碎打"，而不是从过程、从系统的角度来考虑。

三、基于企业本质的内部控制框架

经济学对企业的两个基本假定隐含了从"生产"和"规制"两个方面理解企业的本质：Q=Q（L，K）表明从"生产"属性上看企业组织是一个生产性知识集合；PMAX=P（Q）-C（Q）表明从"规制"属性上看企业是以股东利润最大化为目的的契约组织。传统意义上的内部控制比较注重管理控制，或者主要从企业"生产"的属性来分析企业问题。新制度经济学把企业看作是一种契约性组织，更强调从"规制"属性的角度考虑和分析企业问题，主要涉及企业上层的治理控制。构筑一个系统、有效的内部控制体系，也必须体现企业的这两个本质。"生产"的属性直接与管理控制和作业控制相对应，"规制"的属性直接与治理控制相对应；管理控制直接与合同收入相关，而治理控制直接与剩余收入相关，因此，从企业系统整体的角度，体现企业的两个经济学本质。

在这个框架中，内部控制整体上主要由五个要素构成：企业治理控制、企业管理控制、作业控制、信息系统和企业文化。

（一）企业治理控制

凯德伯瑞爵士认为，公司治理是一个指导和控制公司的制度或过程。公司治理包括董事和董事会的思维方式、理论和做法。它研究董事会和股东、高层管理部门、决策者、审计员以及其他利益相关者的关系企业。国内学者普遍接受的一个观点就是：公司治理就是协调股东和其他利益相关者相互之间关系的一种制度，涉及指挥、控制、激励等方面的活动。狭义的公司治理，是指在企业的所有权和管理权分离的条件下，公司董事会的结构与功能、董事长与经理的权利和义务以及相应的聘选、激励与监督方面的制度安排等内容。狭义的公司治理是一种指导和控制公司的体系，其目的在于明确公司的不同参与者（如董事会、经理、股东和其他利益相关者）之间的权利和义务的分配，并清楚说明就公司事务进行决策的规则和程序，同时也提供公司目标的确定、实现这些目标的手段和业绩监控的结构。所以，在这个层次上的控制在企业的战略规划、经营管理中发挥着重要的作用，而以往的内部控制理论出于保护行业利益等原因，而不愿涉及，很少讨论公司治理结构本身在控制的作用。

鉴于此，我们把这个层次的控制称为治理控制。治理控制是内部控制的第一个层次，是整个企业内部控制的上层建筑，它以所有权为基础，直接影响着下层的企业管理控制。它的一般表现形式主要是股东会、董事会以及其所属委员会、高级管理人员之间的控制、约束管理，既包括显性的组织结构上的职权分配控制，又包括隐性的各种激励机制。它要确保企业长期战略目标和计划得以确立，确保整个管理机构能够按部就班的实现这些目标和计划，还要确保整个管理机构能够维护企业的向心力和完整，保持和提高企业的声誉等，它直接面对的是企业的战略规划活动。作为公司治理中控制权合约安排的内部控制无论在目标还是在内容构成上都远远超出传统的内部控制制度，直接关注影响企业经营效率和效果的根本因素。

（二）企业管理控制

安东尼（1965）认为，管理控制是管理者为了实现组织目标，富有效率和效果地获取和使用资源地过程。管理控制是处于战略计划和操作控制之间的过程，管理控制运行的基础是组织的等级制度。战略计划的任务是为整体组织设置长期发展的目标，操作控制的任务是确保组织内各项随机任务的实现，管理控制则是联结二者的过程。罗沃依（1971）认为管理控制系统是"一种为组织信息的寻找、收集、传输和反馈而设计的系统，目的在于确保组织适应外部环境的变化，并使员工的工作行为根据一系列经营目标（符合组织整体目标）得以衡量，以使二者的差异得以协调和纠正。"从全局的角度来看，管理控制处于战略计划和任务执行的中间，即其一端是战略规划，另一端是任务执行。

企业管理控制是企业内部控制的第二个层次，所涉及的主要是企业日常生产经营活动的控制可约束，它以经营权为基础。当企业设定目标之后，就开始制订计划，向各部门分派任务，雇佣人员，对人员进行培训和激励。为了保证业务活动按照既定的计划进行，就需要监控组织的绩效，将实际的表现与预先设定的目标进行比较。如果出现任何显著的偏差，就采取措施使其回到正确的轨道上来。因此，企业管理控制是对企业管理的直接控制，它直接对企业生产经营中的各种资源（包括物质资源和知识资源）进行监督和控制，直接影响到企业的效益和效果，直接影响到企业利润目标的实现。企业管理控制的实体一般包括高级管理层、中层管理层、内部审计组织、一般员工、生产资源等之间的控制机制。管理控制所直接面对的是企业的战术活动。

（三）作业控制

作业控制层次是确保各项业务活动能充分有效地完成，所进行的步骤一般都相对稳定，进行决策和行动通常需要持续的时间较短。作业控制子系统的信息支持主要有日常业务处理、财务处理、报表处理和查询处理。作业控制层处理的主要都是企业内部的业务数据，数据处理量大，是企业信息系统的基础。作业控制主要由中层管理者以下的员工来完成，所面对的主要是企业内的日常业务和事项。

作业控制是内部控制系统的三个层次，它是以部门以及部门内部的职责分工为基础的，是企业员工与作业之间的一种控制关系。作业控制是企业内部控制系统最基础的部分，是最基层的控制。在企业中实际存在的操作方面的规章制度大多是这个层面上的控制。

（四）信息系统

一个良好的信息系统可以使企业及时掌握营运状况和企业中发生的各种情况，可以及时为企业的员工提供履行职责所需的各种信息，从而使企业的经营和管理流畅进行下去。企业治理控制、企业管理控制、作业控制、企业治理、企业管理、作业管理以及企业文化之间进行信息传递和信息反馈的所有通道构成信息系统，它是由人和计算机组成的进行数据的收集、处理、存储、传递（包括反馈）的系统。它通过对一个组织内部和外部数据的收集和处理来获得有关信息，并传递给控制主体，从而对经营活动做出调整，以实现对风险的控制。比如，会计信息系统是企业信息系统中的一个重要的子系统，是组织处理会计业务并为企业提供财务信息、定向信息和决策信息并辅助企业管理控制的有机整体。有效的信息系统可以及时地提供各方所需要的会计信息，包括提供企业各部门控制生产、考核工作成果以及提供企业高层决策人员制定经营方针、制定规划、进行决策所需的会计和管理信息。只有企业的人员通过信息系统了解了企业目前的状况，才能对可能发生的异常状况做出反应，从而及时报告，以防止重大损失的发生。

（五）企业文化

在每个组织中，都存在着随时间演变的价值观、信念、仪式、神话及实践的体系或模式，这些共有的价值观和模式在很大程度上，决定了雇员的看法及对周围世界的反应，这就是企业文化。它是组织内部的一套通用价值体系，用这套价值体系在无形中约束组织和组织成员的言行，使之向着实现组织标的方向前进。COSO框架控制环境中的管理哲学和经营风格以及正直与价值观等内容都包含在这个要素中。企业文化构成内部控制的内环境，企业内所有的人都"沐浴"在这种既成事实又常常根据企业长期战略的需要不断做出调整的氛围中，它直接影响企业员工思考问题的方式和态度。企业治理控制、企业管理控制一旦形成一种风格、一种习惯，这种风格或习惯就会成为企业文化的一部分；反过来，现有的企业文化也会对企业管理控制、企业治理控制产生一定的影响。"人本主义"作为构建内部控制机制的信条已越来越多地被企业接受，道德品行并不单纯只是内部控制的环境因素，它也日益成为内部控制结构的有机组成部分。

从企业整体上来看，企业治理控制、企业管理控制和作业控制是企业整体内部控制的一个子系统，每个系统都有各自的运作机制，又通过系统间有机的联系和作用结合在一起构成整个内部控制系统。框架体系的五个部分存在着有机的联系：企业文化构成企业内部控制的内环境，是一种非强制性的氛围，对企业各种资源的控制都是在这种氛围中进行的；企业治理控制是内部控制的核心和起点；作业控制是内部控制的终点，通过对作业管理的影响，实现各种资源的有效控制和使用，从而促进企业整体目标的实现。如果说企业治理控制是内部控制的上层建筑，那么管理控制就是内部控制的实施，作业控制就是内部控制的具体操作。信息系统为三个层次的控制提供所需的信息，并传递控制的信息和反馈的信息，是控制实施的通路。

第十章　内部控制体系的构建

随着市场经济的发展，企业内部控制作为一种价值控制和综合控制，已成为现代企业管理的重要环节。如何强化内部控制机制，成为当前我国企业管理改革和发展中亟待解决的问题。特别是在后金融危机时代，研究如何建立一套行之有效的企业内部控制体系，从而加强我国企业的内部控制具有重要的现实意义。

第一节　企业内部控制的构建分析——内部控制目标体系

一、企业内部控制目标体系的提出

就企业绩效管控的思维，任何漫无目标的管理措施确定是无效的，甚至增加企业的成本，导致不必要的资源浪费。企业进行内部控制管理系统构建时，控制目标是企业建立控制制度所要达到的预期目的和效果；内部控制目标的定位是构建企业内部控制管理系统的关键。内部控制本身是一种手段，是企业为了达到所设定的目的而进行的过程与活动，而这些目的便是内部控制的目标；此为内部控制存在的根本，体现的是内部控制存在的目的及存在的最终预期结果。同时，内部控制目标也是建立内部控制框架以及考核、评价内部控制的指导性参照文件；因此，内部控制控制管理系统除了要服务于组织其他的次级管理系统，内部控制目标更应融合、构筑于企业的其他各项管理目标。

国内企业目前正处于内部控制标准的研究和制订建设阶段，首先应明确内部控制的目标，才足以明确内部控制的方向，因此可以说，明确内部控制目标，是构建企业内部控制体系的基础和出发点，也是测试、评价企业内部控制体系建设与运行状况的基本标准。现今企业如何定位、设计、建构适用的内部控制管理系统，制定内部控制标准、明确内部控制的目标，此种繁杂的系统设计工程，有赖于我们认真加以思考，也迫切需要理论研究的支持。

1992 年，美国 COSO 委员会从内部控制组成要素的角度，构造了一个内部控制整体框架，在其发布的《内部控制—整体框架》报告中，把内部控制的目标设定为三类：经营的效率和效果；财务报告的可靠性；适用法律法规的遵循性。此报告被奉为内部控制管理的圣经，是迄今为止对内部控制最全面的论述，在一定程度上突破了以往内部控制仅从会计、审计角度研究的狭隘性，在内容上不再局限于会计控制，扩展到企业的管理以及企业的治理，从一个更高、更系统的视野给出了内部控制的一个框架体系，这三类目标中，第一类是针对企业的基本业务目标规定的，包括业绩要求、盈利要求和资源的安全性；第二类是针对财务信息的可靠性设定的，主要包括编制可靠的财务报告（中期报告、年度报告），以及对财务数据的精选、非财务信息附注说明等；第三类是针对法律的遵守设定的。1994 年，COSO 对报告的"向外部关系人报告"卷进行增补时，增加了资产保护的内容。但是，按照 COSO 的理解，这个内容是从属于经营目标的，不是一个独立的目标。1999 年，国际最高审计组织发布文件主张：内部控制是一个组织的计划与增值过程管理活动，包含管理的态度、方法、程序以及其他足以确保企业达到下列目标的评量措施。这些目标包括：

1. 配合战略目标，使各项作业均能有条不紊，且更经济有效地运作，提高产品与服务的质量；

2. 保护资源，以避免因浪费、舞弊、管理不当、错误、欺诈以及其他违法事件而招致损失；

3. 遵循适用的法律、规章以及各项管理规定；

4. 提供值得信赖的财务资料，并能适时、适切地披露有关信息。

2004 年 3 月美国 PCAOB（上市公司会计监督委员会）发布的审计准则 No.2 中仍然推荐使用 COSO 报告中的内部控制整体框架，意味着现实条件下内部控制的目标仍然强调的是营运目标、报告目标及遵循性目标。2004 年 9 月，COSO 委员会在其发布的《企业风险管理框架》中，把内部控制的目标分成了四类：

1. 战略目标，这是最高层次的目标，与企业的使命相关联并支持其使命；

2. 经营目标，指有效和高效率（效率与效果并重）地使用资源；

3. 报告目标，指报告的可靠性；

4. 合规目标，指遵守适用的法律、规章以及各项管理规定。

2004 年 9 月，COSO《企业风险管理整合框架》在内涵上将原 COSO 报告的内部控制五要素扩展为八要素，既体现对 1992 年 COSO 框架的超越，又反映了内部控制的转型，尤其强调了董事会和管理层在目标设定、风险确认与评估以及风险管理策略选择等方面的突出作用，同时明示他们对于企业的经营成败应负完全责任。

翻阅 COSO 报告的新旧版本，其宗旨在于制定任何组织、企业的通用原则以及避免对使用者在设计内部控制制度时的误导，所以都只做概括性介绍，纲领性提出了内部控制的整体框架，至于如何保证这种框架性意见在企业中得以执行，除了在内部控制评估参考列表之外，并没有给出可操作的实务性途径，必须由企业、组织自行理解领会，参酌环境与企业特性，自行设计一套适用于本企业的内部控制制度并予以落实、评估。有鉴于此，2008 年 6 月 22 日财政部、审计署、证监会、银监会和保监会五部委联合发布《企业内部控制基本规范》，明确指出：内部控制目标是合理保证企业经营管理合法合规、资产安全、财务报告及相关信息真实完整，促进提高经营效率和效果，实现企业可持续发展战略。我国有关"内部控制"的教材和文献中，一般有两个方面，每个方面有三项目标，共六项目标。

1. 会计控制目标

（1）确保财产物资的完整性。

（2）保证会计信息的准确性。

（3）确保财务活动的合法性。

2. 管理控制目标

（1）保证生产经营活动的经济性、效率性和效果性。

（2）保证国家法律、法规的遵守执行。

（3）保证经营决策的贯彻执行。

应该说这些目标是高度概括的，对任何企业都适用；需要我们注意的是，这个目标体系不仅与 2001 年财政部设定的控制目标不同，而且同其他国家的内部控制目标相比较也有其自身的特点。

顺应国际管理的新思潮，内部控制管理体系——尤其是内部审计部门的定位与作业，更趋向于内部顾客服务的角度，更足以体现内部控制制度是一种激励机制。现行的管理体系融合了目标管理理论、工作动机理论、激励理论等，其重点是在诱导人的事前行为。众所周知，一个好的管理机制应该诱导成员及所有的利益相关者选择合理、向善的行为，而不是只约束一部分人的背离、乖戾行为，内部控制是事前的引导管理和预防错弊，绝非仅仅事后的纠错处置。我们知道，美国国家标准及技术协会（NIST）支持的马尔科姆·鲍德里奇国家质量奖（MBNQA）评价标准的重点目标也更强调客户的满意度。

二、企业内部控制的目标定位

美国 COSO 于 1992 年发布了《内部控制—整合框架》，1994 年又对该框架进行了补充修订。《内部控制—整合框架》将内部控制定义为"一个受董事会、管理者和其他人员影响的过程，这个过程是为以下目标的实现提供合理保障：经营效率和效果、财务报告的可靠性和遵守法律法规"。2004 年 9 月，COSO 正式发布了《企业风险管理—整体框架》。报告中对内部控制的内涵定义得更宽泛。其内容认为：企业风险管理是一个过程，是由企业的董事会、管理者以及其他人员共同实施的。应用于战略制定及企业各个层次的活动，旨在识别可能影响企业的各种潜在事件，并按照企业的风险偏好管理风险，为企业目标的实现提供合理的保证。在目标定位上，《企业风险管理—整体框架》在《内部控制—整合框架》提出的三个目标基础上，增加了一个战略目标，即与企业的远景或使命相关的高层次目标，而且对报告类目标有所扩展，即不仅包括财务报告的可靠性，还包括所有对内、对外发布的非财务类报告的准确性、可靠性。本书认为，虽然《企业风险管理—整体框架》比《内部控制—整合框架》的目标设置更加全面，且层次更高。但其仍然存在以下不足：控制主体仍然局限于企业的董事会、管理层以及其他人员，而没有拓展到股东及其他利益相关者，即仍然是将公司治理与内部控制、风险管理割裂开来，没有真正形成一个完整的企业控制体系；对风险的过分关注会影响企业的灵活反应和创新能力。

特定内部控制的目标应针对组织内部的每一活动来制定，并且应当是适当、易于理解及合理的，并与整个组织目标相符合。控制目标是管理阶层计划达成的正面效果，或意图避免产生负面的效果。为发展特定控制目标，首先应对所有活动进行大致的分类。然后在每一分类内，将活动划分成一组或多组重复发生的活动过程，以利于处理特殊的交易或事件等关键过程的关键性控制。这些组合应配合企业的组织结构及其责任的划分。企业的活动大致可分为：管理活动；经营活动；财务活动；行政活动。为发展控制目标，对例行重复发生的活动必须加以认定与分析。

我国目前正在加紧进行企业内部控制标准体系的建设。我国企业内部控制标准的制订应当体现出中国的特色，并顺应公司治理和企业管理的历史发展趋势，从而使内部控制管理体系更具有实用性、科学性、前瞻性与全面性。我国的公司治理与美国企业的公司治理具有很大的差异，我国《公司法》要求企业既设立董事会，又设立监事会，而且赋予了监事会在公司治理和内部控制方面较多的职责和权限，如：检查公司财务；对董事、高级管理人员执行公司职务的行为进行监督，对违反法律、行政法规、公司章程或者股东会决议的董事、高级管理人员提出罢免建议；当董事、高级管理人员的行为损害公司的利益时，要求董事、高级管理人员予以纠正等。《公司法》还为监事会行使职权提供了法律保障，规定：监事会、不设监事会的公司的监事发现公司经营情况异常，可以进行调查；必要时，可以聘请会计师事务所等协助其工作，费用由公司承担。除重视股东利益的保护外，我国法律也一直十分重视对员工权益的保护。我国《公司法》规定：两个以上的国有企业或者两个以上的其他国有投资主体投资设立的有限责任公司，其董事会成员中应当有公司职工代表；其他有限责任公司董事会成员中可以有公司职工代表；监事会应当包括股东代表和适当比例的公司职工代表，其中职工代表的比例不得低于三分之一，具体比例由公司章程规定；董事会、监事会中的职工代表 Fh 公司职工通过职工代表大会、职工大会或者其他形式民主选举产生。因此，我国企业内部控制标准体系的设计必须统筹考虑股东会或股东大会、董事会对上市公司来说还包括独立董事、监事会、管理层、员工等在内部控制中的职权和分工，而不能像美国那样仅考虑董事会和管理层。

风险评估是企业及时识别、系统分析经营活动中与实现内部控制目标相关的风险，合理确定风险应对策略。企业应当根据设定的控制目标，全面系统持续地收集相关信息，结合实际情况，及时进行风险评估。企业应当采用定性与定量相结合的方法，按照风险发生的可能性及其影响程度等，对识别的风险进行分析和排序，确定关注重点和优先控制的风险。企业进行风险分析，应当充分吸收专业人员，组成风险分析团队，按照严格规范的程序开展工作，确保风险分析结果的准确性。企业应当根据风险分析的结果，结合风险承受度，权衡风险与收益，确定风险应对策略。企业应当综合运用风险规避、风险降低、风险分担和风险承受等风险应对策略，实现对风险的有效控制。

有鉴于企业的数量众多，类型也是多种多样，各个企业的目标追求更可谓千差万别。要制定一套具有广泛、长期适用性的内部控制标准体系，需要在企业内部控制的目标定位上具有高度的概括性，既要立足于现实，又要兼顾长远的发展。从现阶段来看，保证财务报告的真实、可靠或许是企业内部控制体系建设需要突出关注的目标；然而以高瞻远瞩思维观之，内部控制的目标更应当把企业战略与经营的效率和效果作为重点考虑的目标，把保障企业目标的实现作为其基本的目标。为此，基于前面所述，笔者将企业内部控制的内涵定义为，"企业内部利益相关者及其代理人实施的、旨在合理保证、实现以下基本目标的一系列控制活动；企业价值创造活动的合法性和有效性；企业价值增值分享的公平性和合理性；企业价值创造和增值分享信息的真实性和可靠性"。

关于内部控制目标设定课题的探讨，以及对于内部控制实践的价值至少可以体现在如下几个方面：

1. 内部控制目标为企业内部的控制行为规定了统一的方向；

2. 内部控制目标可以起到凝聚人心的作用；

3. 内部控制目标可以加强员工对组织的认同感；

4. 内部控制目标可以提高控制效率；

5. 内部控制目标有助于在企业形成规范的工作秩序；

6. 内部控制目标为考核控制效率、内外部审计提供了依据。

笔者主张企业全面控制的目标应该与社会发展和企业发展目标相一致。就企业的内部控制管理体系架构而言，至少应该与企业的管理目标相一致。在实际工作中全面控制的目标不能固定而导致僵化，必须因主体、需要的不同而不同。单位的规模、性质不同，控制目标就不同，就是一个单位具体控制活动的目标也是不同的，各有侧重。就单位的全面控制目标，总体目标是控制风险，促使组织目标的实现，具体的目标因需要的不同而不同，可根据需要分为以下层次：

第一层次的目标是保障经营活动的合规合法性，保证法律法规的遵照执行；

第二层次的目标是防弊纠错，保证财产物资的安全，保证会计信息的及时与真实；

第三层次的是建立健全符合现代企业制度要求的法人治理结构，形成科学合理的决策机制，促进提高经营管理的效率和效益，实现发展战略和经营目标；

第四层次的预防和控制各种错误和弊端，及时采取有效纠正措施，防范经营管理中的各种风险。

以上的第一、二层是与会计审计需要相关的控制目标，第三、四层是与治理、管理、风险需要相关的控制目标。值得注意的是：内部控制每个目标之间是相互联系的，不可能绝对分隔开来。其次，设定内部控制的目标，如果就管理实务来说，工作量可能比较大、比较复杂，因为有很多数据需要进行统计和分析。按照笔者的认识，在界定内部控制的目标时，所遇到的困难主要在于如下方面：

1. 如何把握内部控制目标的合理性；

2. 如何认识内部控制目标的全面性；

3. 如何把握内部控制目标的实现程度；

4. 内部控制目标经验性与科学性的分离等。

第二节　企业内部控制构建的原则

近年来，国资委、证监会及有关方面均提出了加强企业内部控制建设方面的要求，并以不同的方式指出，企业设立或完善内部控制时可以聘请专家或中介机构协助完成。如何进行企业内部控制系统的构建成为企业面临的一个现实问题。毋庸置疑，现实中并不存在一个适用于所有企业的内部控制模式，但在构建内部控制体系时，还是存在一些共性的基础。

相关人员可以在遵循共性的基础上，考虑企业多方面的特点，进行内部控制构建。本节对内部控制构建的原则和流程问题进行讨论，以期能够为协助企业进行内部控制构建提供一些基础性的建议。

一套完整有效的内部控制体系有助于实现内部控制的目标，进而实现企业的目标。

完整有效的内部控制体系除了应当满足相关规范的要求外，还应当体现出其所应具备的系统性、适当性及预防性功能。在进行内部控制构建时企业应当遵循以下原则。

一、系统性原则

由于内部控制的内涵越来越广泛，与企业的经营者及企业的经营目标联系越来越密切，各个构成部分不断融合为一个不可分割的系统。因此，内部控制的构建首先要遵循系统性原则，即内部控制系统应当涵盖企业所有的层面，并相互协调，使企业的治理层次、管理层次有效的整合为内部控制体系。

（一）企业组织结构

将企业的治理层次、管理层次进行整合，使其相互协调，成为有效运转的内部控制体系，首先必须认真分析考虑企业的组织结构。委托代理关系条件下的现代企业内部表现为不同层次的权责分派。按照权责的不同，企业的权责分派体系应当主要包括决策权的分派和监督权的分派两个方面。

（二）权力的分派

决策权的分派。按照决策影响范围的大小和影响时间的长短，企业的决策权一般划分为经营决策权、管理决策权和业务决策权。

1. 经营决策权

企业的经营决策权，具有全局性、长期性、战略性的特点。主要包括：

确定或改变企业的经营方向和经营目标、新产品开发、企业上市、企业并购、开拓新的市场、扩展生产能力等。企业的经营决策权一般掌握在高层经营管理者手中，如董事会、总经理等。

2. 管理决策权

企业的管理决策权是指对企业的人力、资金、物资等资源进行合理配置，以及经营组织结构加以改变的决策，具有局部性、中期性和战术性的特点。管理决策的制定必须为实现企业战略目标服务。企业的管理决策权一般掌握在企业的中层管理者手中。

3. 业务决策权

业务决策是在一定的企业运行机制基础上，处理日常业务的决策，具有琐细性、短期性与日常性的特点。主要包括日常的对供应、生产、销售等活动的处理权。业务决策权一般掌握在企业的基层管理者手中。

监督权的分派。企业的整个监控体系包括监事会、审计委员会及内部审计部门。由于监事会直接向股东大会负责，因此，监事会的监督职责在于监督董事会及企业的高层管理人员，即我们经常提到的对企业经营者的监督。而审计委员会作为董事会下的监督机构，主要职责是对管理层进行监督。企业的内部审计部门则主要是针对企业有关内部制度执行情况进行监督，涉及企业经营的各个方面，包括企业经营的效果、效率；企业财务报告信息的真实性及企业运转的合法性、合规性等。

内部控制系统的构建应当体现出企业不同层次的委托代理关系，以及由此而产生的相互制衡机制，从而保障企业不同层次目标的实现及企业长远目标的实现。企业应当按照企业的不同权责层次来构建企业的内部控制。

二、可操作性原则

一套具有可操作性的内部控制体系必须从企业自身特点出发，遵循成本效益原则，并充分考虑到内部控制的局限性。企业进行企业内部控制构建时，应注意以下几点：

（一）充分考虑企业的特点

内部控制构建必须从企业的实际出发。每个企业所处的行业、经营的规模等方面的特点不同，使得企业在所处的内外环境方面、职责分工方面、组织结构方面、业务运转的程序及面对的企业客户方面都存在差别。在构建内部控制时，企业应当主要考虑企业内部环境、企业规模及行业特征、企业经营战略、成本因素等。

（二）认真进行成本效益分析

在构建和实施内部控制花费的成本和由此而产生的经济效益之间要保持适当的比例，即实行内部控制所花费的代价不能超过由此而获得的效益。否则应舍弃该控制措施，或采取其他相应的替代性控制措施。

（三）正确认识内部控制的固有局限性

内部控制的局限性主要体现在以下方面：内部行使控制职能的管理人员滥用授权；内部承担不相容职务的人员串通舞弊；内部行使控制职能的人员素质不适应岗位要求；由于遵循实施内部控制的成本与效益原则而影响内部控制的效能；适用于经常而重复的业务等。

三、预防性原则

预防性功能主要表现为对各类风险的分析和防范。预防性动能的实现主要有赖于企业风险管理机制的设立、内部牵制制度的实施及业务活动的流程化设计。

（一）建立风险管理机制

L 风险管理组织机构。根据企业规模大小、管理水平、风险程度以及生产经营的性质等方面的特点，在企业全体员工参与合作和专业管理相结合的基础上，应建立一个包括风险管理负责人、一般专业管理人、非专业风险管理人和外部的风险管理服务等规范化风险管理的组织体系。该体系应根据风险产生的原因和阶段不断地进行动态调整，并通过健全的制度来明确相互之间的责、权、利，使企业的风险管理体系成为一个有机整体。

2.风险预警体系。企业建立风险预警系统，即通过对风险进行科学的预测分析，预计可能发生的风险，并提醒有关部门采取有力的措施。企业风险预警体系的建立，将促使企业风险管理机构和人员密切注意与本企业相关的各种内外因素的变化发展趋势，从对因素变化的动态中分析预测企业可能发生的风险，进行风险预警。

（二）实施内部牵制制度

实践证明，内部牵制机制确实有效地减少了错误和舞弊行为。因此，在现代内部控制理论中，内部牵制仍占有重要的地位，成为有关组织机构控制、职务分离控制的基础。

（三）设计流程化的业务活动

企业实际运转中相关业务活动的控制，在企业内部控制系统中占有举足轻重的位置。企业业务活动控制应当按照业务循环来设计，对于企业的主要经济业务应当设计流程化的内部控制制度，并与企业的信息系统相结合。内部控制构建人员应当对重要经济业务进行流程分析，找出关键控制点，作为日常管理控制的重点。

第三节　分阶段构建内部控制体系

一、概述

随着我国市场经济的发展和现代企业制度的逐步完善，内部控制在企业生产运营中发挥着越来越重要的作用。内部控制体系保证企业在快速发展过程中始终保持清醒的头脑，注重把风险控制在我们可忍受的范围内。加强内部控制体系构建，能够合理保证《企业内部控制基本规范》提出的"企业经营管理合法活动合规、资产安全完整、财务报告及相关信息的真实完整可靠，提高企业经营的效率和效果，促进企业实现发展战略"等目标。

毋庸置疑，内部控制作用的发挥有赖于内部控制体系的有效性，虽然内部控制的有效性可以通过内部自我评估和外部审计得到一定确证，但是这种评估和确证都是事后的，由于内部控制体系构建时逻辑模型存在的模糊性、不稳定性，以及不可及时验证性，使得事先很难测试内部控制体系需求分析的正确性和完整性，加以内部控制体系涉及很多管理体制、组织结构、人文思想和社会环境等社会因素，使得需求分析阶段的错误，不能立即纠正，影响后面内部控制体系的构建和实施，而且错误犯得越早，纠错代价越高。

众所周知，内部控制体系构建是一个技术复杂、涉及面广、投资不菲的系统工程，即使某一个环节、层级或者职能出现问题都可能降低企业内部控制体系的有效性，影响内部控制目标的实现。根据证监会会计部和财政部会计司对截至 2010 年 12 月 31 日，我国境内外同时上市的 67 家公司披露的 2011 年内控评价报告、内部控制审计报告以及相关数据整理分析发现 70% 以上的企业存在内部控制缺陷，其中新华制药因子公司山东新华医药贸易有限公司对客户授信额度过大导致较大经济损失，被报告为内控无效、具有重大缺陷。这些重大缺陷、一般缺陷的存在一定程度上否定了"内部控制体系的有效性"。

通过对部分企业构建内部控制体系的实地调研、深入分析，我们发现企业内部控制体系失效源于内部控制体系构建的初期，所以本书研究企业构建内部控制体系的决策问题。本书利用规范研究方法，阐述内部控制体系构建的基础条件，分析内部控制体系设计误区，探求内部控制系统的设计和实施规律，归纳中国企业内部控制体系发展的理论模型，诠释我国企业内部控制体系构建三段论，系统描述了内部控制系统三个阶段的特征、体系目标以及对信息系统、企业管理的要求，建立过程导向的可行性分析体系，为企业内部控制系统构建提供理论参考和实务依据。

二、研究框架设计

鉴于企业内部控制体系构建是一项涉及面广、技术复杂的系统工程，本书以系统论为理论指导，以问题为导向，应用规范研究方法，设计相应的研究框架。

首先，确定研究问题和研究条件。本书在回顾前人研究成果的基础上，基于问题导向确定了研究问题，研究企业构建内部控制体系的决策问题，为相关领域的同类和后续研究提供助推力量和参考基础，为学术资源体系贡献文献积累和知识增量，同时也试图推动和启发与内部控制体系构建和实施相关的更多的纵深研究；在界定研究问题的前提下，明确研究基础是信息化和工业化深度融合条件。

其次，通过分析企业构建内部控制体系存在的误区，明确中国企业内部控制体系构建和实施过程存在的误区和原因，探索我国企业内部控制体系构建规律。

最后，诠释我国企业内部控制体系构建三段论，明确每一阶段的特征、目标以及过程导向的内部控制体系构建可行性评价标准，使企业能够结合自身的管理水平、信息化阶段、技术基础和管理基础构建企业内部控制体系，拓展了企业内部控制理论研究，为我国企业构建内部控制体系提供实践指导。

三、企业内部控制体系的构建

（一）企业内部控制体系的构建基础和前提条件

以计算机技术为代表的现代信息技术推动人类进入了 21 世纪，目前我们处于信息无处不在的时代，企业的生产经营等活动处于信息技术环境中，现代信息技术改变了其内部控制的内容、形式和手段。尽管信息技术给企业带来了和信息、信息系统有关的风险，但由于内部控制规则已经嵌入信息系统中，所以企业在执行信息系统时会自觉履行内部控制规则，使内部控制变得方便、可靠、有效和高效。

党的十八大提出"坚持走中国特色新型工业化、信息化、城镇化、农业现代化道路，推动信息化和工业化深度融合……"信息化和工业化深度融合要求企业做到信息化和内部控制深度结合、无缝连接和水乳交融，在内部控制体系构建过程中，梳理、完善业务流程和管理流程，优化、升级嵌入业务流程和管理流程规则的信息系统，通过信息化和内部控制结合来提升企业价值。

两化深度融合条件下，信息化程度和管理水平的高低对企业内部控制体系构建的影响是显而易见的。企业信息化程度越高，信息系统嵌入的内部控制规则越充分，构建内部控制体系程度、级别和阶段越高；企业信息化程度比较低，信息系统嵌入的内部控制规则不充分，构建程度、级别和阶段较高的内部控制体系，不仅达不到预期的效果而且也不符合成本效益原则。企业的管理水平、技术基础越高，员工执行内部控制规则的积极性和效率越高，容易构建程度、级别和阶段较高的内部控制体系；反之则相反。

（二）企业构建内部控制体系的误区和原因分析

内部控制活动由来已久，在我国企业构建内部控制体系过程中，不少企业借助内部控制体系的构建和实施，有效防范各种风险，提高了企业管理水平，增强了市场竞争力，从内部控制体系构建中获得了巨大的经济效益、提升了企业价值。但是也有部分企业由于缺少对内部控制体系内涵、本质的理解和把握，在内部控制体系构建过程中做出一些错误决策，使构建的内部控制体系达不到预期的效果，给企业造成巨大经济损失。通过广泛调研和自己指导企业构建内部控制体系的经验，笔者发现许多企业在内部控制体系构建阶段存在很多误区，导致在内部控制体系构建阶段就埋下了日后实施失效的种子，这些误区主要有：

1. 扩大内部控制体系作用，盲目求全求细。

部分企业片面认为，一旦构建和实施内部控制体系会立即给企业管理带来革命性的变化。这些企业在内部控制体系构建开始就试图"一步到位",耗用巨资委托"四大"等专业机构构建全面、系统、细致的内部控制体系,而且尽可能覆盖企业的所有业务和流程。这样极易出现的问题是,一方面,内部控制系统质量严重过剩,不符合成本效益原则;另一方面,在内部控制体系实施过程中,企业的项目实际实施部门和推动部门经常出现严重的分歧、讨论和争吵,构建的内部控制体系在执行阶段遭遇到极大的挑战和阻力。由于多数企业员工缺乏足够的心理准备和相关技能来应对突如其来的管理变革和全新的工作方式,导致内部控制体系实施小组和业务部门每日争论不休。虽然有少数企业能够坚持实施最后获得部分成功,但是大部分的企业最终还是用内部控制的术语来模拟"原先的操作",甚至上千万的内部控制体系投资成了手册、流程图和文档等摆设。

2. 忽视内部控制体系作用,盲目分散缺乏规划。

与那些投入巨资构建内部控制体系的企业相反,另一些企业则不太重视内部控制体系在企业管理中的应用,简单认为内部控制体系构建仅仅是五部委的合规性要求。他们通常没有设立内部控制体系主管部门,甚至没有一位公司级、厂级领导专门负责内部控制体系的构建,因而缺乏总体的、长期的内部控制体系规划。为了应付规范体系合规合法性的强制要求,一些业务部门如采购、生产、销售和财务等部门各自构建应用于自己部门、自己单位的内部控制体系,走盲目、分散构建之路,最终内部控制信息孤立存在于企业内部不同部门,给最后的信息集成造成不可逾越的困难。

3. 割裂内部控制和管理制度的关系,内部控制难以融入企业管理。

内部控制体系和管理制度应该是融为一体的,有的企业把内部控制体系和管理制度割裂开来,片面认为内部控制体系和管理制度是完全不同的两个方面。在设计和实施内部控制体系时,强调内部控制体系的设计和实施,忽略对其他管理制度的梳理、风险点的选择、风险应对措施的制定和优化。这会严重影响内部控制系统的设计和实施效果,因为企业在实施内部控制体系时会发生和其他管理制度相悖或者不一致的地方,每每如此,实施者会手足无措陷于迷茫。

从企业构建内部控制体系的误区来看,造成内部控制体系构建失误的主要原因有两点:(1)对内部控制体系的实质内涵和不同构建阶段的特征缺乏了解;(2)误解内部控制和企业管理的关系。基于此,本书以下内容首先诠释内部控制体系的发展阶段以及不同阶段的内部控制体系特征、目标、对信息系统和企业管理的要求;然后设计一套过程导向的分析体系,帮助企业构建符合企业管理现状、技术基础的内部控制体系。

(三)内部控制体系构建的三个阶段

内部控制发展轨迹表明,企业的管理基础、技术基础决定了企业适合构建内部控制体系的阶段。当内部控制体系符合企业的管理基础和技术基础时，它就能够合理保证企业内部控制的相关目标，并将企业的各种风险控制在企业可以忍受的范围内，从而提升企业价值；反之，不仅不符合成本效益原则，而且会制约内部控制体系作用的发挥，甚至导致内部控制体系失效。

内部控制体系的构建是一个螺旋式上升的过程，企业不可能构建一种满足现在和将来所有环境的、一成不变的内部控制体系。内部控制实践的多姿多彩、企业管理理论的快速发展以及现代信息技术的日新月异推动着企业内部控制体系模式、结构和功能的演变。本书认为，企业构建内部控制体系可以分为内部控制体系合法合规型，内部控制规则嵌入流程型和内部控制和管理制度完全融为一体型三个阶段。

1. 内部控制体系合法合规型

（1）特征和体系目标

合法合规是企业构建内部控制体系最基本的目标，该阶段的内部控制体系的特征是：企业正处于生命周期的导入期，企业规模相对较小，管理基础薄弱。从会计角度讲，凭证填制、审核，期末的记账、结账等程序除个别部分依靠利用计算机实现业务的自动化和半自动化外更多依赖员工的手工劳动，会计政策选择、会计估计变更等完全依赖人工的职业判断，工资核算、折旧的计提等重复性的劳动仍然是烦琐、机械、重复。信息处理的强度大，准确性差，及时性、可靠性有待于进一步提高。

该阶段内部控制体系的目标是：企业构建的内部控制体系符合规范体系的最低要求。

（2）对信息系统的要求

企业的信息系统处于面向事务处理的阶段，采购、生产、销售等子系统是一个个独立的系统，相互之间不发生联系，存在相互独立的"信息孤岛"，比如会计信息系统的功能主要是记账、报表、工资和固定资产核算等，主要目标是将员工从机械重复的工作中解脱出来，通过自动化和半自动化的计算机系统提高业务处理的效率和准确性。此种信息系统对业务数据只能进行事后分析，可以向个别的部门提供有限的管理信息。

（3）对企业管理的要求

由于采购、生产、销售、仓储等内部控制模块都在各自部门内部构建，模块之间因存在"信息孤岛"，数据老死不相往来。所以合法合规型内部控制体系要求采购、生产、销售、仓储等部门业务流程和管理流程自动化，部门内部基础数据要统一规范。

2. 内部控制规则嵌入流程型

（1）特征和体系目标

内部控制规则嵌入流程型是内部控制体系的第二个阶段，该阶段的特征是：随着企业生命周期从导入期过渡到成长期，企业规模进一步扩大、竞争环境的发展变化，企业不仅面临着管理水平迅速提高的迫切要求，同时企业面临着无处不在的政治风险、操作风险、经营风险和财务风险，企业对内部控制的内容、手段和方式提出了更高的要求。同时随着信息技术的快速发展和大规模联网，财务系统与供应、生产、销售等系统的全面集成为内部控制规则嵌入业务流程提供了技术条件，随着先进的管理思想如 JIT、MRP 等的出现，企业进行业务流程重组，对关键业务流程和管理流程重新梳理，将内部控制规则嵌入信息系统中。

该阶段内部控制体系的目标是：企业构建的内部控制体系满足规范体系的合法合规性已经不是最终目标，此时随着计算机技术的发展内部控制规则嵌入业务流程，企业在执行企业的业务流程时，就自动执行了内部控制规则。

（2）对信息系统的要求

企业的信息系统处于面向系统的阶段，因为系统高度集成使会计信息系统成为 MIS 系统的一个子系统。信息系统实现业务活动、管理活动和信息活动的"三流合一"，采购/付款、转换以及销售/收款等业务活动发生时，信息系统通过计划、执行、控制、评价等管理活动自动记录、维护、报告业务活动发生的信息。信息化的业务活动、管理活动嵌入了内部控制的规则，使业务系统的数据能够实时传递到会计信息系统中的同时提高了内部控制的工作效率和有效性。

（3）对企业管理的要求

在内部控制规则嵌入流程型阶段，由于业务活动、管理活动和信息活动的"三流合一"，企业采购、生产、销售、回收等业务环节中固定资产、人力资源、供销存等模块中的数据会自动传递到总账模块，系统之间的数据报告取代了部门之间的凭证传递，这就要求企业内部不同部门的基础数据必须统一。另一方面，由于部门之间的协调工作也在信息系统中完成，这要求部门之间的协调工作要实现规范化、程序化、制度化，并嵌入信息系统如"有借必有贷、借贷必相等"、"资产＝负债＋所有者权益"等各种规则中。只有部门内部基础数据统一，部门之间协调工作规范化才能保证内部控制体系构建后的有效实施。

3. 内部控制和管理制度完全融为一体型

（1）特征和体系目标

内部控制和管理制度完全融为一体是内部控制体系构建的最高阶段，该阶段的特征是：随着企业由成长期进入成熟期，同业竞争日趋激烈，同时随着企业生产、经营业务的自动化管理，企业的供应链向外扩展。内部控制信息的产生、维护和报告已完全信息化，此时企业不仅存在传统意义上的政治风险、操作风险、经营风险、财务风险等，还会存在与信息和信息技术相关的信息风险，企业风险无处不在，对内部控制体系提出了新的要求。内部控制和管理制度完全融为一体，企业在执行管理制度的同时就保证了内部控制规则的履行。

因为内部控制和管理制度完全融为一体，所以这个阶段的内部控制的目标就是企业管理制度的目标。

（2）对信息系统的要求

企业的信息系统处于 OD（面向决策）的阶段，信息系统采用了全新的体系结构、运用了最新的信息技术。信息系统覆盖企业所有业务流程和环节，存储各视角数据，同时支持多种输出设备、输出内容和输出方式需要。信息系统可以直接记录、存储和维护时间、地点、人物、资源、风险等业务事件的属性。因为这些属性数据对使用部门是"透明"的，信息系统可以支持多种视角和层次、不同过程的信息需求。

另一方面，数据仓库技术、OLAP、数据挖掘技术等大大加强了信息系统的信息支持和企业决策能力。

简言之，本阶段信息系统注重的是如何提供对外扩展相关信息，为企业战略决策服务。

（3）对企业管理的要求

内部控制和管理制度完全融为一体型阶段，内部控制体系对企业管理的要求转变为在业务、流程自动化基础上内部控制体系如何和信息系统深度融合提升企业价值。此时，内部控制规则、管理制度已经完全嵌入高度自动化的业务处理过程。DW、OLAP 和 DM 等新技术为内部控制有关部门人员提供有价值的内部控制信息，使有关决策更加完善、有效和高效。同时新技术的广泛应用对内部控制各级管理人员提出了更加苛刻的要求。首先，各级管理人员必须不走样地执行企业的各种管理制度、内部控制规则和相关要求；其次，要求企业的各级管理人员必须切实了解掌握相关业务流程、管理流程和信息流程，明确内部控制体系在企业整个管理体系中的地位和作用；最后，企业的各级管理人员应该理解、掌握计算机技术和各种分析工具的运用，能够发挥计算机的高准确性、实时、高效等优势，用信息系统输出的信息来实现反应和决策职能。

以上内部控制体系阶段的划分是根据企业所处的生命周期、企业规模、管理水平、技术基础的企业对内部控制体系的要求进行的。企业最重要的是从自身管理水平和技术水平出发，做好内部控制体系构建的系统、长期规划，为以后内部控制体系顺利向更高阶段发展做好铺垫、打好基础。

（四）建立内部控制体系分阶段的可行性分析标准

笔者在总结内部控制体系构建实践误区、经验和教训，归纳内部控制体系构建规律基础上，建立了一套过程导向的可行性分析体系，企业应该对自身的管理基础、技术基础、信息化程度等进行评估，以构建恰当的内部控制体系。过程导向有利于企业决策层侧重在分析评价的过程中充分认识构建内部控制体系的困难和面临的各种风险，以便对构建内部控制体系做好相关的充分准备。

1. 分析体系的组成

该分析体系由影响企业内部控制体系构建的企业内部、外部因素组成。企业内部因素包括企业内部管理制度和业务流程、员工素质以及内部控制体系构建现状和预算等；外部因素包括企业的生存环境等。

在两化深度融合条件下，企业内部管理制度和业务流程是内部控制规则的载体，内部管理制度是否健全、完整、有效，业务流程能否得到严格、有效执行直接决定了内部控制体系构建的成效；企业员工是内部控制体系构建的主体，他们的素质直接影响到内部控制体系构建的质量和速度；内部控制体系构建现状是企业内部控制体系当前的状态，说明企业内部控制体系目前处于什么发展阶段；企业生存环境，即包括政治法律、经济环境、社会文化和技术环境等方面，又包括供应方、同业竞争者、潜在进入者、购买方和替代品五种力量。

2. 评价题目举例

因为本书建立的评价体系是过程导向的，该分析体系的作用主要包括提供"最低标准"、度量构建难度和做好构建准备等。分析体系提供数个严格的"最低标准"，企业如果达不到某个"最低标准"，则不能建立相应阶段的内部控制体系；构建难度标准主要度量企业构建该阶段内部控制体系的难易度，一般而言"最低标准"之外其他的标准符合得越多，构建该阶段内部控制体系就越容易，反之则相反；同时该分析体系有利于促使企业决策层全面深入地分析企业的管理、技术状况，全面评估构建内部控制体系的风险，进一步做好构建内部控制体系的各种准备，防范意想之外的因素导致的内部控制体系失效。

为了提高该分析体系的可行性，本书为各影响因素设定了评价题目，企业可以有针对性地裁减。

（1）内部管理制度和业务流程评价题目举例

第一，各部门是否已经制定了完善的管理制度（最低标准）；

说明：企业内部管理制度的存在是构建内部控制体系的基础。

第二，部门内部管理制度是否得以贯彻执行（最低标准）；

说明：该标准是建立合法合规型内部控制体系的基础。

第三，涉及部门协调的管理制度是否得到严格执行（最低标准）；

说明：部门之间协调的规范化、制度化是建立内部控制规则嵌入流程型内部控制体系的基础。

第四，企业的管理制度是否频繁变动；

第五，企业是否达到了编码的唯一性、一致性（最低标准）；

说明：该标准时规则嵌入流程型内部控制体系构建的基础。

第六，部门内部基础数据是否统一规范（最低标准）；

说明：该标准是合法合规型内部控制体系构建的基础。

第七，是否对客户进行档案管理，是否定期对客户进行评价，企业前十大客户是否经常变动，主要客户的信誉如何。

第八，是否对供应商资料进行档案管理，是否定期对供应商进行评价，主要供应商是否经常变动，主要供应商的信誉如何，是否定期对供应商的交货提前期进行核实、管理和评价。

第九，企业销售预测方法是否科学、准确。

（2）员工素质评价题目举例

第一，是否有90%以上的职工接受了内部控制体系构建有关内容的培训；

第二，企业各部门、各级管理人员是否掌握内部控制的基本内容、原理和方法；

第三，企业员工是否具备上岗必需的业务素质和技能；

第四，企业员工是否有做好内部控制体系的愿望。

（3）内部控制体系构建现状和预算评价题目举例

第一，企业是否有副厂长、副总经理级别以上的领导专门负责内部控制体系构建工作；

第二，企业是否设立内部控制管理部门；

第三，企业是否有长期、整体的内部控制体系构建规划；

第四，企业中是否已经有个别部门将内部控制规则嵌入信息系统，自动履行内部控制规则；

第五，企业中是否存在多个特想集成的内部控制自动化的部门；

第七，企业目前所采用的信息技术能否支持内部控制体系的扩展和升级；

第八，企业是否有满足内部控制体系构建需要的预算；

说明：内部控制体系构建预算受企业规模、行业性质影响，在此按预算占营业收入的百分比来计算。

第九，在构建内部控制体系时是否存在其他业务、项目对内部控制体系构建资金和人员的占用。

（4）企业生存环境评价题目举例

第一，企业是否存在稳定的市场环境，是否存在较大的经营风险；

第二，企业的政企关系如何，企业在多大程度上依赖于地方政府的保护，当地政府给企业哪些有利于企业生存的特殊政策，这些政策有效期多长；

第三，企业是否经常出现违反常规的业务，企业主营业务是否经常变化。

内部控制体系的构建是一项技术复杂、耗资不菲的系统工程，企业只有按照内部控制体系的构建规律，根据企业的技术基础和管理基础选择相应阶段的内部控制体系，才能实现内部控制的目标。本书认为内部控制体系分为合法合规型、规则嵌入流程型以及内部控制和管理制度完全融为一体型等三个阶段，每一阶段都有各自的特征和目标、对信息系统以及对企业管理的要求。为了帮助企业选择内部控制体系，本书建立了一套过程导向的可行性分析体系，为企业构建内部控制体系决策提供了选择依据。该分析体系由企业内部和企业外部影响因素组成。企业内部影响因素包括内部管理制度和业务流程、员工素质、内部控制体系构建现状和预算等；企业外部影响因素包括企业生存环境等。

第四节　内部控制设计的流程

内部控制设计的流程用以指导内部控制设计者有序、有效地完成内部控制设计的每一个环节和步骤。规范化的内部控制设计流程应当包括内部控制设计的规划阶段、内部控制设计的实施阶段和内部控制的试运行及完善阶段，并按照以下程序进行。

一、内部控制设计的规划阶段

（一）界定内部控制设计的需求

这即是对内部控制设计目标的界定。一般来讲，企业的内部控制设计需求包括：

1. 设计或完善企业的整个内部控制体系；

2. 分析和控制企业的风险；

3. 改进企业的商业流程或企业的绩效。

（二）评价内部控制环境

控制环境是内部控制的基础，它设定了企业管理的基调和特色，影响着员工的控制意识，是其他控制要素的基础，同时也为其他要素提供了约束和控制结构。对企业控制环境的评价，注册会计师应当主要对以下问题进行判断：

1. 是否存在总裁独裁；

2. 是吧是行政化或家族化管理组织；

3. 法人治理机制是否规范；

4. 内部审计的权威性程度；

5. 管理模式是否成熟；

6. 是否存在管理人员的违规；

7. 是否存在越权接触实物、现金和重要凭证；

8. 是否存在企业文化危机等。

（三）评估内部控制成本

1. 调查内部控制现状

询问有关内部控制的情况，查阅有关内部控制的管理制度、文件和以前年度有关内部控制评价的档案。

2. 评价内部控制健全程度

将内部控制的现状与内部控制标准进行对比，确定内部控制的缺陷和潜在风险，并进一步评价内部控制的健全程度。

3. 评估内部控制成本

在对企业现行内部控制体系进行了解和评价后，注册会计师应当初步评估达到预期目标将要发生的控制成本，从而决定内部控制设计阶段将要采取的控制措施。

（四）制订内部控制设计实施计划

经过对内部控制设计需求的界定，确定了内部控制设计的目标，以及评估了内部控制环境和内部控制评估成本后，应当制订内部控制设计实施计划，包括人员、时间及具体设计活动安排等。

二、内部控制设计的实施阶段

（一）设计公司层面的内部控制

公司层面内部控制的设计应当包括：

1. 公司治理机制；

2. 公司目标设定、风险分析及目标实施策略；

3. 公司组织机构与权责分派机制；

4. 公司预算与业绩考评机制；

5. 对公司下属部门及附属公司的管理控制；

6. 内部控制的检查监督机制；

7. 信息系统管理控制制度。

（二）设计业务活动环节的内部控制

对各业务活动环节内部控制的设计应当包括业务活动控制的目标、控制的方式和业务控制流程几个方面。企业所处行业不同，业务活动的性质也有很大的差异。以传统的工商业为例，业务活动环节的内部控制主要包括：

1. 销售与收款环节内部控制；

2. 采购与付款环节内部控制；

3. 生产环节内部控制；

4. 固定资产管理环节内部控制；

5. 货币资金管理环节内部控制；

6. 融资与担保环节内部控制；

7. 投资环节内部控制；

8. 关联交易环节内部控制；

9. 研发环节内部控制；

10. 人事管理环节内部控制。

需要注意的是，内部控制设计阶段初步完成后，应当进行内部控制的试运行，从而对内部控制系统合理性和有效性进行评价，并进行必要的完善，最后内部控制进行实际的运行。

第五节　企业风险识别方法体系

为使企业在整个企业不同职能部门，不同层次全方位的运作有效，管理层必须制定有一套通用的风险语言的定义，这样才有助于企业所有风险管理者的相互了解和沟通。因为信息的有效沟通往往是风险管理成效大小的关键，而缺乏通用的沟通语言则无法对商业风险进行有效理解。一个有效的风险管理离不开企业组织内部不同职能、不同部门之间、上下之间的信息相互沟通，这部分 COSO 框架已经做得非常完善，本书只是做了相关调整和解释。

一、企业风险管理的概念

企业的风险管理的本质含义是"考虑了企业所有的风险因素和所有业务部门及其关于企业整体的风险管理"，是相对于传统的单风险因素或单业务部门的风险管理而言的。其核心是用系统的、动态的方法进行风险管理，以控制项目过程中的不确定性。

它不仅使各层次的项目建立风险意识，重视风险问题，防患于未然，而且在各个阶段、各个方面实施有效的风险控制，是一个前后连贯的管理过程。归纳起来，企业的全面风险管理具有四个方面的显著特征：

1. 全面的风险管理范围；

2. 全球的风险管理体系；

3. 全程的风险管理过程；

4. 全员的风险管理文化。

COSO 框架中对企业风险管理给出的定义为：企业风险管理是企业的董事会、管理层和其他员工共同参与的一个过程，应用于企业的战略制定和企业的各个部门和各项经营活动，用于确认可能影响企业的潜在事项并在其风险偏好范围内管理风险，为企业目标的实现提供合理的保证。

《指引》中对企业风险管理给出的定义为：企业风险管理指企业围绕总体经营目标，通过在企业管理的各个环节和经营过程中执行风险管理的基本流程，培育良好的风险管理文化，建立健全风险管理体系，包括风险管理策略、风险理财措施、风险管理的组织职能体系、风险管理信息系统和内部控制系统，从而为实现风险管理的总体目标提供合理保证的过程和方法。

本书提出的风险管理，是对上述理论的继承和发展，是对上述理论进行综合与抽象之后产生的新的适用于企业层面的风险管理理论。

第一，强调过程导向和环境依赖，对风险进行全过程的管理，对组织的生存环境进行分析和监控从薄弱环节入手，提高组织的柔性（资源柔性、制度柔性、文化柔性、反应柔性等），促使组织中的个人思考，增强组织对外部变化的灵敏性和正确反应的快速性和敏捷性。

第二，对系统的组织结构进行分析，分析的中心是该系统本身及内含于结构内部的缺陷，以确定该系统对于正常事件的敏感度。

第三，概率分析，针对风险评估过程，其中要对各种事件和情况发生的概率进行假设或估计；同时要对主观概率和客观概率之间的区别加以阐明，对所有的概率值要加以核对，以保证相互之间的一致性。这里偏好和价格能够发挥一定程度的限制作用，故可以利用其更准确地估计概率。

第四，企业全面风险管理体系自身也存在不确定性，对于体系的实施也不是从一而终的，而是随着企业所面临的外部环境以及内部环境的不断变迁而不断地自我修订、自我完善的过程。

这样的体系可以应用到个人和复杂组织的风险决策过程，使得个人和组织能够系统、成功地管理它们各自的风险，从而实现企业所期望的目标：组织目标和社会利益的优化。

二、企业风险管理体系框架的构建

《巴塞尔协议》中定义的内部控制：企业董事会、管理层对企业内部风险以及外部风险管理过程中可能出现的操作性风险进行管理，保证企业所有的经营活动符合企业既定的经营目标的一种组织行为。

COSO框架中定义内部控制为：为确保管理层的风险应对措施被执行而采取的政策和程序。控制活动在整个企业的各个部分、各个层面以及各个职能上发生，包括一系列的活动——如批准、授权、审核、调整、经营业绩评价、资产安全以及职责分离。

本书定义的内部控制系统更接近于对于内部控制的定义，内部控制指围绕企业的风险管理策略目标，针对企业各项业务管理及其重要业务流程，通过执行风险管理基本流程，制定并执行的规章制度、程序和措施。它不同于《巴塞尔协议》和COSO框架中的内部控制，而集中体现为制定并执行的规章制度、程序和措施。这个过程中蕴涵内部控制的机制和思想。

风险评估体系可以细分为风险事件、风险识别、风险评估和风险反应四部分。风险事件是指查找企业各业务单元、各项重要经营活动及其重要业务流程中可能存在哪些风险。风险识别是对辨识出的风险及其特征进行定性描述和辨别，亦即分析和描述风险发生可能性的高低、风险发生的条件。风险评估是评估风险对企业实现目标的影响程度、风险的价值等。风险反应是指评价了相关风险以后，管理层考虑成本效益关系，根据企业期望的风险承受度，选择一个可带来预期可能性和影响的应对措施。

内部环境包含一个组织的基调，影响员工的风险意识，同时还是企业风险管理其他部分的基础，提供信息、纪律和结构。内部环境主要是指企业内部生成以及外部事件、活动和条件的数据信息，企业的风险偏好和风险文化，董事会监管；企业员工的诚信、道德观和能力；管理哲学和经营风格，以及管理部门分配权力和职责、组织和引导员工的方式等。具体包括：

1. 内部环境：风险管理原理、风险文化、董事会、操守和价值观、对胜任能力的承诺、管理方法和经营模式、风险偏好、组织机构、职责和权限的分配、人力资源政策……

2. 目标设定：战略目标、相关目标、风险容忍程度……

3. 信息与沟通：信息系统、信息传送渠道、制度……

相对应的外部环境风险指由外部因素引起的可能导致企业产生重大损失或使企业战略目标难以实现的风险，如资本的可获得性，竞争对方的行动及监管条例的变化等等。笔者认为外部环境的变化对企业的影响一方面是直接应用于企业的战略；另一方面是通过对企业风险管理体系的内部环境产生影响进而给系统的要素带来改变,故而在体系中没有明确地列及。

虽然在理论上本书将企业风险管理体系分为三个部分的技术问题加以解决,但是在实际应用过程中三个方面的理论和应用是互相关联、紧密联合在一起的,三个部分互相包容,共同构成了企业全面风险管理体系。

三、风险识别

(一)企业风险的识别与分析

风险识别也称作风险辨识,即准确地辨别出能会影响企业战略目标的实现和战略绩效达到的风险事件以及风险事件,产生不利结果的条件、情况、原因和环境,并对风险事件发生的可能性概率、影响程度以及损失进行分析和估量。但是任何风险都不是直观显露、显而易见的,多数情况下,风险隐蔽在战略管理的各项活动、各个环节和各个方面以及各个时期,很难被发现,甚至风险可能存在种种假象之后,具有极大的迷惑性;同时风险的基本理论告诉我们风险具有多发性的特征,通过研究各种风险发生的概率我们可以探索战略风险事件的某种规律,从而可以辨识其存在,衡量其大小,为战略风险的预警和控制提供依据。可见,识别和衡量战略风险在战略管理中极为重要。

识别风险是一项复杂而细致的工作,要按特定的程序、步骤,采用适当的方法逐层次地分析各种现象,并实事求是地做出评估。

(二)识别步骤

辨识风险的过程包括对所有可能的风险事件来源和结果进行实事求是调查、访问和对案例进行研究,识别战略风险必须系统、持续、严格分类,并恰如其分地评价其严重程度。战略层面风险及对策分析程序。风险管理部门 COSO 内部控制框架和ERM 框架的要求,参照 SoX 法案实施细则,制定本公司的工作流程,组织公司层面风险数据库的编制与确认,主要程序如下:

1.确立公司总体目标

公司内部控制部根据公司制定的战略目标、与战略目标相关的中长期发展规划确立公司总体目标。

2.收集公司及同行业其他公司在资本市场披露的公司风险情况

公司风险管理部门和相关部门将公司及同行业的其他公司最近年度在资本市场上披露的相关风险进行收集、整理、归纳和分析,找出公司与同行业其他公司披露的风险的共同点和差异点,作为识别公司层面风险的参考。

3.识别确认风险

公司风险管理部门和相关部门管理人员参考公司和同行业其他公司披露的风险，采取分组讨论、对部门负责人进行访谈等方式，逐项识别公司内、外部影响公司战略目标实现、影响公司整体发展和公司声誉等方面的负面因素，完成公司战略层面风险的识别和确认。

4.风险分析

公司风险管理部门组织具有经验的风险管理人员和相关管理人员，结合国内外政治因素的变化情况、市场价格变化趋势、技术发展趋势、自然灾害发生规律、竞争环境变化情况、信息系统运转现状等实际情况，分析确定相关风险发生的可能性、影响程度、重要性水平、相关财务报表认定、相关的重要会计科目和披露事项。

5.确定风险反应，描述相关对策。

6.记录公司层面风险，形成公司层面风险及对策指引表，报送相关部门审核并确认后，送交风险管理部门审议通过后发布实施。

四、企业风险识别的方法

风险是客观存在的事实，所承受风险的大小与面对风险的客观主体是密切相关的。企业在市场经济活动中所面对各种风险的大小，是由企业所决定的，有的企业获取信息的能力很强，企业管理人员在对市场信息的分析过程中能做到去伪存真，从而减少因为信息不对称所带来的种种风险。所以企业所掌握信息的数量多少以及企业领导人的分析判断能力在企业识别风险的过程中起着至关重要的作用。但是，仅仅依靠这些是不够的，最重要的是要构建一种风险识别预警机制，由专门的工作人员做信息搜集和风险分析工作，这样才能形成一套系统的、行之有效的风险识别体系，只有这样的体系才能为企业的健康发展保驾护航。风险识别方法很多，但并不是每一种都适用于企业，特别是一些比较专业的识别方法，对使用人员的相关知识要求很高。企业管理中常用的风险识别方法主要有以下几种：环境分析法、财务报表分析法、事件清单法、访谈法、流程图法、幕景分析法、专家调查法和风险临界法等。

（一）财务报表分析法

财务报表分析法是以企业的资产负债表、损益表、现金流量表、所有者权益变动表和财务报表附注等资料为依据，对企业的资产、负债、所有者权益、资本机构、反映企业运营状况的各种财务指标等财务数据的变化进行逐年对比分析，以便从财务的角度发现企业面临的潜在风险。财务报表是综合反映企业财务状况和经营成果的一张"晴雨表"，企业所有的经营信息都体现于其中。因此，加强对财务报表的分析力度有助于发现企业在经营管理过程中存在的缺陷，从而为相关工作人员发现风险提供相关的线索。

财务报表分析的主要内容包括：

1. 资本结构与资金分布分析

企业就像生命一样，它需要"资金"这种血液来进行正常的带动，以供应整个企业系统的运转。因此，企业所需资金的分布是否合理势必严重影响着企业的发展。对于企业来说，应该保证资金有合理的来源，还要保证资金在企业的生产运转中进行通畅的循环。所以，企业应该预留一定数量的资金，用以防止企业大量资金停滞在生产销售环节而出现资金断流的情况。这种情况在企业扩张的过程中是非常常见的，一旦发生这种情况就会导致整个企业资金链的断裂，资金循环出现问题，风险也就出现了。

2. 财务报表趋势分析

趋势分析是根据企业连续若干年的资产负债表和损益表的各个项目进行比较分析，得出相关项目金额的增减变动方向以及变动幅度，通过趋势分析来判定企业当前的实际财务状况。例如，通过资产负债表和损益表比较分析，发现企业的存货数量是逐年上升的，在资产中所占的比重也越来越大，但是每年的营业收入水平却保持稳定，这就说明企业的产品销售出现了问题，这时企业管理人员就得注意存货出现堆积的原因是什么，是企业的生产销售环节出现了脱节还是企业扩张导致的。如果在比较历年的资产负债表后发现，企业每年的负债是节节攀升，而企业的偿债能力却没有增加，这就意味着企业可能陷入债台高筑的境地，这时企业为了生存下去，不得不加大借款力度，最终陷入债务纠纷甚至破产清算。这些都是企业在经营过程中很容易出现的风险，只要对报表中相关数据的变化趋势加以简单分析即可得出。但是，对于一些比较深层次的问题，则需要通过其他的手段来对报表进行分析，最常用的就是对企业的各种经营指标进行分析，通过各种比率来反映企业的营运状况。

3. 财务报表的比率分析

比率分析就是将财务报表之间的若干个项目进行比较，以得出能反映企业经营状况的各种比率。常用的比率有：资产利润率——反映企业资金的获利能力，资产负债率——企业偿还债务的能力，存货周转率——反映存货每年的周转次数，等等。还有流动比率和速动比率，它们都是反映经营状况常用的指标。对于每个指标来说，每个行业都会存在本行业的平均值，这个平均值代表了企业的平均水平，因此企业可以将自身的指标与行业的平均指标甚至该指标的最大值进行对比，以此来发现差距。如果与平均值差距太大，且是处于同行业最低水平，那么企业就应该注意，这一现象的产生是什么原因，企业在历史同期是否都会出现这种情况，还是突然出现这个现象。如果这种情形以前没出现过，那就得注意企业在这一方面是否存在风险。

总之，财务报表就是一张企业生产经营活动的汇总表，财务人员通过分析可以发现很多的有用信息，甚至可以看出潜在的风险和损失。但是，这种方式也有它的局限性，因为它是依靠数据说明问题，所以很多以非货币性形式存在的问题就无法通过财务报表反映出来，如员工素质、企业制度、管理人员的管理风格等，这时候就需要参考企业财务报表附注来进行判断。报表附注可以对一些问题出现的原因进行阐述，但是也不可能全部说明情况，因此，在使用这种方式识别企业风险时还要注意结合其他方式方法，以做到取长补短。

（二）事件清单法

事件清单法又称标准调查法，这种调查法中涉及的事件对于同一行业的不同企业来说都有意义，制作这种事件清单的根据是同行业企业在某一事件上所具有的可比性，以软件行业为例，企业每年的研发资金、员工整体素质、整个企业的人员流动率等都可以作为调查对象。

（三）访谈法

访谈法是指工作分析人员通过与员工进行面对面的交流，加深对员工工作的了解以获取工作信息的一种工作分析方法。其具体做法包括个人访谈、同种工作员工的群体访谈和主管人员访谈。在企业风险管理中运用这个方法时，主要是由管理人员通过制订详细的访谈计划，对相关部门熟悉业务流程、有经验的管理人员进行访谈，了解和讨论存在的风险，并形成访谈记录。

这种方法的优点：

1.获取的信息更加深入、全面和详细，行为具有很强的针对性；

2.可以深入到受访者的内心，了解他的心理活动和思想观念；

3.深入地了解风险的发生背景和影响风险的广泛决定因素；

4.访谈人员有更多机会分享和了解应答者对于潜在风险点的看法，以及他对公司运行情况的宏观认识和意见。

（四）流程图法

流程图法是指将企业生产经营管理的某一过程进行细化，通过建立一个流程图，使得该过程中的每个关键控制点都在流程图中得到体现。在进行风险识别分析时，管理人员只要将企业的实际操作方法与每一个环节逐一对照，一经分析就可发现潜在的风险和问题。对于出现的问题，只要在流程图中一对照，即可发现问题的根源所在。这种方法在内部审计中是非常实用的一种方法，在企业的经营管理中发挥着巨大的效应。

（五）专家调查法

专家分析法是指通过引用专家的专业知识和工作经验、发挥他们的专业特长来识别可能出现的风险及其风险的大小。这种方法在企业管理中是非常普遍的一种做法，具有很强的针对性。专家调查法具有多种形式，例如集合意见法、德尔菲法等都属于专家意见法。通常来说，运用这种方法的步骤有：

1. 选择目标项目，选聘相关领域的专家。

2. 专家对目标项目进行专门的风险分析。

3. 收集专家意见并整理分析结果，再将结果反馈给专家。

4. 综合专家的再次反馈，对有异议的部分进行再次分析，直到对分析结果满意为止。

实践证明，专家调查法是一种科学的方法，它在实际生产生活中的应用取得了良好效果。但是，必须慎重选择专家，不要迷信权威，并及时提出疑问，这样才能得出客观正确的结果。

（六）风险临界法

风险临界法在企业风险管理中的应用非常广泛，也是企业常用的一种风险识别方法，同时还可以根据识别结果来判断当前风险的大小。它的原理是将当前的事件与预先设定的标准进行对比，当风险达到临界值时就引起管理人员的关注。企业可以根据不同的标准值采取不同的风险应对策略，尽量提高风险管理效率和降低风险管理成本。

参考文献

[1] 祁丽敏.新时期强化企业会计财务管理内部控制的方法与途径 [J]. 中文科技期刊数据库 (全文版) 经济管理 , 2022(4):4.

[2] 由丽娜.国有企业会计财务管理与内部控制要点 [J]. 商情 , 2022(37):0022-0024.

[3] 肖进.企业财务管理内控制度与财务风险防范策略 [J]. 前卫 , 2022(20):0091-0093.

[4] 张方丽.新时期国有企业财务管理与内部控制体系建设探析 [J]. 首席财务官 , 2023, 19(2):3.

[5] 陈昕玥.新时期国企财务管理与内部控制体系建设策略 [J]. 中文科技期刊数据库 (全文版) 经济管理 , 2023(3):4.

[6] 王敦.企业财务管理内部控制的问题与优化对策 [J]. 中国中小企业 , 2022(7):3.

[7] 吴晓琼.企业财务管理中内部控制存在的问题与措施 [J]. 长江工程职业技术学院学报 , 2022, 39(4):61-63.

[8] 张文莲.新形势下事业单位财务管理内部控制体系构建研究 [J]. 今商圈 , 2023(1):4.

[9] 罗沙沙.信息时代,企业财务管理与内控管理的提升路径 [J]. 中国商人 , 2022(10):2.

[10] 张飞明.基层医疗卫生机构实施内部控制加强财务管理研究 [J]. 财会学习 , 2022(20):3.

[11] 季宁,郑丽敏.医院财务内部控制体系研究 [J]. 医学信息 : 医学与计算机应用 , 2022(1).

[12] 徐元.关于公立医院财务内部控制问题的研究 [J]. 管理学家 , 2022(12):34-36.

[13] 蒙桂艳.中小企业科研协作经费财务管理现状及其对策——以林业科研经费管理为例 [J]. 中小企业管理与科技 , 2022(2):81-83.

[14] 张鲁杰.浅谈完善企业会计核算和财务管理内部控制的有效措施 [J]. 现代商业 , 2022(22):176-179.

[15] 农君鑫.关于强化企业会计财务管理内部控制工作的策略研究 [J]. 上海商业 ,

2022(2):2.

[16] 陈博文 . 探究加强公立医院财务管理内部控制的主要问题及对策 [J]. 首席财务官 , 2022, 18(19):3.

[17] 杨茹雁 . 内部控制视角下行政事业单位财务管理影响因素研究 [J]. 质量与市场 , 2022(24):3.

[18] 吕升 . 国有企业财务管理内部控制优化措施研究 [J]. 市场周刊 · 理论版 , 2022(20):0033-0036.

[19] 邬芳炜 . 关于事业单位财务管理内部控制的实施及相关问题的研究 [J]. 中文科技期刊数据库 (全文版) 经济管理 , 2023(3):3.

[20] 李兰 ." 新三板 " 上市公司财务管理风险及内部控制研究 [J]. 首席财务官 , 2023, 19(4):3.

[21] 白桂芬 . 行政事业单位财务管理内部控制建设与风险防范策略探究 [J]. 中文科技期刊数据库 (全文版) 经济管理 , 2022(10):3.

[22] 孙创国 . 关于铁路财务管理内部控制问题的研究 [J]. 老字号品牌营销 , 2023(7):3.

[23] 李超 . 饲料企业财务管理中内部控制风险分析及优化研究 [J]. 中国饲料 , 2022(6):4.

[24] 金燕 . 企业会计财务管理和内部控制问题研究 [J]. 经济学 , 2022, 5(2):10-12. DOI:10.12238/ej.v5i2.884.

[25] 刘义龙 . 内部控制在水利财务管理中的应用方法研究 -- 评《水利工程与财务管理》[J]. 灌溉排水学报 , 2022, 41(11):154-154.